세상이 비록 고통으로 가득하더라도
그것을 극복하는 힘 또한 가득하다.

시청각 중복 장애인을 위한 독일어 촉각문자

[히로니무스 로름(Hieronymus Lorm) 창안]

A	엄지손가락 끝에 점을 한 번 찍는다
Ä	엄지손가락 끝에 점을 두 번 찍는다
B	집게손가락 중앙에 줄을 짧게 긋는다
C	손목에 점을 한 번 찍는다
CH	손바닥 중앙에 가위표를 그린다
D	가운뎃손가락 중앙에 줄을 짧게 긋는다
E	집게손가락 끝에 점을 한 번 찍는다
F	집게손가락과 가운뎃손가락을 가볍게 모아 쥔다
G	넷째 손가락 중앙에 줄을 짧게 긋는다
H	새끼손가락 중앙에 줄을 짧게 긋는다
I	가운뎃손가락 끝에 점을 한 번 찍는다
J	가운뎃손가락 끝에 점을 두 번 찍는다
K	네 손가락 끝으로 손바닥 중앙에 점을 찍는다
L	가운뎃손가락 끝에서 손목을 향해 줄을 길게 긋는다
M	새끼손가락 뿌리 부분에 점을 한 번 찍는다
N	집게손가락 뿌리 부분에 점을 한 번 찍는다
O	넷째 손가락 끝에 점을 한 번 찍는다
Ö	넷째 손가락 끝에 점을 두 번 찍는다
P	집게손가락 가장자리에 줄을 길게 긋는다
Q	새끼손가락 쪽 손바닥 가장자리를 따라 줄을 길게 긋는다
R	손가락으로 손바닥 중앙을 가볍게 두드린다
S	손바닥 중앙에 원을 그린다
SCH	엄지를 제외한 네 손가락을 가볍게 모아 쥔다
ST	엄지손가락 가장자리에 줄을 길게 긋는다
T	엄지손가락 중앙에 줄을 짧게 긋는다
U	새끼손가락 끝에 점을 한 번 찍는다
Ü	새끼손가락 끝에 점을 두 번 찍는다
V	엄지손가락 끝의 도톰한 부분에 점을 한 번 찍는다
W	엄지손가락 끝의 도톰한 부분에 점을 두 번 찍는다
X	손목을 가로질러 가로줄을 그린다
Y	네 손가락의 가운데 지점을 가로질러 가로줄을 그린다
Z	엄지손가락 끝의 도톰한 부분에서 새끼손가락 뿌리 부분까지 대각선을 긋는다

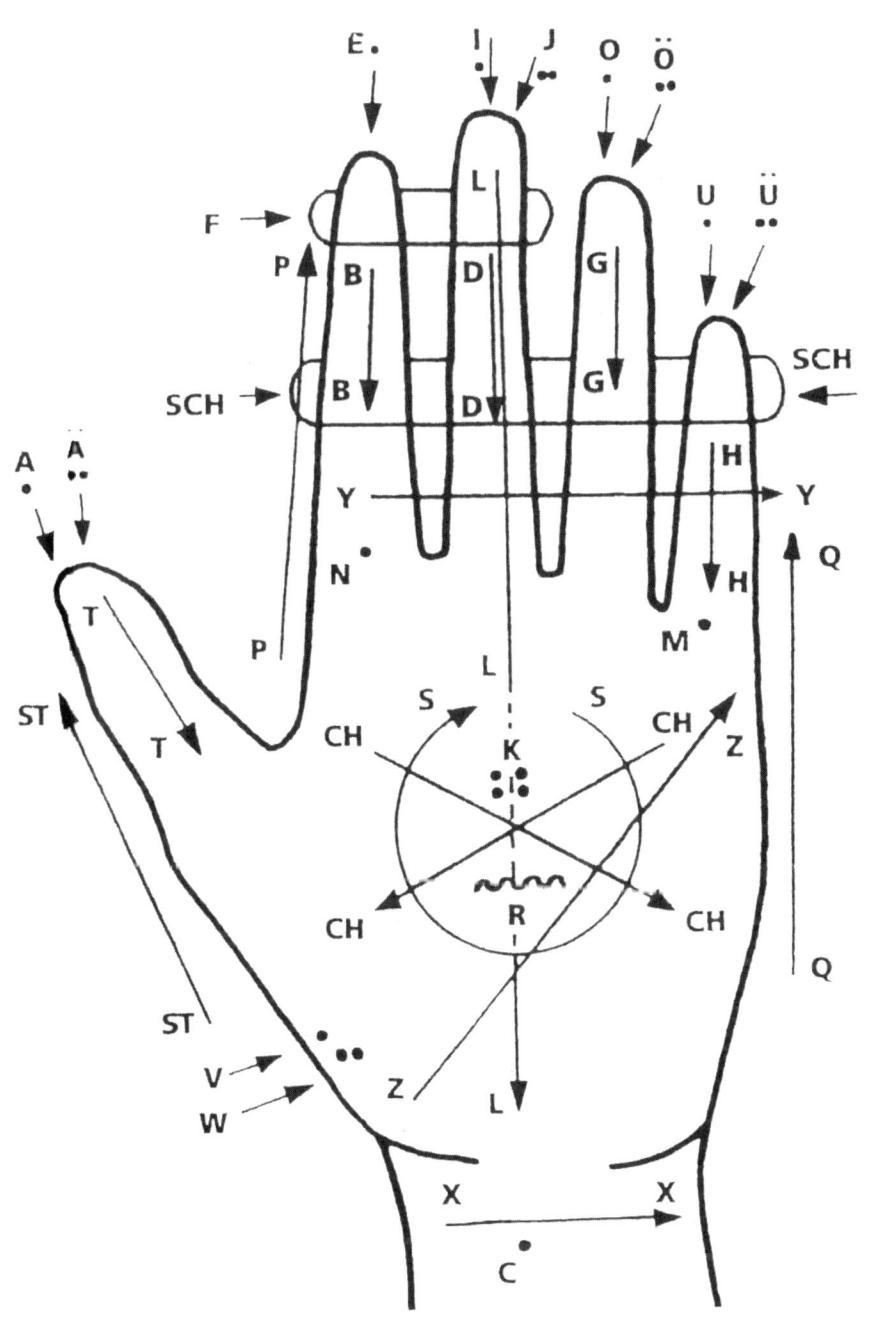

† 이를테면 커피(독일어로 kaffee)를 말하려면 네 손가락을 모아 그 끝으로 손바닥의 한가운데 지점을 찍어 k를, 엄지손가락 끝을 한 번 건드려 a를, 집게손가락과 가운뎃손가락을 한꺼번에 두 번 잡아 쥐어서 f 두 개를, 그리고 집게손가락 끝을 두 번 두드려서 e 두 개를 표현하면 된다.

손끝으로 느끼는 희망

Die Welt in meinen Händen by Peter Hepp
Copyright ⓒ by Ullstein Buchverlage GmbH, Berlin.
Published in 2005 by List Verlag

All rights reserved. No part of this book may be used or reproduced in any manner whatever without written permission except in the case of brief quotations embodied in critical articles or reviews.

Korean Translation Copyright ⓒ 2006 by Man and Book Publishing Co.
Korean edition is published by arrangement with Ullstein Buchverlage GmbH through Bookcosmos, Seoul, Korea.

이 책의 한국어판 저작권은
북코스모스 에이전시를 통한 저작권자와의
독점 계약으로 도서출판 사람과책에 있습니다.
저작권법에 의해 한국 내에서 보호를 받는 저작물이므로
무단 전재와 복제를 금합니다.

손끝으로 느끼는 희망

듣지도 보지도 못하는 삶

페터 헤프 지음
박정미 옮김

사람과책

추천의 말

"사랑하라, 그리고 마음대로 하라"

하느님은 '사랑'입니다. 사람은 이런 하느님의 사랑으로 태어났습니다. 하느님의 모상을 지닌 사람은 '사랑'하도록 부르심을 받았습니다. 사랑은 나눔입니다. 사랑은 어둠 속에서도 빛을 만들어내고 스스로를 전파시킵니다. 사랑의 빛은 막힘이 없으며 뚫지 못하는 것이 없습니다. 그리고 사랑은 희망을 낳습니다. 희망은 세상을 살아가는 데 가장 큰 힘이 됩니다.

사랑은 때로 시련과 고통의 모습으로 다가오기도 합니다. 하느님은 누구에게나 이런저런 어려움을 겪게 하십니다. 하지만 동시에 그런 어려움을 참아내고 극복할 수 있는 힘도 함께 주십니다. 그 힘은 절망적일수록 바위를 뚫고 솟아나는 샘 같은 희망입니다. 희망은 인간이 지닌 능력 중에 가장 위대한 능력입니다.

여기 앞 못 보고 듣지 못하는 사람이 있습니다. 독일의 한 평범한 가정에서 태어난 페터 헤프는 오직 손끝으로만 세상과 접할 수 있는 장애를 가졌음에도, 긍정적인 사고로 마음의 평화를 구하고 자기 정체성을 찾아갑니다. 페터 헤프는 사랑으로 대화하고 싶어 했고, 또 그 사랑을 나누어주고 싶어 했습니다. 그리하여 중복 장애의 시련을 딛고 독일 최초로 가톨릭교회의 종신부제가 되었습니다. 닥쳐오는 불행에 순응하고 또한 극복함으로써 자기 인생의 소명을 다하는 그의 이야기는 감동 이상의 것을 생각하게 합니다.

우리가 잊고 있던 사랑, 희망, 소명에 대해서 페터 헤프는 들려줍니다. 사랑하고 희망하고 서로를 이해하는 데에는 우리가 하찮게 여기는 사소한 것들로도 충분하다는 사실을 그는 가르쳐줍니다. 또 우리가 겪게 되는 모든 고통과 고난의 의미가 무엇인지도 그의 삶으로써 가르쳐줍니다. 어두운 골짜기를 걸어간다 할지라도 절망하거나 두려워할 필요 없이 더욱 삶을 사랑하는 데에 전념하라는 그의 메시지가 우리 마음을 파고듭니다.

페터 헤프는 자신처럼 고통 중에 절망하고 있는 모든 이들에게 손끝으로 사랑을 전합니다. 페터 헤프 종신부제의 이야기를 통해서 우리 내면에 존재하는, 삶에 대한 긍정의 힘과 믿음, 존엄, 큰 사랑을 만나기 바랍니다. 더없이 빈곤한 몸으로 세상에 부딪치며 그가 던진 진실한 물음과 절박함이 가슴 벅찬 감동으로 다가옵니다. 이 책은 삶의 의미와 시련의 의미를 찾는 데 있어 길을 밝혀줄 것입니다.

2006년 8월 명동 주교관에서

✝정진석 추기경

* 도움 주신 정진석 추기경님과 서울대교구의 신희준 신부님, 최태희 수녀님, 한국점자도서관의 육근해 님, 임종순 님께 감사드립니다.

* 〈추천의 말〉 제목 "사랑하라, 그리고 마음대로 하라"는 본문 316쪽 옮긴이 주에서 설명되며, 삽입된 그림은 〈영원한 도움의 성모〉 성화의 일부분이다.
* 여기 나오는 지은이의 가족 이름은 실제와 다르게 고쳐 쓴 것이다.
* 각 장의 마지막에 있는 ⣿ 등의 무늬는 장의 순서를 뜻하는 점자판형이다. 장마다 동일하게 들어 있는 ⣿는 이후의 점자판형이 숫자임을 뜻한다. ⣿는 숫자 1을, ⣿는 숫자 2를 나타낸다.
* 국립국어원의 현행 외래어표기법과 외래어 용례집 표기를 준수했으나, 용례에 예시되지 않고 ≪표준국어사전≫에 등록되지 않은 인명과 지명 등은 실제 독일어 발음을 중시해 표기했다.
* '아시시의 성 프란체스코', '리지외의 성녀 테레사'로 표기하고, 그 밖의 성인(聖人) 이름은 라틴어 표기의 ≪가톨릭성인사전≫을 따랐다. 건축물과 기관 이름에 들어 있는 성인 이름은 독일어 표기를 먼저 했으며 라틴어 이름을 괄호 안에서 설명했다. 성경 번역은 2005년 한국천주교중앙협의회에서 새롭게 펴낸 ≪성경≫을 따랐다.
* 면지 1쪽 글은 헬렌 켈러(1880~1968)의 ≪희망의 서(書)(Optimism)≫(1903)에서 발췌했다. ― 편집자 주

길을 보여준
　　아내와 아이에게

차례

추천의 말 정진석 추기경
"사랑하라, 그리고 마음대로 하라" … 4

-
-

1. 세상 속으로 … 11
2. 닫힌 세계 … 23
3. 소리 내고, 소리 나고 … 36
4. 집에 가고 싶어요 … 48
5. 돛대 귀를 하고 바라보다 … 64
6. 어둠이 찾아오니 … 78
7. 어른이 되다 … 93
8. 20km에 갇힌 자유 … 114
9. 거침없이 막힘없이 … 128
10. 삶의 아이러니 … 146
11. 나 없이 행복해지도록 너를 보낸다 … 167
12. 어디서 무엇이 될꼬 하니 … 184
13. 내가 있어야 할 자리 … 197

14. 도끼를 들고 마음의 고통을 끊으려 해도 … 211
15. 폐허에 닿아 아우성치다 … 230
16. 무대 장식이 되다 … 246
17. 고요한 암흑 속에서도 사랑은 빛을 부르고 … 261
18. 산 넘어 산 … 285
19. 네 인생 항로는 사랑이라 … 301
20. 문이 열리다 … 321
21. 거북이 행정 … 333
22. 둥지를 찾다 … 347

에필로그 부제서품식 … 358
감사의 말 페터 헤프
      손끝으로 길을 찾다 … 365

세상 속으로

1961년 6월 30일, 자정이 조금 지나서 나는 세상의 빛에 눈을 떴다.

"사내아이예요. 건강하고 튼튼합니다. 다 정상이고요."

검진을 마친 의사가 말했다.

"몸무게도 4킬로그램이나 나가네요. 우량아라서 기쁘시겠어요, 헤프 부인. 아이가 활발해서 앞으로 엄마를 한시도 가만두지 않겠는데요."

어머니는 간호사가 나를 품에 안겨주자 더할 나위 없이 행복한 미소를 지었다. 어머니가 바라던 대로 아들이었다! 어머니, 아버지, 그리고 어머니가 전남편과의 사이에서 낳은 여섯 살의 모니카 누나, 그리고 나. 이제 우리는 완전한 가족이 된 것이다.

그날 오후 아버지와 모니카 누나는 에잉엔(Ehingen)에 있는 병원으로 나와 어머니를 보러 왔다.

"다들 당신이 괜찮은지 묻고 우리 집안의 대를 이을 아들이 태어난 것을 축하해주었지. 그런데 아기는 어디 있나?"
아버지가 들뜬 목소리로 물었다.
아버지는 누나의 손을 잡고 발꿈치를 든 채 조심조심 복도를 지나, 갓난아기들이 누워 있는 신생아실로 향했다. 신생아실의 유리창 앞에 선 아버지는 자신을 꼭 닮은 나를 첫눈에 알아보았다. '몇 년만 있으면 가축을 돌보고 밭일을 거들 수 있을 만큼 자라겠지. 내가 늙어서 일하기 힘들어지면 네가 이 집안의 농장을 물려받게 될 거야.' 아버지는 나를 바라보면서 이런 생각을 했으리라.
"아빠, 아무것도 안 보여요. 동생은 어디 있어요?"
모니카 누나가 못 참겠다는 듯 물었다.
"쉿! 큰 소리 내면 안 돼. 아기들이 자고 있거든. 저기 있는 아기가 네 동생이란다."
아버지는 누나를 번쩍 들어서 나를 볼 수 있게 해주었다. 누나는 내가 귀엽기는 해도 아직 매우 작은 데다 눈을 감고 있어서 좀 실망한 눈치였다.
"내가 아기를 안아서 엄마한테 데려다 줘도 돼요?"
누나의 말에 아버지가 대답하려는 순간 나는 눈을 뜨고 울어대기 시작했다. 내 울음소리에 다른 아기들도 덩달아 울음을 터뜨렸고, 간호사들이 달려와 아기들을 한 명 한 명 달랬다. 나는 그곳에 있는 아기들 중에서 가장 요란하게 우는 아기였다. 누나는 두 손으로 귀를 막고 내가 울든 말든 더 이상 상관하지 않았다. 나를 안아 올린 간호사는 빨개진 내 얼굴을 보고 웃음을 터뜨렸다.

"요 녀석은 벌써부터 자기주장을 하네. 페터, 왜 그러니? 배고파서 그래? 엄마한테 데려다 줄까?"

친척들은 내가 태어난 것을 기뻐하며 우리 집이 있는 그리징엔(Griesingen)에까지 와서 세례식에 참석했다. 나는 세례식에서 페터와 요제프, 친할아버지와 외할아버지의 이름을 이어받았다. 축하 인사와 선물이 넘쳐나는 성대한 잔치가 벌어지고 사람들이 입에 침이 마르도록 나를 칭찬했다고, 부모님과 누나가 나중에 얘기해주었다. 식사를 하면서 친척들은 이미 정해져 있는 듯한 나의 장래에 대해, 즉 학교를 졸업하면 집안의 다른 남자들처럼 목수 일을 배워서 자기 집을 지을 것이라는 이야기를 나누었다. 누구나 당연히 내가 고향에 남아 농장을 물려받을 것이며, 착한 여자와 결혼해서 헤프 집안의 아이를 여럿 낳을 거라고 굳게 믿었다. 당시에는 내 청각에 이상이 있는 줄을 아무도 몰랐다.

그것이 밝혀진 것은 한참 뒤였다. 나는 아픈 적도 거의 없었고, 친숙한 사람들이 나를 보려고 요람 위로 몸을 숙이면 방긋 웃었으며 모르는 사람이 그러면 다른 갓난아기들처럼 깜짝 놀랐다. 어머니의 말로는, 나는 정상적인 아이와 별 다름 없이 누가 뒤에서 다가와 말을 걸면 뒤돌아보았을 뿐 아니라 누군가 움직일 때마다, 나무 바닥의 진동에도 반응했다고 한다. 나는 배가 고프거나 팔에 안기고 싶으면 우렁찬 소리로 울어대다가도 누가 관심을 보이면 금세 울음을 그쳤다. 하지만 다른 아기들처럼 옹알이를 하거나 어떤 소리를 흉내 내는 일은 한 번도 없었다.

그런 내 모습을 걱정하는 사람은 아무도 없었다. 오히려 매우 만족해했다. 나는 호기심이 무척 많아 주변을 세심하게 관찰했고 비교적 빨리 기어 다녀 손에 닿는 것은 무엇이든 그냥 지나치지 않았다. 하지만 두 다리로 서서 버티는 것은 힘겨워했다. 생후 1년이 되자 다른 사람의 손을 잡고 잘 걸어 다녔지만, 혼자 걸으려고 할 때마다 넘어졌으며 다시 일어나서 시도하다가 또 넘어지곤 했다. 하지만 자꾸 넘어지는 모습이 이상하게 여겨지지는 않은 모양이다.

"다른 아이들보다 성장이 좀 느린가 보지. 곧 혼자 걸을 테니 걱정 마라!"

할머니는 이렇게 말씀하셨고 그 말씀은 옳았다. 생후 15개월이 되자 나는 혼자 걸었고, 그래서 조금 늦돼도 더 이상 아무도 신경 쓰지 않았다. 하지만 생후 2년이 지나서도 여전히 말을 한마디도 하지 못하고 그럴 기미조차 보이지 않자, 어머니는 무슨 문제가 있는 것은 아닌가 하고 생각했다. 불안해진 어머니가 외할머니에게 그 사실을 얘기하자 외할머니는, "페터는 외삼촌처럼 말이 좀 늦으려나 보구나. 그것도 유전인가 보지. 때가 되면 저절로 말문이 트일 게야."라며 어머니를 안심시켰다. 그것 말고는 성장 발달 상태가 최상이었기 때문에 아무도 진찰을 받아야 한다는 생각을 하지 못했다. 그런 상태로 나는 아무런 근심 없이 유아기를 보냈다.

우리 가족은 울름(Ulm)과 멀지 않은 그리징엔에서 3대가 함께 농사를 지으며 살았다. 안나 할머니, 페터 할아버지, 아버지 헬무트와 어머니 리타, 누나 모니카와 나, 이렇게 여섯 식구였다. 그리고 외할머니와 외할아버지는 과수원 건너편에 있는 집에서 따로 사셨다. 우리 농가에는 손으로 젖을 짜는 암소 열두 마리와 돼지 서른 마리, 닭과 토끼가 있었고 나중에는 한동안 양도 키웠다. 몸집이 큰데도 내가 전혀 무서워하지 않은 검은색 양치기 개가 집과 농장을 지키면서 도둑고양이와 쥐를 쫓아냈다.

우리 농가에는 10에이커 정도 되는 농경지도 있었는데, 젖소 사료로 쓰려고 그중 일부는 목초지로 남겨두었다. 아버지는 밭에 밀이나 귀리, 보리와 같은 곡류를 주로 심었고 감자나 돼지 먹이로 쓸 사탕무를 재배하기도 했다.

아버지는 회사에서 미장공으로 일하면서 부업으로 농장 일을 했기 때문에 하루 종일 쉬지 못했다. 동이 틀 무렵에 일어나서 아침 식사 하기 전까지 소젖을 짰고, 내내 밖에서 일하다가 오후 늦게 집에 돌아와서는 곧장 밭이나 우리로 가서 일했다. 특히 수확기가 되면 아버지는 밤을 새워 일하는 경우가 허다했고 주말도 없이 일해야 했다. 힘이 아주 센 어머니와 할머니는 나무를 직접 쪼갰으며, 채소를 기르고 잡초를 뽑거나 닭에게 모이를 주고, 소젖을 짤 때와 추수할 때 거드느라 항상 분주했다. 모니카 누나는 오전에는 학교에서 공부를 하고 오후에는 집안일을 거들거나 나를 돌봤다. 그래서 오전에는 대부분 칠순이 넘으신 할아버지가 나를 돌보셨는데, 다리를 다치셔서 집 밖으로 나가는 일이 거의 없었다. 할아버지와 나는 서로를 아주 많이 좋아했다.

생후 3년이 될 때까지 나는 모두에게 사랑받으면서 어리광을 부리는, 그야말로 행복한 아이였다. 하지만 당시를 회상하면 무엇 하나도 부족하지 않은 편안한 생활을 했다는 느낌만 있을 뿐 기억이 자세하게 남아 있지는 않다.

할아버지의 다리에 난 상처가 곪아 어느 날 의사가 우리 집으로 왕진을 왔다. 나는 상처를 소독하고 새로 붕대를 감는 모습이 신기해서, 그 옆에 얌전히 서서 지켜봤다.
"넌 누구니?"
의사가 물었다.
"손자인데 말문이 좀 늦게 트이는지 아직 말을 못합니다."
할아버지가 설명했다.
"그래도 이름은 말할 수 있겠지. 이름이 뭐니?"
나는 방긋 웃기만 했다.
"페터라고 합니다. 자기 외삼촌처럼 말이 좀 늦네요."
"페터, 다음에 또 보자. '안녕히 가세요.' 해보렴."
나는 의사가 내민 손을 잡고 열심히 흔들었으나 말은 한마디도 하지 않았다.

내 귀에 이상이 있을지도 모른다고 생각했는지 의사는 며칠 뒤 다시 왕진을 왔을 때 나를 좀 더 자세히 관찰했다. 그가 할아버지의 다리를 치료하는 동안 나는 장난감 자동차를 가지고 놀았다. 2미터도 채 떨어지지 않은 마룻바닥에 등을 뒤로하고 앉은 나는 의사가 아무리 큰 소리로 불러도 듣지 못했다. 그러자 그는 손뼉을 치면서 내 주의를 끌어보려고 했다. 하지만 그것도 소용없었다.

"잘 듣지 못하는 것 같군요."

의사가 일어나 움직일 때 마룻바닥이 흔들리자 나는 몸을 돌려 그를 쳐다보았다. 그는 손에 쥔 빈 상자를 내밀면서 입을 움직였다. 어른들은 늘 열심히 입을 움직였다. 나는 입술 사이로 무슨 말이 나오는지 도대체 알지 못했지만 몸짓을 보면 무슨 의미인지 쉽게 눈치 챘다. 의사 선생님이 나한테 상자를 주려고 한다! 좋아하며 상자를 받아든 나는 장난감 자동차가 들어갈 차고로 만들어서 다시 놀이에 열중했다. 그러는 동안 내 등 뒤에서 운명의 순간이 다가왔다.

"애야, 이리 좀 오렴! 의사 선생님이 너와 얘기하고 싶으시단다. 페터한테 이상이 있는 것 같구나."

할아버지는 어머니를 불렀다. 부엌에서 점심식사를 준비하던 어머니는 급히 달려와서 내 이마를 짚어보았다.

"무슨 일인가요? 아픈 것 같지는 않은데요."

"그게 아니라 잘 듣지 못하는 것 같아서요. 보십시오!"

의사는 내 머리 뒤쪽에서 손가락을 튀겨 소리를 냈다. 나는 아무 소리도 듣지 못한 듯 꼼짝도 하지 않고 그저 자동차가 상자 안으로 들어가는 모습을 어머니에게 보여주려고만 했다. 하지만 어머니는 전혀 관심이 없는 것 같았다. 의사는 이런저런 실험을 해본 뒤 내 귀를 정밀 검사 해봐야 한다고 어머니를 설득했다.

"단지 귀가 막혀 있어서 잘 못 듣는 것이고, 막힌 데를 뚫으면 잘 듣게 되는 것 아닌가요?"

어머니는 걱정스럽게 물었다. 어머니가 불안해하는 것을 알아차린 의사는 말했다.

"헤프 부인, 우리 병원은 그런 검사를 할 만한 시설이 없어서 이비인후과 전문 병원에 아이를 데리고 가야 합니다. 제가 청각 테스트를 해줄 동료 의사의 주소를 적어드리지요. 검사하면 자세한 것을 알 수 있을 겁니다. 저라면 잠시도 미루지 않겠습니다. 페터 정도의 나이라면 벌써부터 말을 했어야 하거든요. 그렇지 않니, 페터?"

의사는 헤어지는 인사로 내 머리를 쓰다듬었다. 갑자기 뭔가가 잘못된 듯한 느낌이 들었다. 어머니와 할아버지는 왜 나를 저런 시선으로 쳐다보는 걸까? 할머니와 누나, 그리고 저녁때 집에 오신 아버지도 나를 이상한 눈으로 쳐다보았다. 내가 무슨 잘못이라도 저질렀나?

다음 날, 나를 검사한 이비인후과 전문의는 내 귀가 완전히 멀었다고 최종 진단을 내렸다. 수술을 해도 소용없으며 평생 귀머거리라는 운명에 순응하며 살아야 한다고 했다. 아버지, 어머니에게 청천벽력 같은 소리였다. 의사의 진단은 모든 희망과 자부심, 그리고 기쁨이 순식간에 사라지게 만들었다. 듣지 못하는 아이는 결국 장애아라는 말이었고, 게다가 정신지체도 완전히 배제할 수 없다고 했다. 사람들은 흔히 청각장애인과 바보를 같은 부류로 생각한다. 사랑하는 아들이 귀가 멀고 정신도 온전치 못한 병신이라니! 그것은 엄청난 충격이었다. 부모님은 내가 장애를 갖게 된 원인을 알아내려고 애썼다. 출산은 아주 정상적으로 진행되었고, 친가나 외가에도 청각장애를 가지고 태어난 사람은 아무도 없었다. 아버지와 어머니는 자신들이 무엇을 잘못했는지 생각하며 고통스러워했고 죄책감을 느꼈다.

그때 일어난 일들, 우리 부모님을 비롯한 친척들의 반응, 그리고 그들이 나눈 대화 내용은 훗날 그들의 이야기를 듣고 알았지만, 당시 나는 뭔가 끔찍하고 무서운 일이 일어났다는 것을 직감으로 아주 분명하게 느꼈다. 집안 분위기가 일순간에 변했고 내 주변에 갑자기 서늘한 기운이 감도는 것 같았다. 그 시절을 떠올리면 지금도 표현할 수 있는 상황과 느낌들이 조금씩 생각난다. 당시의 나는 가족에게 어찌해볼 도리가 없는 존재일 뿐이었다.

아버지와 어머니, 그리고 할아버지와 할머니는 걱정스러운 시선으로 나를 바라보다가 서로를 난감하게 쳐다보고 슬프게 고개를 저었다. 모니카 누나는 마치 낯선 사람을 대하듯이 나를 바라봤다. 얼마 전까지도 내가 얼굴을 찡그리면 모두 웃음을 터뜨렸는데, 아무리 얼굴을 찡그려도 누구도 웃지 않았다. 식사가 끝나자마자 아버지는 우리로 가버렸다. 내가 아버지를 따라가려고 하자 어머니는 나를 붙들고 오랫동안 꼭 껴안았다. 어머니가 큰 근심에 젖어 있는 것 같아 위로를 해주고 싶었지만 어떻게 해야 할지 몰라서 결국 울음을 터뜨리고 말았다. 무슨 일이 있는 거야! 그리고 그 일이 나와 연관이 있나 보네. 도대체 무슨 일일까? 엄마 아빠는 더 이상 나를 사랑하지 않는 걸까? 나는 하나도 변한 게 없이 전과 똑같은데, 왜 모든 것이 잘못된 느낌이 들까?

나는 낙원에서, 천진난만한 동심의 세계에서 쫓겨난 신세가 되고 말았다. 사람들은 더 이상 나를 보고 즐거워하지 않았으며, 나는 동정 어린 그들의 시선과 슬픔을 느꼈고 그들이 나 때문에 슬퍼한다는 것을 알았지만 이유가 뭔지는 몰랐다. 그것이 내게 큰 부담이 되었고, 집안 분위기는 빛이 모두 사라진 것처럼 어둡고 무겁기만 했다. 그 느낌은 끔찍하게 낯설고 차가웠다.

몇 주 뒤 기운을 차린 부모님은 의사의 최종 진단을 순순히 받아들이지 않기로 결심했다. 어쩌면 청력을 되살릴 가능성이 전혀 없다는 의사의 주장이 틀릴 수도 있으므로.

"페터를 위해 할 수 있는 일이 아무것도 없다고 처음부터 딱 잘라 말하다니, 그런 의사가 다 있어요?"

어머니는 의사를 욕하면서 말했다.

"독일 어딘가에 틀림없이 정말 유능한 전문의가 있을 거야. 가만있을 게 아니라 그런 의사를 찾아봐야 한다고요."

아버지는 먼저 직장 동료들에게 물어보았다. 동료들은 그런 전문의한테 진료를 받으려면 돈이 아주 많이 들 거라고 입을 모았다.

"돈이 얼마가 들든 상관없어. 중요한 건 우리 아들을 도와줄 사람이 있느냐는 거지! 돈이야 일해서 벌면 되는 거고."

아버지는 대꾸했다.

어머니는 친척이나 지인들을 찾아다니며 물었다.

"우리는 뭐든지 해보기로 했어요. 정말로 실력 있는 의사, 아시는 분 있나요?"

얼마 지나지 않아 슈투트가르트에서 사는 이모로부터 소식이 왔다. 마리엔호스피탈(Marienhospital) 병원 이비인후과의 어느 교수에 대한 신문 기사를 읽은 적이 있는데, 그 기사에 따르면 그 교수가 최고의 권위자라는 것이다. 갑자기 내 귀가 들리게 될 것처럼 모두들 희망에 부풀었다.

그런데 진료 시간을 예약하는 것만 해도 하늘의 별 따기만큼이나 어려웠다. 어머니는 어떻게 해서든 그 시간을 예약하기 위해, 대기자 명단에 올려달라고 하면서 진료비는 모두 자비로 지불하겠노라고 말했다.

드디어 예약이 되자 어머니는 나를 데리고 슈투트가르트로 떠났다. 그곳에서 체험한 것이나 여정은 전혀 기억나지 않지만, 어머니는 교수와 면담하면서 셀 수 없이 많은 질문에 대답해야 했고 그런 다음 나를 병원에 혼자 두고 와야 했다고 나중에 얘기해주었다. 사흘 뒤 어머니에게 병원으로 오라는 전갈이 왔다. 교수 앞에 앉자 어머니는 바짝 긴장했다. 교수는 앞에 놓인 진단서를 한번 훑어보고는 결과에 대해 어떻게 말을 꺼내야 할지 생각하는 것처럼 잠시 어머니를 쳐다보았다.

"우리 페터가 들을 수 있나요?"

어머니는 떨리는 목소리로 물었다. 교수는 고개를 저었다.

"헤프 부인, 안타깝게도 실망스러운 말을 해야 할 것 같군요. 아드님은 지금 듣지 못해요. 검사 결과로 보아서는 청력을 되살릴 가능성이 전혀 없다고 생각합니다. 나중에 다시 검사해봐야겠지만, 아드님의 청력은 약을 쓰든 수술을 하든 나아질 가능성이 전혀 없습니다. 아시겠습니까?"

어머니는 고개를 끄덕였다. 이 교수가 도와줄 수 없다면 이 세상에 페터의 청력을 되살릴 수 있는 사람이 아무도 없는 거겠지. 어머니는 집에 가야겠다는 생각만 간절했다.

"잠깐만요, 헤프 부인. 아직 말씀드릴 게 있습니다."

교수는 자리에서 일어서려는 어머니를 다시 앉히고 말을 계속 했다.

"테스트를 하면서 아주 중요한 사실을 알아냈는데, 페터는 지능이 대단히 높더군요. 제 말을 믿으십시오. 저희가 모든 테스트와 검사를 여러 차례 반복하면서 확인했으니까 확실합니다. 페터는 청각장애가 있기는 하지만 지능이 매우 높기 때문에 나름대로 할 수 있는 일이 있을 겁니다. 그러니까 아이를 그냥 내버려 두지 말고 말을 가르치면서 뒷바라지한다면 모든 일이 다 잘될 거라고 확신합니다."

'페터는 지능이 매우 높고, 모든 일이 다 잘될 것'이라는 말을 가슴에 담고 어머니는 집으로 돌아왔다. 이 말이 어머니에게는 모든 일이 절망적인 것처럼 보일 때 붙들 수 있는 유일한 지푸라기였으며, 나를 보고 장애아이며 정신지체라고 말하는 사람이 있을 때마다 스스로를 방어하는 무기가 되었다.

"장애가 있는 것은 사실이지만 정신지체는 절대 아니에요. 오히려 그 반대라고요. 교수님이 아이를 테스트해본 결과 지능이 대단히 높다고 하셨거든요."

닫힌 세계

　　　　　　　　　　부모님은 시골에 살고 차도 돈도 없는 처지라 어찌 해야 할지 몰랐다. 게다가 할 일이 매우 많아서 나에게 신경 쓸 시간이 부족했고, 또 시간이 있다고 해도 어떻게 해야 할지 몰랐을 것이다. 말을 가르쳐야 한다지만, 들을 수 없는 아이에게 어떻게 말을 가르친단 말인가? 부모님은 불가능한 일을 요구당하는 느낌이 늘었다. 아무리 지능이 높아도 귀가 멀고 말도 못하는 아들을 데리고 무엇을 할 수 있었겠는가?
　청각장애아를 위한 특수 유치원이나 학교가 있었지만 우리 집과 가까운 곳은 한 군데도 없는 데다 모두 기숙사 생활을 해야 했다. 우리 농가에서 자동차로 한 시간쯤 걸리는 라벤스부르크 부근의 빌헬름스도르프라는 곳에 특수학교가 한 군데 있고, 차로 한 시간 반 거리에 또 한 군데가 있었다. 요즘은 아침에 청각장애아들을 태우고 가서 저녁때 집까지 데려다 주는 학교들을 흔히 찾아볼 수 있지만, 1964년만 하더라도 그런 것은 생각할 수도 없었다. 그래서 아이들은 한 학년 내내 청각장애아를 위한 교육 시설에서 지내야 했다.

어머니는 그런 기숙사 생활을 아주 잘 알고 있었다. 마을에 하이디와 우르스라는 청각장애아를 둔 집이 있는데, 그 아이들은 슈베비슈 그뮌트(Schwäbisch Gmünd)에 있는 성(聖) 요제프 학교('요제프'는 '요셉'과 같은 이름이다 — 옮긴이)에서 지내면서 크리스마스와 부활절 연휴, 그리고 여름방학 때만 집에 왔다. 그곳에 유치원도 있었지만, 아버지와 어머니는 나를 그곳에 보낼 생각만 해도 끔찍했다. 그래서 부모님은 차라리 나를 데리고 있는 편이 낫겠다고 결론을 내렸다.

어머니는 그렇게 결론을 내린 이유를 이렇게 말했다.

"페터는 아직 너무 어리잖아요. 세 살짜리를 엄마와 떼어놓다니 그건 너무 가혹해요. 아이는 우리가 자기를 버렸다고 생각할 거예요. 그러느니 우리 마을에 있는 유치원에 보내는 게 낫겠어요. 그렇게 해도 괜찮을 것 같아요."

부모님은 나를 프란체스코 수도회 소속의 로이테(Reute) 수도원에서 운영하는 유치원에 보냈다. 그러나 부모님의 생각과는 달리 그곳은 별로 좋지 않았다. 이내 두 명의 수녀님이 내가 적응을 못한다고 불평을 해댔다.

"헤프 부인, 댁의 아드님이 다른 남자 아이들과 자꾸 치고받고 싸우는데, 특히 에곤하고 사이가 안 좋아요. 둘 다 키가 크고 기운이 세서, 싸우면 마치 거인들이 싸우는 것 같답니다. 그리고 언제나 페터가 먼저 싸움을 걸어요. 에곤이 아무 짓도 안

했는데 페터가 그 아이만 보면 달려들거든요. 그래서 페터에게 벌을 줄 수밖에 없어요."

나를 데리러 온 어머니가 구석에 서서 벌을 받고 있는 나를 보고 의아해하자 한 수녀님이 그 이유를 설명했다.

그 수녀님은 어머니에게 나와 진지한 대화를 나눠보는 것이 좋겠다고 했지만, 어떻게 해야 할지 난감하기는 모두 마찬가지였다. 어쨌든 말로 대화할 수는 없는 노릇이었다. 다른 사람들이 말을 주고받으며 계속 입을 움직이는 모습을 보면서 그것이 중요할 것 같은 느낌이 들었지만, 내게는 아무런 의미도 없었다. 나는 미소와 찡그린 얼굴, 떨리는 입술, 눈을 찡긋거리고 코를 찌푸리는 것, 눈썹을 치켜 올리는 것, 이마에 깊은 주름이 생기는 것, 때리려고 들어 올린 손, "이리와, 페터. 안아줄게."라고 말하며 활짝 벌린 두 팔, 같이 놀자고 말하는 몸짓 등과 같은 언어만을 이해했다.

몸짓이나 얼굴 표정만 봐도 나는 주위 사람들의 아주 미미한 감정 변화까지 읽을 수 있었고, 다른 아이늘이 나를 받아들이는지 놀리는지, 수녀님이 누구 편인지 금방 알아챘다. 그래서 내 입장을 이해해주기 바랄 때는 수녀님의 소매를 잡아당기면서 에곤과 그의 다리를 가리켰다. 에곤이 발을 걸어 나를 넘어뜨렸기 때문에 주먹으로 한 대 쳐서 복수했다는 뜻이었다. 에곤은 나의 천적이 되었고 항상 먼저 시비를 걸었다. 그 아이는 나를 건드리거나 괴롭히지 않으면 한시도 못 견디는 듯, 수녀님 등 뒤에서 보기 싫게 얼굴을 찡그리면서 손가락을 빙빙 돌리며 내가 미쳤다는 시늉을 하는가 하면, 다른 남자 아이들도 선동해서 나를 놀리게 만들었다. 나는 말로 의사를 전달할 수 없기 때문에 주먹으로 방어할 수밖에 없었다.

어떻게 된 일인지 내가 아무리 설명하려고 애써도 수녀님들은 내 몸짓에 조금도 관심이 없는 것 같았고 다른 아이들보다 내게 벌을 주는 일이 더 많았다. 그래서 항상 부당하게 대우받는 느낌이었고, 다른 아이들 잘못도 뒤집어써서 벌을 받았.

나에게 벌을 줄 때 젊은 수녀님은 뺨을 때렸고—1960년대만 해도 이것은 흔한 체벌 방식이었으며 1972년에야 체벌이 법으로 금지되었다—나이 지긋한 수녀님은 몇 시간 동안 구석에 세워두었다. 하지만 체벌은 득보다 실이 더 많았다. 매를 맞을 때마다 수녀님에 대한, 그리고 나를 바보 취급 하면서 놀려대는 녀석들에 대한 분노만 더 커졌기 때문이다.

여자 아이들과는 그래도 잘 지내는 편이었다. 특히 율리아는 내게 늘 친절했고 내가 이해할 수 있는 몸짓으로 자기와 다른 여자 아이들과 함께 놀겠느냐고 묻곤 했다. 훗날 율리아는 내 사촌 한스-페터의 아내가 되었다. 시간이 흐르면서 우리 두 사람 사이에는 깊은 우정이 싹텄고, 당시에 나는 가끔씩 그녀와 다른 여자 아이들이 나를 동정한다는 것을 느꼈지만 그녀에게 늘 고마워했다.

다른 아이들과 똑같이 놀 수 없기 때문에 나에게는 항상 특별한 역할이 주어졌다. 이를테면 숨바꼭질을 할 때 나는 숨을 수는 있어도 술래를 할 수는 없었다. 내가 술래를 할 차례가 되어도 으레 다음 아이에게로 넘어갔다. 아이들은 왜 내가 술래를 못할 거라고 생각할까? 숨어 있는 아이들을 찾는 것은 얼마든지 할 수 있는데 말이지! 나를 바보로 여기는 건가? 하지만 난 바보가 아니야. 어느 날 나는 여자 아이들에게 술래를 시켜주지 않으면 더 이상 함께 놀지 않겠다고 의사 표시를 했다. 여자 아이들은 어깨를 으쓱하며 동의했다. 나는 담벼락에 기대서서 두 눈을 감고 기다렸다가, 돌아서서 아이들을 찾았다. 드디어 다른 아이들처럼 술래가 되다니, 정말 가슴이 벅찼다. 단 몇 분에 불과했지만 한 무리의 진정한 구성원이 되었다는 느낌이 든 순간이었다.

따돌림당하고 부당한 취급을 받는다는 느낌은 계속 나를 따라다녔다. 사람들은 또래 아이들에 비해 내가 훨씬 뒤떨어질 거라고 단정 지었고, 나는 시간이 갈수록 점점 더 그것에 화가 났다. 어머니는 나를 너무 조심스럽게 대했고 혹여 나에게 무슨 일이라도 일어날까 봐 늘 전전긍긍하는 것 같았다. 이웃집에 가려고만 해도 어머니는 내 뒤를 쫓아다니며 늘 자기 옆에 있으라고 당부했다. 나는 끊임없이 감시당하고 혼자서는 아무 데도 갈 수 없다는 것이 너무나 싫었다.

"동생한테서 한시도 눈을 떼지 마라. 페터는 차가 오는 소리를 못 들으니까 길에서 뛰어다니지 않게 조심해!"

어머니는 모니카 누나에게 주의를 주곤 했다. 누나는 한숨을 내쉬었다. 누나가 내 손을 잡으면, 나는 손잡고 걷는 아기처럼 보이는 것이 싫어서 뿌리쳤다. 그 마음을 이해하는 누나는 가끔씩 나를 자기 옆에서 혼자 걷게 놔두었다. 하지만 어머니는 내 손을 꽉 붙든 채 한시도 놓지 않다가 수녀님에게 나를 넘겨줄 때가 되어서야 손을 놓았다. 유치원은 차가 거의 다니지 않는 길을 두 번 건너면 될 만큼 아주 가까웠다. 그래서 다른 아이들은 혼자 유치원에 갔고, 나도 그렇게 할 수 있다는 것을 보여주고 싶었지만, 어머니는 그럴 기회를 주지 않았다.

어느 날 모니카 누나를 기다리고 있는데, 나의 천적 에곤이 어머니의 손을 잡고 걸어가는 내 모습을 흉내 내는 것이 보였다. 이번만큼은 도저히 참을 수가 없어서 쫓아가려고 하는데 젊은 수녀님이 나를 붙들었다. 나는 수녀님의 손에서 벗어나려고 온 힘을 다해 발버둥 쳤고, 그 대가로 또 매를 맞았다.

한편 누나도 불만이 가득했다. 나를 좋아했지만, 내가 누나에게 성가신 존재인 것은 사실이었다. 누나는 단지 나 때문에 방과 후에 친구들과 놀지도 못한 채 서둘러 유치원으로 가야 하고, 항상 나를 돌봐야 한다는 것이 나만큼이나 싫었을 것이다. 때문에 누나와 나 사이에 갈등이 생겼다. 누나는 예민해졌고, 나는 누나를 거부하는 태도를 분명하게 보여주었다. "저리가, 날 좀 내버려 둬, 나도 혼자 할 수 있어. 혼자 집에 가고 싶단 말이야."라고 누나에게 말하고 싶었다.

나는 누나 옆에서 걷기를 거부하고 앞이나 뒤에서 잔뜩 심술난 얼굴을 한 채 걸어갔다. 누나는 할 수 없다는 듯 어깨를 으쓱하고 우리 둘 사이가 많이 떨어지지 않게 조심했다. 그리고 내가 울타리 위로 기어오르려고 하자 말리면서 말했다.

"잠깐 기다려. 그러다가 다칠지도 몰라. 손 이리 줘, 도와줄게."

누나가 무슨 말을 하는지는 이해할 수 없었지만 몸짓을 보면 그 뜻을 알 수 있었다. 내 어깨에 손을 얹고 이마를 찌푸리며 고개를 저으면 하지 못하게 말리는 것이고, 손을 내밀면 도와주겠다는 뜻이었다. 우리는 울타리 앞에 서서 싸웠고, 이처럼 사소한 일로 자주 다투었다. 나는 누나가 끼어들려고 할 때마다 반항했지만, 누나는 가족 중에서 나와 의사소통이 가장 잘 되는 사람이었다.

"손수레를 가져와서 우유를 운반하자."

누나는 손수레를 나타내는 네모를 그리고 커다란 우유통을 가리키면서 설명했다.

모니카 누나는 한 가지씩 새로운 동작을 생각해냈다. 모서리가 둥근 작은 네모를 그리면서 고개를 끄덕이면 '이리 와, 페터. 텔레비전을 봐도 되는 시간이야!'라는 뜻임을 알고 나는 좋아했다. 우리는 먹는 것과 마시는 것, 산책, 잠자는 것, 목욕, 이웃집에 가는 것 등 여러 가지 간단한 행위를 표현하는 수화를 나름대로 만들어냈다. 그것이 내게는 지극히 당연한 의사소통 방법이었다.

수화는 나에게 모국어나 다름없었다. 나는 이 세상의 모든 사람들처럼 갓난아기 때부터 즉흥적인 동작으로 의사를 표현했다. 사람은 누구나 다른 언어를 배우기 전까지 자기 몸과 얼굴 표정으로 의사를 표현하며, 그 뒤에도 평생 대화를 나눌 때마다 무의식적으로 몸짓이나 표정을 곁들인다. 독일 사람들은 '손짓 발짓을 하며' 이야기를 주고받는 이탈리아나 스페인 사람에 비하면 그 정도가 약하기는 하지만 말이다. 어쨌든 누구나 말로는 부족한 느낌이 들 때가 한 번쯤 있을 것이다. 중병에 걸리거나 임종을 맞을 때 사랑하는 마음이나 위로를 전할 수 있는 것은 손이다. 이처럼 사람은 신체 언어와 몸짓, 그리고 접촉을 통해 자신의 감정을 전한다.

청각장애인의 수화는 독일어나 다른 음성언어와 마찬가지로 나름대로의 문법이 있는 복잡한 언어다. 그래서 수화로 축구부터 정치에 이르기까지 온갖 주제에 대해 아주 다양한 대화를 나눌 수 있으며, 궤변을 늘어놓거나 웃기는 이야기를 들려줄 수도 있고, 신이나 세계에 대해 논쟁을 벌일 수도 있다. 청각장애가 없는 성인이 수화를 습득해 자연스럽게 구사하려면 영어나 프랑스어를 익힐 때처럼 3, 4년은 집중적으로 공부해야 한다. 그리고 통역사가 되려면 적어도 3년은 더 세부적으로 공부해야 한다.

청각장애인과 함께 생활하는 아이들은 놀면서 쉽게 수화를 배운다. 하지만 나는 그렇지 못했다. 주위 사람들이 수화를 할 줄 몰랐기 때문에 내가 쓸 수 있는 신호 어휘는 아주 한정되었다. 유일하게 우르스와 하이디가 수화를 했지만, 둘은 나보다 훨씬 나이가 많고 기숙사에서 지냈기 때문에 만날 기회가 거의 없었다. 어쩌다 두 사람을 만나면 나는 수화로 말하는 그들을 넋 놓고 구경했다. 나는 그들이 말을 주고받고 있다는 것을 깨닫지 못한 채, 재미있는 동작 놀이를 하고 있다고 생각했다. 마을에서 그들의 어머니를 만날 때가 많았는데, 그때마다 그녀는 자기 아이들한테 배운 몇 가지 수화로 말을 걸곤 했다. 나는 그 동작을 이해했고, 나를 그냥 불쌍하게 쳐다보는 것이 아니라 대화를 나누려고 애쓰는 누군가가 있어 정말 행복했다.

다른 사람들과 접촉하고, 얘기하고 싶은 내 욕구는 말할 수 없이 컸다. 그래서 사람들이 이야기를 주고받는 모습을 보며 나도 말로 의사소통할 수 있다면 하는 마음이 간절했고, 그러지 못하는 내 처지에 상실감과 소외감을 느껴 더욱 사나워졌다. 세 살, 네 살, 다섯 살이 되면서 더욱 난폭해진 나는 언어장애로 인해 고통을 당했다.

청각을 제외한 나머지 감각을 통해 나는 주변에서 일어나는 모든 일을 인지함으로써 지식욕을 어느 정도 충족했다. 우리 농장에는 볼 것, 냄새 맡을 것, 맛볼 것, 만져볼 것이 굉장히 많았다. 나는 유년기까지 식물과 동물을 탐색 대상으로 삼았으나, 곧 그것만으로는 만족하지 못하게 되었다. 다른 사람들을 만나 그들의 말을 이해하고 싶었다. 혼자 산책하는 것이 금지되었기 때문에 우리 집 땅과 길 사이에 세워진 울타리 위에 앉아 엠마 아줌마 가게로 가는 사람들을 구경했다. 대부분 나를 아는 사람들이었고 나도 그들을 알았다. 누가 주머니에서 사탕을 꺼내 줄지, 누가 상냥하게 또는 불쌍한 듯 인사를 할지, 욕을 먹지 않으려면 누구를 뚫어지게 쳐다보면 안 되는지 나는 이미 꿰뚫고 있었다. 늘 화가 나 있는 사람이 있다는 것에 의아해하기도 하고, 지금 누가 기분이 좋거나 근심거리가 있는지 감지해내기도 했다. 나는 사람들 기분이 어떤지 첫눈에 알아보았고, 그들의 차이를 이해하려고 애썼다. 사람들은 오래 관찰하면 할수록 더욱 신기한 존재로 여겨졌다.

왜 저 여자들은 엠마 아줌마 가게 앞에 모여 다른 여자를 몰래 훔쳐보는 걸까? 왜 그 여자는 가게로 들어가지 않고 갑자기

길 건너편으로 가버리는 걸까? 저 할머니는 왜 오늘따라 검은 모자를 쓰고 평소보다 더 구부정하게 걸어갈까? 나는 이런저런 것들을 궁금해하면서 ― 물론 궁금증을 말로 표현하지는 못했지만 ― 시간 가는 줄 몰랐다. 계속 관찰하면서 혼자 답을 알아내기도 했고, 모니카 누나가 가르쳐주기도 했다.

"저 할머니의 남편이 돌아가셨거든. 죽었다고."

누나는 십자가를 그으면서 설명했다.

십자가는 묘지에 있었다. 그리고 나는 죽음이 무엇을 뜻하는지 알고 있었다. 우리 집에서는 고양이가 항상 쥐를 잡아 죽였고, 아버지는 우리가 먹을 닭을 죽였으며 돼지도 죽임을 당했다. 그러면 그 할머니의 남편도 죽임을 당한 것일까? 나는 의문스러운 눈빛으로 누나를 쳐다보았다. 내 눈빛을 이해한 누나는 그 할아버지가 잠들었다는 것을 보여주기 위해 양손을 모아 귀 옆에 대고 머리를 옆으로 숙인 다음 눈을 감았다. 손으로 밀어도 꼼짝하지 않는 누나를 보면서 그 할아버지가 더 이상 깨어날 수 없다는 것을 이해할 수 있었다.

일요일에 나는 아버지와 함께 성당에 가도 좋다는 허락을 받았다. 어머니와 할머니는 이미 아침에 미사를 다녀와서 아버지와 내가 집을 나설 때 점심식사를 준비하고 있었다. 모니카 누나는 친구들과 함께 미사를 보러 가고 없었다. 나는 여자들만 성당 안으로 들어가서 기도를 해야 하고 남자들은 그러지 않아도 되나 보다 하고 생각했다. 성당 밖에 서서 이야기 나누는 남자들이 많았기 때문이다. 아버지도 그 무리에 있었다. 그들 가운데 몇몇은 아들을 데리고 왔지만, 모두 나보다 나이가 많아서 아무도 나에게 관심을 두지 않았다. 아버지와 함께 남자들 무리에 끼어 있다 보니 우쭐해지기도 했지만, 한편으론 심심해서 죽을 지경이었다.

대체 무슨 얘기를 하는 거야? 나는 예전에 쉬지 않고 움직이는 남자들의 입을 가리키며 궁금한 듯 눈썹을 치켜 올려 모니카 누나에게 물어본 적이 있다. 누나는 허공에 둥근 원을 그리고, 조금도 재미없다는 것을 나타내기 위해 어깨를 으쓱하고 하품을 했다. 그때 남자들은 축구 얘기를 하고 있었다. 너덧 살쯤 되었을 때 나는 텔레비전에서 축구를 보고 그것이 어떤 놀이인지 알았다. 그리고 마을에서 멀지 않은 곳에 있는 축구장에서 남자 아이들이 공을 차는 모습을 본 적이 있었다. 그 모습을 흉내 내어 플라스틱 공을 몰고 이리저리 뛰어다니다가 닭장 문을 향해 공을 차서 닭들을 놀라게 하는 것이 재미있기는 했다. 나는 그 놀이가 어떤 것인지 이미 알고 있었지만 그것이 무슨 얘깃거리가 되는지는 이해할 수 없었다.

성당 앞에 모인 이 남자들이 축구가 아닌 다른 중요한 일에 대해 얘기하고 있는지도 모른다고 생각하며, 멋진 정장을 차려 입고 둘러서 있는 그들을 지켜보았다. 황새처럼 한쪽 다리로만 서서 성당 담벼락에 등을 기대고 다른 한쪽 다리를 벽에 대고 있는 남자들의 모습이 특히 멋져 보였다. 어떤 사람은 바지 주머니에 두 손을 넣고 있고, 어떤 사람은 담배를 피우고 있었다. 그들의 여유 있는 모습에 깊은 인상을 받은 나는 아버지 옆으로 가서 벽에 기대며 한쪽 다리로 서려고 했는데, 쓰러지고 말았다. 그래도 다시 일어나 한쪽 다리로 서려고 애썼는데, 균형을 잃고 또 넘어졌다.

"그만 해, 페터. 아프지도 않니? 그것 봐!"

아버지는 나를 일으켜 세우며 더러워진 내 무릎을 가리켰다. 나는 아픈 줄도 모르고 다시 한 번 해보았지만 역시나 넘어지고 말았다.

평형감각장애가 청각장애와 연관이 있다는 것을 당시에는 아무도 몰랐다. 부모님은 그저 내가 좀 미숙해서 그러려니 생각하고 다칠까 봐 걱정했다. 하지만 미숙하다는 이유로 자주 놀림을 당한 나는 뭔가를 해내지 못하면 화가 치밀었다. 그래서 그것을 끈질기게 연습하고 또 연습했다.

자랑스럽게 한쪽 다리로 버티고 서는 데 성공한 순간, 남자들의 태도가 바뀐 것을 알아차렸다. 갑자기 몸을 똑바로 일으켜 두 다리로 선 그들은 성당이나 땅바닥을 쳐다보며 더 이상 입을 움직이지 않았다. 평상시 이야기를 나눌 때처럼 다른 사람과 시선을 맞추는 일 없이 그들은 한동안 가만히 서 있었다. 이건 또 무슨 뜻인지 이해할 수 없었지만 나도 덩달아 가만히 있었다. 다음 순간 과연 어떤 일이 일어날까 부쩍 긴장하고 한참을 기다렸는데, 갑자기 남자들의 자세가 다시 느긋해졌다. 어떤 사람들은 십자성호를 긋고 이야기를 계속하는가 하면, 아버지처럼 마을에 있는 식당으로 향하는 사람들도 있었다.

같이 가도 된다는 생각에 우쭐해서 총총걸음으로 '춤 아들러(Zum Adler)'라는 식당까지 아버지를 따라간 나는, 아버지가 시켜준 레모네이드를 마실 수 있고 잔뜩 쌓여 있는 신문에 실린

만화를 볼 수 있어서 마냥 신이 났다. 만화는 그냥 보기만 해도 이해할 수 있는 언어로 이야기를 들려주었다. 아버지와 다른 사람들이 얘기하는 동안 정신없이 만화를 '읽으면서' 시간 가는 줄 몰랐다. 아버지와 나는 일요 만찬이 거의 준비됐을 쯤에야 집으로 돌아오곤 했다.

당시에 어머니도 가끔씩 나를 성당에 데리고 갔다고 하는데, 그에 대한 기억은 남아 있지 않다. 아마도 나는 아무것도 볼 수 없어서 소란을 피우거나 미사 시간에 잠을 잤을 것이다. 어쩌면 입으로 잡음을 내서 미사를 방해했을지도 모른다. 나는 내 소리를 들을 수 없기 때문에 틀림없이 그런 일이 아주 많았으리라. 어쨌든 내가 기억하는 것은 남자들이 성당 밖에 서 있는 장면뿐이다.

한참 뒤에야 나는 그때 남자들이 왜 갑자기 가만히 서 있었는지 알게 되었다. 신부님이 성체성사(聖體聖事, 예수의 피와 살인 포도주와 빵을 나누어 주는 예식 — 옮긴이)를 시작하면 성당 안에 있는 작은 종이 울려 밖에까지 들렸고, 그러면 그 순간만큼은 꼼짝 않고 서서 각자 나름대로 기도를 한 것이다. 그들은 그때 어떤 느낌이었을까? 나에게는 그런 식으로 하던 일을 멈추고 가만히 있는 것이 어떤 마력을 지니고 있는 것만 같았고, 평범한 마을의 일상에서 뭔가 특별한 일이 일어나는 듯한 느낌이었다. 그 느낌은 섬뜩하면서도 아주 근사했다.

소리 내고, 소리 나고

"페터한테는 말을 제대로 가르쳐줄 사람이 필요해요."

어머니는 어느 날 진지하게 말을 꺼냈다.

"슈투트가르트의 그 교수님도 말씀하셨잖아요. 저절로 잘될지도 모른다고 기대했는데, 영 가망이 없는 것 같아요. 페터한테 말을 가르쳐줄 선생님을 구해봐야겠어요."

아버지는 내가 행복하지 않다는 것을 알았기 때문에 어머니의 말에 동의했다. 상대방이 나에게 뭘 원하는지 알 수가 없던 나는 점점 더 난폭해졌고 모난 성격이 되어갔다.

"조금이라도 말을 할 수 있게 되면 얌전해지겠지. 원래는 착한 아이니까."

아버지는 말했다. 모니카 누나는 역할 놀이로 선생님이 무엇인지 설명해주려고 했으나 내가 이해하지 못하자 곧 포기했다. 그러던 어느 날 유치원에 나를 데리러 온 어머니는 웬일인지 들떠 보였다. 점심식사를 마치고 어머니는 나를 씻기더니 일요일에 입는 바지와 방금 다림질한 셔츠를 입혔다. 보통은 병원이나 다른 중요한 사람한테 갈 때, 그리고 성당에 갈 때만 그렇게 입었는데 이번에는 우리가 어디로 가는 게 아닌 것 같았다. 어머니가 유난히 깨끗하게 방을 청소하고 테이블 위에 꽃을 갖다 놓았기 때문이다. 그것은 중요한 사람이 온다는 뜻이었다. 나는 밖으로 나가서 과연 누가 오는지 보려고 했으나 어머니는 나를 데리고 들어왔다.

"여기 가만히 앉아 있어. 더러워지면 안 되니까."

어머니가 경고했다. 나는 누나의 소매를 잡아당기며 무슨 일인지 설명해달라고 졸랐다.

"너한테 선생님이 오시는 거야."

누나는 나를 가리키면서 말했다.

"너한테! 선생님이 너한테 말을 가르쳐주신다고."

누나는 손을 입에 대고 여러 차례 입을 열었다 닫으면서 오리 주둥이 흉내를 냈다. 나는 그 눈빛을 보고 나에 대한 관심이 높아진 것을 알아차리고서 나를 찾아올 중요 인물이 과연 누굴까 잔뜩 기대하며 기다렸다. 곧 자동차 한 대가 집 마당으로 들어서더니 공손해 보이는 남자가 내렸고 어머니와 안나 할머니, 모니카 누나, 그리고 나에게 인사를 했다. 그는 나에게 손을 내밀고 자신과 나를 가리키며 뭐라고 웃으면서 말하더니, 내 어깨를 두드리며 고개를 끄덕였다. 나는 그가 내게 관심을 보여서 기뻤고 좋은 면도 스킨 냄새가 나서 금세 그에 대한 신뢰감이 생겼다.

어머니는 뢰슬레 선생님이 섬세한 사람이었고 항상 옷을 잘 입었다고 지금도 말씀하신다. 당시에 그는 라벤스부르크 부근의 빌헬름스도르프에 있는 농아학교에서 학생들을 가르쳤다.

우리는 집 안으로 들어갔다. 누나는 자기 방으로 들어가고 할머니는 위층으로 올라갔다. 어머니와 이야기를 마치고 뢰슬레 선생님이 내가 집중을 더 잘할 수 있도록 둘만 있게 해달라고 부탁해서, 갑자기 선생님과 나만 방 안에 남았다. 나는 테이블 앞에 앉아 가방에서 뭔가를 꺼내는 뢰슬레 선생님을 관심 있게 지켜보았는데, 알록달록한 그림과 거울이 전부였다. 그는 자동차 그림을 보여주고 입 모양을 만들며 "자동차."라고 큰 소리로 말했고, 동시에 자기 머리와 목 또는 가슴 윗부분에 내 손을 갖다 댔다. 나는 그런 방법으로 이른바 단어 각각의 울림을 느껴서 나 스스로 같은 울림을 낼 수 있는 법을 배우기 시작했다. 나는 거울을 보면서 내 입 모양을 살폈다. 하나하나 소리를 낼 때마다 지나칠 정도로 또렷하게 발음하는 선생님과 똑같은 입 모양이 되어야 했다.

이것이 발성 수업이다. 쉽게 구별해 따라 할 수 있는 철자도 있지만 — A는 U와 뚜렷하게 달라 보이고 울림도 다르다 — 눈으로 봐서는 구분이 안 되는 소리들도 있다. 이를테면 독일어에서 '버터(butter)'와 '어머니(mutter)'는 소리 낼 때 입 모양이 똑같고, '책(buch)'은 뒤의 'ch' 소리가 목 안의 뒷부분에서 만들어지기 때문에 입 모양만 보면 'bu' 소리만 내는 것 같다. 하지만 손을 이용하면 그 소리를 느낄 수 있다. 청각장애인은 이처럼 불명확한 정보를 가지고 전체를 재구성하는 법을 배운다. 그러나 상대방이 너무 빨리 혹은 정확하지 않게 발성하면 그렇게 하기가 힘들거나 전혀 불가능하다. 상대방의 입술을 제대로 읽으려면 오랜 시간 노력해야 한다. 첫 수업의 세세한 부분은 더 이상 기억나지 않는다.

수업이 끝날 즈음 어머니가 방 안으로 들어와 뢰슬레 선생님과 이야기를 나누었다. 선생님은 어머니에게 나를 데리고 꼭 연습해야 할 몇 가지를 가르쳐주고, 매일 연습하는 것이 중요하며 훨씬 어릴 때부터 연습했어야 했다고 말했다. 그때부터 2년 동안 뢰슬레 선생님은 2주일에 한 번씩 나에게 말을 가르치려고 우리 집까지 70~80킬로미터나 되는 길을 달려왔다. 선생님이 오시는 날이면 어머니가 매번 나를 씻기고 깨끗한 옷으로 갈아입혔기 때문에 나는 언제 선생님이 오시는지 항상 미리 알았다.

나는 뒤늦게 수업을 받기 시작했지만 상당히 빠른 시일 안에 다양한 바이브레이션을 느낄 수 있는 섬세한 감각을 발달시켰다. 소리를 구분하는 법을 배웠지만, 소리를 따라 하는 것은 좀처럼 뜻대로 되지 않았다. 느낀 소리를 따라 하지 못하거나 애써서 간신히 따라 한 단어가 무슨 뜻인지 이해하지 못할 때가 많았다. 그래도 오로지 나에게만 관심을 쏟고 만족할 때마다 칭찬해주는 선생님이 좋았다. 그 선생님과 함께하면서 생애 처음으로 성공을 체험했다. 선생님이 수업을 마친 뒤 어머니와 작별 인사를 할 때 나는 두 사람을 유심히 관찰했다. 처음에 어머니는 불안한 시선으로 뢰슬레 선생님을 바라보고 근심 가득히 나를 쳐다보더니, 얼마 뒤부터는 긴장감이 풀려 훨씬 밝은 얼굴로 내 머리를 쓰다듬었다.

"우리 페터가 조금씩 진전을 보인대요. 페터, 오늘 무엇을 배웠는지 아빠에게 보여드려."

나는 기꺼이 새로 배운 단어들을 되풀이하면서 몇 분 동안 내게 쏟아지는 관심을 즐겼으나, 그러고 나면 더 이상은 연습할 마음이 생기지 않았다. 뢰슬레 선생님이 가고 없는데 무엇 때문에 계속 연습해야 한단 말이지? 이해가 되지 않았다. 그런데 기회가 있을 때마다 어머니는 배운 단어를 복습하라고 하거나 직접 새로운 단어를 가르치려고 했다. 하지만 나는 어머니가 원하는 것이 무엇인지 대부분 알아듣지 못했다. 예컨대 '의자'라는 단어를 배울 때 어머니는 의자를 가리키면서 또 다른 단어를 가르쳤다.

"의-자."

나는 힘겹게 소리 냈다.

"맞아, '의자', 그리고 '앉다'. 페터, 의자는 앉는 거잖아. 앉다! 의자에 앉다. '앉다'라고 해봐!"

어머니는 열심히 말했다. 어머니의 입을 한참 쳐다보다가 기진맥진한 나는 도움을 청하는 눈빛으로 모니카 누나를 쳐다보았다. 누나는 어깨를 으쓱하고 손으로 앉는 동작을 해 보였다. 그 동작대로 나는 의자에 가서 앉았는데, 어머니의 실망스러운 얼굴을 보고 얼른 일어섰다.

"페터, 네 목소리를 이용하란 말이야. 말하는 걸 배워야 해. '앉다' 해봐. '앉다'."

어머니는 다시 한 번 재촉했고, 내가 더 빨리 배울 수 있도록 도와주고 싶은 마음이 앞서다 보니 지나친 요구를 해댔다. 어머니가 방을 나가자마자 나는 누나에게 이마에서 땀을 닦아내는 시늉을 하며 이제 살았다는 표현을 하고, 위를 쳐다보며 크게 한숨을 쉬었다. 누나도 고개를 끄덕였다. 그런 순간에 누나와 나는 마음이 가장 잘 통했다. 우리 둘은 부모님도 때로는 자식을 성가시게 한다는 데 의견이 일치했다.

어느 날 수업이 끝나고 나서 나는 뢰슬레 선생님의 말을 들은 어머니의 얼굴이 기쁨으로 환해지는 것을 보았다. 어머니는 그 순간 매우 행복해 보였고, 나도 그 모습을 보고 기뻐서 웃었다. 어머니가 나를 자랑스럽게 생각하는구나!

"오늘 수업은 어땠지? 우리 아들이 열심히 잘 따라 했나?"

아버지가 저녁을 먹으며 물었다.

"당신은 안 믿을 거예요. 뢰슬레 선생님이 우리 페터한테 완전히 감동했다니까요! 페터가 얼마나 빨리 배우는지 놀랄 정도라고 하셨거든요. 그리고 선생님이 학교에서 가르치는 다른 학생들보다 페터가 더 열심히 공부한대요."

몇 달 뒤 뢰슬레 선생님은 내가 계속해서 열심히 연습한다면 학교에 입학하기 전까지 뒤떨어진 부분을 따라잡을 수 있으며, 나보다 2, 3년 먼저 발성 수업을 시작한 아이들과 내가 거의 비슷한 수준이라고 어머니에게 설명했다.

"선생님이 페터는 기억력이 뛰어나서 사물과 단어의 짝을 기가 막히게 잘 맞춘다고 하셨어요. 학교에 들어가려면 바로 그런 능력이 필요하다네요."

어머니는 보는 사람마다 붙잡고 그렇게 얘기하면서 나를 꼭 껴안았다.

"우린 이제 네 걱정을 조금도 하지 않아. 그때 의사가 한 말이 옳았다니까. 넌 정말 머리가 좋은 아이야!"

열심히 배운 데 대한 상으로 과자나 특별한 디저트를 받았는데, 먹는 것을 좋아하고 항상 배가 고팠기에 기분이 좋았지만, 그보다 훨씬 더 나를 기쁘게 한 것은 부모님이 나를 좋아하고 또 자랑스럽게 생각하는 것이었다.

그렇게 1년 정도 지난 어느 날 괴상한 장비를 가지고 사람들이 우리 집으로 들이닥쳤다. 그리징엔에서는 아무도 TV 촬영하는 것을 본 적이 없었기 때문에 마을 사람들 모두가 의아해했다. 게다가 그 주인공이 바로 나라는 사실은 엄청난 사건이었다. 나를 데리고 개인 수업 하는 장면을 실연하고 싶었던 뢰슬레 선생님은 내게 재능이 있다고 여겼고 내가 좋은 인상을 주리라 기대했기 때문에 나를 선택했다. 나는 카메라와 조명, 그리고 사람들이 일하는 모습을 구경하고 싶었지만 평소보다 훨씬 더 집중해야 했기 때문에 그럴 수 없었.

그때까지 그렇게 많은 사람들의 관심을 한 몸에 받아본 적이 없던 나는 실수할까 봐 겁이 나서, 격려의 미소를 보내는 부모님의 눈을 쳐다보며 의지하려고 했다. 하지만 부모님도 불안해하는 것이 느껴졌다. 촬영이 시작되자 좋은 인상을 주려고 나름대로 최선을 다했고, 촬영이 끝난 뒤 모든 사람이 홀가분해하고 기분 좋아 보였기 때문에 괜찮게 해냈구나 생각했다.

"아주 잘했어, 페터."

뢰슬레 선생님은 내가 어른인 것처럼 악수를 청하며 말했다.
"네가 자랑스럽구나. 앞으로도 열심히 해!"

그 프로그램이 방송될 때 온 식구가 작은 흑백텔레비전 앞에 모여 앉았다. 그때의 방송 장면을 찍은 사진을 지금도 기념으로 간직하고 있는데, 텔레비전에 나오는 장면을 찍은 것이라서 사진이 선명하지 못하다. 그 사진에는 선생님과 내가 마주 보고 있는 모습이 담겨 있다. 바짝 긴장해서 어떤 단어의 입 모양을 따라 하는 모습인데, 무슨 단어였는지는 기억나지 않는다. 나는 텔레비전에 나온 내 모습을 보고는 너무 기뻐서 팔딱팔딱 뛰어다녔고 오래오래 내 모습을 보고 싶었다. 그러나 내가 나오는 부분은 곧 끝이 나고 내 또래나 조금 더 큰 아이들 몇 명이 반원으로 배열된 책상에 앉아 있는 모습이 나타났다. 그 앞에 뢰슬레 선생님이 또 서 있는데, 이번에는 자기 뒤에 있는 칠판을 가리키고 있었다.

"저게 학교야. 너도 곧 가게 될걸. 여기서 아주 아주 멀단다."

모니카 누나가 말하며 텔레비전을 향해 손짓했다. 나는 아이들과 함께 그곳에 앉아 선생님의 지시를 따르는 내 모습을 그려보았다. 불안한 마음은 전혀 들지 않고 왠지 재미있을 것 같았다. 그런데 왜 누나는 슬픈 표정을 지으며 말하는 거지? 왜 금방 울음이라도 터뜨릴 것처럼 그러는 걸까? 우리 마을에는 누나가 다니는 학교가 있었는데, 아침이 되면 누나와 마을의 다른 아이들이 그 큰 건물 안으로 사라졌다가 점심때가 되면 밖으로 나오곤 했다. 다들 아주 즐거워 보였고, 텔레비전에 나오는 아이들도 즐거워 보였다. 그래서 나는 누나가 왜 슬픈 표정을 짓는지 이해할 수 없었다.

  나는 곧 여섯 살이 되면 학교를 다녀야 하지만, 그것이 누나가 다니는 학교는 아니라는 것을 어렴풋이 알고 있었다. 뢰슬레 선생님이 부모님과 학교 문제로 얘기하는 것을 보았는데, 서로 의견이 맞지 않아 선생님이 부모님을 설득하는 모습이 분명했다. 그런데 무엇을 설득하려는 걸까? 그들이 말하는 단어들은 내가 이해하기에 너무 복잡했다. 어른들끼리의 대화는 눈이나 몸짓을 유심히 관찰해도 소용없었다. 나는 그들의 감정 상태는 감지할 수 있었지만 무슨 문제로 논쟁을 하는지는 알 수 없었다. 뢰슬레 선생님은 평소처럼 상냥해 보이지 않았고 어떻게 보면 화가 난 것 같기도 했다.

  어머니는 선생님의 말을 가만히 듣고 있었으나, 얼굴에는 절대 양보하지 않겠다는 뜻이 분명하게 나타났다. 한편 아버지는 가끔씩 고개를 끄덕이거나 머리를 설레설레 흔들었고 말없이 어깨를 으쓱거리기도 했다. 그 모습으로 보아 아버지는 어머니가 알아서 결정하도록 맡긴 것 같았다. 그들은 나를 어느 학교에 입학시킬 것인가 하는 문제로 대립했다. 빌헬름스도르프에 있는 농아학교에서 학생들을 지도하는 뢰슬레 선생님은 내가 그 학교에 다니기를 원했다. 선생님은 그 학교가 최고이며 그곳에서는 자신이 계속해서 나를 돌봐줄 수 있다고 주장했다. 그러나 어머니는 내가 집을 떠나야 한다는 생각만 해도 견딜 수 없고, 더 오래 나를 자신의 품 안에 두고 싶어 했다. 일반화된 의무교육 때문에 그럴 수 없다는 것을 잘 알고 있었지만 빌헬름스도르프로 나를 보내기는 싫었던 것이다.

"그 학교는 재단이 개신교인 데다가 기숙사 비용이 무척 비싸요. 그리고 페터가 그 학교까지 어떻게 가야 하나요? 그곳까지 가려면 기차를 여러 번 갈아타야 하니까 자동차로 가지 않는 이상 반나절은 걸릴 거예요!"

어머니는 우르스와 하이디의 어머니에게 슈베비슈 그뮌트에 있는 학교가 기숙사 비용이 훨씬 쌀 뿐 아니라, 거리가 조금 더 먼 대신 울름에서 출발하면 기차를 한 번만 갈아타므로 교통도 편하다는 등 좋은 이야기만 잔뜩 들었다. 그리징엔에서 울름까지는 버스를 타고 가거나 누군가 자동차로 데려다 주면 되고, 우르스와 하이디도 엄마 없이 자기들끼리 왔다 갔다 한다고 했다. 하지만 어머니에게 가장 중요한 것은 성 요제프 학교가 수녀들이 운영하는 가톨릭 계열의 기관이라는 점이었다.

"저희는 페터를 슈베비슈 그뮌트에 있는 학교에 보내기로 결정했고, 그 뜻은 확고합니다."

어느 날 어머니는 이렇게 뢰슬레 선생님을 실망시켰다.

"그 학교가 느낌이 더 좋아요. 수녀님들이 페터를 잘 보살펴 주실 테고 집 생각이 날 때마다 친절하게 대해주실 거예요."

그 무렵, 1967년 봄에 할아버지가 세상을 떠나셨다. 77세 시던 할아버지는 오래전부터 자리에서 일어날 수 없을 만큼 많이 아프셔서 우리 가족이 돌봐드렸다. 나는 거의 매일 할아버지를 보았고 건강이 점점 더 나빠진다는 것을 깨달았다. 우리는 할아버지가 곧 돌아가시리라는 것을 알고 있었다. 나는 죽음을 결코 슬프지 않은 것, 잠들어서 두 번 다시 깨어나지 않는 것쯤으로 나름대로 생각했다.

할아버지가 돌아가셨을 때 여섯 살도 채 안 된 나는 몇 시간 뒤 침대에 누워 있는 할아버지를 보았다. 할아버지의 두 눈은 정말로 잠든 것처럼 감겨 있었다. 누군가 할아버지의 포개진 양손에 묵주를 올려두었고, 촛불이 활활 타오르고 있었다. 다음 날 할아버지의 입관식이 있었고 많은 사람들이 와서 애도를 표했다. 나는 할아버지가 앞으로 어떻게 되는지 알고 싶어서 모니카 누나를 툭툭 치며 눈짓했다. 그런데 누나는 가만있으라는 신호만 계속 보냈다. 나는 어떻게 해서든 설명을 듣고 싶어서 가만있을 수가 없었다. 결국 누나는 위쪽을 가리키며 행복해하는 모습을 표현하려고 애썼다.

"할아버지는 하늘에 계셔. 하늘나라는 아주 좋은 곳이야. 거기서 몸이 좋아져서 다시 걸으실 수 있을 거야."

누나의 설명이었다.

나는 어리둥절해서 누나를 쳐다보았다. 할아버지는 관 속에 누워 있지 않은가! 게다가 모두들 진지한 표정으로 우는 것을 보면 좋은 일인 것 같지는 않았다. 나는 불안해져서 누나나 어머니 옆에서 떨어지지 않으려고 했는데, 그들은 가만있으라는 말만 되풀이했다.

묘지에 안장하는 날 더 많은 사람들이 우리 집 앞에 모였다. 신부님과 복사[가톨릭에서 미사 때 사제(신부)를 도와 제단에서 시중드는 사람―옮긴이]들이 할아버지가 누워 있는 방으로 들어갔고, 검은 정장 차림에 윤이 나는 실크해트를 쓴 남자 네 명이 그 뒤를 따랐다. 나는 아래층 복도에 서서 네 남자가 갈색 목관을 들고 좁은 계단을 내려와 집 밖에 세워둔 차에 싣는 모습을 넋 놓고 지켜보았다.

실크해트를 쓰고 검은 정장을 한 그 남자들의 모습은 내 기억 속에 깊이 새겨졌다. 나는 그들이 전혀 무섭지 않았고 오히려 매료된 듯 일종의 전율을 느꼈다. 그들은 사랑하는 할아버지를 데려갔다. 어디로 데려가는 걸까? 나는 자세한 것을 알고 싶었으나 아무도 말 상대를 해주지 않았다. 모니카 누나조차 내 물음에 아무 반응도 하지 않았다.

집에 가고 싶어요

1967년 9월 어머니는 내가 입을 새 옷을 몇 벌 사서 가방 안에 넣었다. 나는 어머니가 그 이유를 설명해주리라 기대하지도 않았거니와 설명해주었더라도 알아듣지 못했을 것이다. 나는 단지 우리가 차를 타고 어디론가 간다는 것만 알고 있었으며, 여행이나 소풍을 가는구나 생각하고 좋아했다.

"넌 용감한 아이니까 충분히 해낼 수 있을 거야. 다시 집에 돌아올 때는 너무 많이 자라서 못 알아볼지도 모르겠구나!"

아버지는 그렇게 말하며 웃었다. 나는 무슨 말인지 알아듣지 못했지만, 아버지의 웃음이 진심으로 느껴지지 않았고 어머니도 전혀 기뻐하는 것 같지 않았다. 그것이 계속 마음에 걸렸다. 출발하는 날 아침에 모니카 누나는 먼 길을 떠나서 오랫동안 못 만날 친척들에게 하는 것처럼 내게 작별 인사를 했다. 누나가 왜 갑자기 이토록 다정하게 굴까? 안나 할머니는 초콜릿과 동전 한 닢을 내 주머니에 넣어주었다. 그리고 아침에 늘 분주한 아버지까지도 우리를 데리러 올 자동차를 같이 기다렸다. 그 모든 게 나를 더 미심쩍어하게 만들었다.

"씩씩하게 잘 지내라."

헤어지면서 아버지가 말했다. 안나 할머니와 모니카 누나는 우리를 향해 손을 흔들었는데, 누나는 텔레비전에 나오는 것처럼 손에 흰 손수건을 쥐고 흔들어댔다. 어머니도 뭔가 이상했다. 차를 타고 가는 동안 계속 슬픈 표정이었고 마치 우는 것처럼 손수건을 여러 차례 눈가로 가져갔다. 어머니의 슬픔이 나에게도 전염되어서 이내 차 안이 온통 슬픔으로 가득한 것만 같았다.

차를 타고 가는 내내 마음이 영 편치 않았다. 우리는 슈베비슈 그뮌트에 있는 학교로 아들을 데리고 가는 길인 한 남자의 차를 얻어 탔다. 나는 나보다 두 살 많은 그 아이와 함께 뒷자리에 앉아 있었는데, 그 아이는 내가 움직일 때마다 기분 나쁘게 노려보았다. 그래서 나는 기가 죽어 구석에 웅크린 채 치에서 빨리 내리기만을 기다렸다. 그 남자가 어머니와 나를 내려준 뒤 자기 아들을 태운 채 가버리고 나서야 안심이 되었다.

하지만 그것도 잠시였다. 여기가 도대체 어디지? 어머니는 내 손을 꼭 붙들고 걸어갔다. 불안한 마음으로 주위를 둘러보는데, 많은 아이들과 큰 건물, 그리고 우리에게 다가오는 수녀님이 눈에 들어왔다. 순간 그리징엔에 있는 유치원의 수녀님들이 떠올라서 꺼림칙했다. 이곳이 다른 점이 있다면 아이들이 우르스나 하이디처럼 손을 움직여댄다는 것이다!

"저는 베라 수녀라고 합니다. 새로운 입학생을 데리고 오신 것 같은데……."

수녀님이 다가와 말했다.

"네, 저는 헤프 부인이고 얘는 페터예요."

수녀님은 침착하고 상냥해 보였는데, 내게 뭐라고 말하며 미소 짓고는 내 가방을 들고 건물 안으로 들어갔다. 어머니와 나는 그 뒤를 따랐다. 이때만큼은 어머니가 내 손을 잡고 있는 것이 너무나 다행스러웠다. 건물 안에도 온통 아이들뿐이었다. 내 또래나 모니카 누나와 비슷한 나이의 아이들, 그리고 거의 성인이나 다름없어 보이는 소년 소녀들이 눈에 띄었다. 그 가운데 부모와 함께 있는 아이는 아주 드물었다.

가끔씩 아이들이 나를 호기심 어린 눈으로 쳐다보는 것을 느꼈다. 지나가면서 아이들이 계속 손을 움직여대는 것을 보고 멈춰 서서 그 동작 놀이를 더 자세히 보고 싶었지만, 어머니가 잡아끄는 바람에 계단을 올라가는 베라 수녀님을 열심히 쫓아갔다. 도중에 수녀님은 멈춰 서서 어머니와 이야기를 나누었다. 수녀님이 내가 앞으로 공부하게 될 교실, 식당, 그리고 성당을 알려주는 거라는 생각이 들었지만, 나는 아이들을 보느라 정신이 없었다. 3층에서 수녀님은 내 가방을 내려놓았다. 그곳은 가구만 유난히 작을 뿐, 아주 평범한 집과 다름없어 보였다.

"여기가 가장 어린 남자 아이들이 지내는 구역입니다. 대부분 여섯 살에서 여덟 살 사이지요. 그리고 이 방이 페터가 잠잘 곳입니다."

수녀님이 설명하고 침대를 하나 가리켰지만, 나는 테이블에

둘러앉아 카드놀이 하는 남자 아이들에 정신이 팔려 보는 둥 마는 둥 했다. 그중에서 재미있게 생긴 검은 머리 소년이 내게 손짓하면서 같이 놀자는 신호를 보냈다. 나는 그것이 마음에 들어 어머니의 손을 놓고 그 아이 쪽으로 한 걸음을 내디뎠다.

"기다려, 페터."

어머니가 나를 저지하며 끌어당겼다. 그리고 나와 눈높이를 맞추기 위해 쪼그리고 앉아 진지한 눈빛으로 나를 쳐다보았다. 어머니가 뭐라고 말을 했으나 나는 알아듣지 못했다. 다만 어머니의 눈에서 슬픔을 읽을 수 있을 뿐이었다. 어머니는 눈에 보이지 않는 먼지라도 털어내듯이 손으로 내 어깨 위를 쓸어내리고 갑자기 꽉 껴안더니 곧 놓아주었다. 그런 다음 일어나서 내 머리 너머로 베라 수녀님에게 뭐라고 하자, 수녀님이 내 손을 잡았다. 그 순간 어머니는 돌아서서 아래층으로 이어지는 좁은 계단을 내려갔다. 나를 그곳에 내버려 둔 채.

그때서야 비로소 그곳에서 혼자 지내야 한다는 것을 깨달았다. 하지만 나는 그러고 싶지 않았다. 엄마랑 띨어지고 싶지 않단 말이야!

"엄마, 안 돼, 엄마!"

소리치면서 엄마를 쫓아가려고 하자 수녀님이 못 가게 막았다. 있는 힘을 다해서 발버둥 치니 수녀님의 손에서 거의 벗어날 듯했는데, 또 다른 여자가 뛰어와서 베라 수녀님과 함께 나를 붙들었다. 그녀는 기숙사에서 소년 그룹을 지도하는 리디아 선생님이었다. 그녀가 내 뺨을 때렸지만 나는 수그러들지 않고 완전히 기진맥진할 때까지 몸부림치면서 소리를 질러댔다. 그리고 어머니가 이미 가고 없다는 것을 알고 대성통곡을 했다. 한참 운 뒤 어머니가 주고 간 고무젖꼭지를 찾으려고 주머니와 가방을 뒤졌지만 아무 데도 없었다. 리디아 선생님이 나 몰래 내다 버린 것이다.

"저기 앞에 있는 여자가 우리 선생님이야."

다음 날 아침 식사 시간에 흑인 소년 펠릭스가 암시를 주었다. 그의 표정으로 보아 그 선생님을 전혀 좋아하지 않는 눈치였다. 그리고 우리 그룹에 속해 있고 나와 마찬가지로 1학년생인 보리스라는 아이도 그녀에 대한 감정이 좋지 않음을 확인해 주었다.

"그 선생님은 아주 엄하고 손바닥을 때려. 그 선생님 시간에는 손으로 말하면 안 돼."

보리스는 자기 손바닥을 때리며 아픈 표정을 짓는 등 몸짓하며 설명했다.

펠릭스와 보리스는 처음부터 나를 보호해주었고, 나는 그들 틈에 앉아 여선생님을 힐끗 쳐다보았다. 그녀는 키가 작고 삐쩍 마른 체구에 나이가 꽤 많아 보이는 수녀님이었다. 나는 그곳에서 새롭게 얻은 인상들로 혼란스러웠다. 많은 아이들과 함께 지내는 낯선 환경에서 길을 잃어버린 느낌이었고, 끊임없이 솟아나는 눈물을 애써 삼켜야 했다. 펠릭스와 보리스가 나를 달래려고 애썼다. 두 아이는 그곳 유치원을 다녀봤기 때문에 부모와 떨어져 지내는 것이 어떤 것인지 잘 알고 있었다.

내 앞에 빵 바구니가 놓여 있었다. 나는 빵 한 조각을 집어

들고 집에서 버터를 달라고 할 때처럼 마치 나이프를 쥔 듯이 오른손을 주먹 쥐고 왔다 갔다 했다. 펠릭스는 재미있다는 듯이 내 손을 쳐다보더니 동작을 고쳐주었다.

"봐봐. 버터를 달라는 동작은 이렇게 하는 거야!"

펠릭스는 왼손을 손바닥이 위로 향하게 펴고 오른손으로 그 위에 무엇인가를 칠하는 동작을 취했다. 나는 그 동작을 따라 해 버터를 넘겨받았다. 식탁에 앉아 있는 아이들은 모두 쉬지 않고 손을 움직여댔는데, 너무 빨라서 무슨 말인지 이해하기 힘들었다.

몇 분 뒤 수녀님이 식사 시간이 끝났다는 신호를 했다. 잠깐 기도를 하고 펠릭스는 나를 데리고 복도를 따라가더니, 열려 있는 방문 앞에 멈춰 서서 들어가라는 몸짓을 했다. 나는 팔꿈치로 그 아이를 밀면서 허공에 집을 그렸다. 나는 여기에 들어가기 싫고 집에 가고 싶단 말이야! 그 아이의 눈을 보니 내가 무슨 말을 하고 싶어 하는지 이해한 것 같았지만, 그 아이는 나를 슬프게 쳐다보며 고개를 젓더니 문 안으로 밀어 넣었다.

작고 삐쩍 마른 수녀님은 벌써 교실에 와 있었다. 나는 다른 1학년 남녀 아이들과 함께 수녀님 앞에 줄지어 서서 교실을 살펴보았다. 커다란 창문이 있어 교실이 밝았다. 두 벽에는 물건들이 있고, 알파벳이 색색으로 그려져 있는 그림들이 걸려 있었으며 그 밑에 나무 수납장이 있었다. 그리고 텔레비전에서 본 것과 똑같이 커다란 칠판 앞에 책상 열두 개가 반원 모양으로 나열되어 있었다. 그곳은 아이들이 여러 줄로 나란히 앉아 있는 모니카 누나의 학교와 전혀 다른 모습이었다. 농아학교에서는 누구라도 교사와 반 친구들의 얼굴을 잘 볼 수 있도록 항상 책상을 반원으로 배치한다. 충분히 가까운 거리에 나란히 앉아야 서로의 입술 움직임을 읽을 수 있기 때문이다.

나는 계속해서 말하는 리오바 수녀님을 응시했지만, 그녀가 너무 말을 빨리 하는 데다 내가 전혀 모르는 단어만 사용했기 때문에 무슨 말을 하는지 알 수 없었다. 갑자기 아이들이 일어나서 그녀의 책상 쪽으로 갔다. 그래서 펠릭스에게 어리둥절한 시선을 던졌더니, 그 친구는 오른쪽 뒤에 있는 책상을 가리켰다. 나는 머뭇거리며 리오바 수녀님을 쳐다보다가 그녀의 말뜻을 깨닫고 그 자리에 가서 앉았다. 리오바 수녀님은 기도를 했다. 나는 두 손을 모으고 다른 아이들을 곁눈질하면서 그들이 하는 대로 따라 움직였다.

수업이 시작되었다. 나는 반 친구들과 똑같이 하려고 무진장 애썼지만, 내 자리에서는 친구들을 제대로 볼 수 없어서 뜻대로 잘되지 않았다. 리오바 수녀님은 몇 번이나 내 앞에 서서 나를 똑바로 쳐다보았다. 그녀가 맡은 학급에서 나는 성 요제프 유치원이나 그 비슷한 교육 시설에 다니지 않는 유일한 학생이었다. 그래서 그녀는 내가 다른 학생들보다 얼마나 뒤떨어져 있는지 시험해보려고 했다. 잘하려고 애썼지만 틀린 대답을 하고만 나는 그녀의 불만스러워하는 눈빛을 보고는 큰 충격을 받았다. 나는 펠릭스를 쳐다보았고, 그가 수녀님의 말을 손짓으로 통역해주기를 바랐다. 하지만 펠릭스는 두 손을 책상 위에 가만히 올려놓은 채 꼼짝하지 않았다. 그 끔찍하던 첫날 오전이 어떻게 지나갔는지 더 이상 기억나지 않는다.

이튿날 기도가 끝난 후 리오바 수녀님은 아이들에게 종이를 나누어 주었다. 반 친구들이 그 종이에 연필로 무언가를 그리는 것을 보고 따라 하려고 했으나 수녀님은 나한테는 종이를 주지 않고 빈손으로 다가와 말했다.

"우리는 지금부터 말하기 연습을 할 거다. 이리 와!"

그녀는 옆방을 가리켰다. 엄청 겁을 먹고 따라간 나는 커다란 거울 앞에 있는 책상 위에 색색으로 그려진 그림들이 놓여 있는 것을 보고 안심했다. 그리고 책상으로 가서 앉았다. 뢰슬레 선생님하고 집에서 하던 식으로 하면 되는 거야!

"자동차."

나는 소리를 냈다. 리오바 수녀님은 미소를 지으며 내 옆으로 와서 앉았다.

"아주 잘했어."

그녀의 미소를 보고 나를 칭찬하고 있다는 것을 알았다. 그녀는 다시 여러 가지 단어를 말했다. 하지만 내가 아는 단어는 자동차뿐이었으므로 나는 그 말만 되풀이했다. 그러자 그녀는 "자동차를 가져와!" 하고 말했다. 나는 그녀가 듣고 싶어 하는 말이 무엇인지 알 수 없었을 뿐 아니라, 왜 그녀의 얼굴에서 미소가 사라지고 이마에 주름이 생겼는지 이해할 수 없었다. 나를 왜 더 이상 칭찬해주지 않는 거지? 수녀님은 다른 그림을 보여주며 말했다.

"공."

나는 거울을 들여다보면서 목과 가슴을 진동시키는 동시에 입을 닫았다가 재빨리 열어 혀끝을 윗니 뒤로 가져갔다.

"아니야, 페터. '고'가 아니라 '공'이야! 고옹!"

그녀는 또렷하게 발성을 하면서 그 단어를 어떻게 발음해야 하는지 여러 차례 시범을 보였다. 나는 소리를 똑같이 내려고 애썼다. 거울을 들여다보면 똑같이 하고 있는 것 같았다. 그런데 왜 수녀님은 고개를 저으면서 이 단어를 계속 말하게 하는 걸까. 그리고 왜 이렇게 매서운 눈초리로 나를 쳐다볼까? 곧 목이 아파왔고, 단어를 제대로 발음하지 못해서 눈물이 쏟아질 것만 같았다. 그 단어에는 오늘날까지도 내가 어려움을 겪는 철자인 'L'이 들어 있었다. 'L' 발음은 뢰슬레 선생님도 내게 가르치기 힘들어했다.

마침내 리오바 수녀님이 자리에서 일어났고, 발성 수업 시간이 끝났다. 나는 다시 교실로 돌아가 내 자리에 앉았으나 다른 아이들이 이제 나를 멍청하다고 여길까 봐 두려웠다. 혼자 구석에 서 있는데 펠릭스가 뛰어와서 옆구리를 툭 쳤다.

"야, 페터. 나 잡아봐!"

그 아이가 몸짓으로 말했다. 내가 망설이자 펠릭스는 뛰어가더니 내게로 몸을 돌려 웃으면서 손뼉을 치고는 다시 달아났다. 나는 가만히 서서 쳐다보기만 했다. 저 친구는 정말로 나와 같이 놀고 싶어 하는 건가? 점심시간에 펠릭스는 또다시 나를 불러 자기와 보리스 사이에 앉으라고 했다. 그것이 나에게 위안이 되었지만, 새로운 환경에서 모든 게 끔찍하게만 여겨졌다.

너무나도 집이 그리웠다. 무슨 일이 있어도 그곳에 머물고 싶지 않았다. 그리고 내 뜻을 확실하게 보여주면 수녀님들이 이해해줄 거라고 생각했다.

"집에 가고 싶어."

손으로 집 모양을 그리면서 펠릭스에게 말했다. 눈물이 뺨 위로 흘러내렸다.

"울지 마."

펠릭스는 내 어깨에 팔을 두르면서 말했다.

"우린 친구야. 4주만 잘 버티면 집에 갈 수 있어."

펠릭스가 가리킨 숫자 '4'는 이해했지만, '주일'을 나타내는 수화는 알지 못했기 때문에 나는 '네 밤만 자면 집에 갈 수 있다'는 말로 받아들이고 약간은 마음을 놓았다. 네 밤만 자면 된다! 그 정도는 참을 수 있어.

하지만 아무리 기다려도 소용없었다. 나도 말을 잘못 알아들었지만, 펠릭스도 잘못 안 것이다. 집에 가려면 아직 석 달이나 더 기다려야 했다. 그런데도 처음 며칠 동안 나는 어머니가 나를 데리러 올 거라고 굳게 믿고 기다렸다. 리디아 선생님이 문을 열고 들어와 내 어깨를 두드려서 보니 어머니가 문지방에 서 있는 장면을 그려보았다. 그리고 어머니의 품 안으로 뛰어들어 그곳과 영원히 작별하는 모습을 상상해보았다. 나는 아무것도 잘못한 일이 없는데, 왜 이곳에 갇혀 있는 걸까?

성 요제프 학교가 감옥처럼 여겨졌다. 우리 농장에서는 어디든 뛰어다닐 수 있었고, 나무 위로 기어 올라갈 수도 있었고, 돌을 던지거나 흙장난을 할 수도 있었다. 그리고 우리 집에서는 내가 원할 때 원하는 양만큼 음식을 먹을 수 있었다. 내가 맛이 없어서 음식을 남기면, 어머니가 그것을 가져가 대신 먹곤 했다. 그때까지 나는 하고 싶은 대로 다 하면서 버릇없게 자란 셈이다. 다만 유치원에서만큼은 규칙에 따른다는 것이 무엇인지 경험했다. 하지만 그것도 단 몇 시간뿐이어서 집에 오면 다시 기분 내키는 대로 행동할 수 있었다. 반면에 농아학교에서는 뭐든지 엄격한 규칙이 정해져 있어서 아무것도 할 수 없었다. 신입생이던 나는 뭐가 뭔지 몰랐기 때문에 규칙을 어길 수밖에 없었다. 수녀님이나 보육교사의 얼굴을 볼 때마다 나에 대한 불만을 읽을 수 있었고, 그들이 잔소리를 늘어놓으면 나도 불만스럽게 그들의 얼굴을 쳐다보았다.

"그렇게 쳐다보지 마."

보리스는 내 표정을 흉내 내며 말했다.

"그들은 그런 표정을 안 좋아해. '네, 리디아 선생님.' 하고 크게 소리 내서 말해."

곧 보육교사가 들어와서 뭐라고 말했다. 방을 청소하라는 말이라고 보리스가 설명해주었다. 잠시 후 리디아 선생님이 내 앞에 서서 계속 뭐라고 떠들어댔을 때 나는 그 말을 전혀 이해하지 못했는데도 애써 상냥한 표정을 지으며 그녀를 쳐다보았다.

"네, 리디아 선생님."

그녀의 말이 끝나자 나는 말했다. 그녀는 깜짝 놀라 나를 쳐다보더니 미소 지으며 또다시 내가 알 수 없는 말을 했다. 보리스를 건너다보았고, 그는 방금 내가 칭찬받은 것이라고 몸짓으로 설명해주었다. 그리고 펠릭스의 연년생 형 플로리안이 우리의 보육교사 몰래 얼굴을 찡그리는 모습이 보였다. 보육교사가 방을 나가자마자 플로리안이 거대한 가슴을 나타내는 몸짓을 해서 나를 웃게 만들었다. 내가 얼른 그것을 따라 하자, 보리스는 내 손 위에 자기 손을 얹으면서 말했다.

"조심해. 그러다가 들키면 큰일 나. 그런 몸짓은 수녀님들도 다 알아본단 말이야!"

나는 들키는 일이 거의 없을 정도로 능숙하게 대담한 행동을 하는 플로리안이 대단하다고 생각했지만, 보리스를 더 좋아했다. 시간이 갈수록 그 아이는 나에게 친형제나 다름없는 존재가 되었다. 보리스는 언제나 내 편이 되어주었다. 그 아이의 도움이 없었더라면, 그리고 그 친구나 펠릭스와의 우정이 없었더라면 나는 훨씬 더 비참한 시간을 보내야 했을 것이다.

점심식사 후에 우리는 낮잠을 자야 했는데, 나는 그것이 무척이나 싫었다. 우린 더 이상 아기가 아니잖아!

"난 자고 싶지 않아요."

리디아 선생님이 우리 방 커튼을 닫을 때 나는 말했나.

"여기서 나가 집에 가고 싶어요!"

나는 다시 한 번 집 모양을 그려 보였다.

"어서 누워!"

그녀는 무뚝뚝한 몸짓으로 내 침대를 가리키며 말했다.

다른 아이들은 벌써 잠옷으로 갈아입는 중이었다. 보리스는 리디아 선생님의 등 뒤에서 내게 더 이상 반항하지 않는 편이 낫다는 신호를 보냈다. 곧 나도 침대에 누웠으나 잠이 오지는 않았다. 갑자기 슬픔이 북받쳐 올라 나는 큰 소리로 울기 시작했다. 요란한 울음소리에 리디아 선생님이 다가와 상냥한 태도로 나를 달래려고 애썼다. 하지만 아무리 달래도 소용없자 자기 입술에 손가락을 갖다 대고 정말로 자고 있거나 잠든 척하는 다른 아이들을 가리켰다. 나는 베개에 얼굴을 파묻고 훌쩍거렸다.

우리는 날마다 한 시간씩 그렇게 꼼짝 않고 가만히 누워 있어야 했는데, 일주일이 지나서도 나는 익숙해지지 않았다. 그럴 때마다 나는 가만있지 못하고 몸을 뒤척이며 침대 위를 이리저리 돌아다녔다. 밤에도 상황은 마찬가지이거나 더 심각해졌다. 우리는 오후 7시에서 8시 사이에 자야 했는데, 내게는 너무 이른 시간이었다. 밖은 아직 어두워지지도 않았는데 어떻게 잠을 자란 말이야! 우리는 여섯 명이서 한 방에 누워 우리가 얌전히 있는지 감시하는 보육교사들 때문에 조용히 있어야 했다. 한번은 그들 중 한 명이 우리 방으로 뛰어 들어와 불을 켜더니 침대 밑을 살폈다.

"개구리 소리를 들었대."

펠릭스가 몸짓으로 설명해주었다. 그녀는 우리들 중 누군가가 개구리를 침실 안에 몰래 가지고 들어왔다고 생각하는 것 같았다. 결국 아무것도 찾아내지 못하자 그녀는 밖으로 나가 문을 조금 열어두고 무슨 소리가 나는지 엿들었다. 얼마 뒤 다시 방 안으로 뛰어 들어온 그녀는 내 앞에 와서 섰다.

"당장 그만두지 못해!"

그녀는 화내며 소리쳤다.

"입으로 그런 소리 내는 거 당장 그만둬! 네가 꽥꽥거리는 통에 다른 아이들이 잠을 잘 수가 없잖아."

나는 깜짝 놀라 이불을 머리 위까지 뒤집어쓰고 눈을 감았다. 그리고 쥐 죽은 듯 가만히 누워서 생각했다. 내가 어떤 소리를 내고 또 그 소리가 얼마나 큰지 나 자신도 의식하지 못했다는 것을 어떻게 설명해줄 수 있을까? 내가 내는 소리를 나 자신도 들을 수가 없는걸!

나는 단지 악몽을 꿀까 봐 무서워서 몸이나 입을 조금씩 움직이며 깨어 있으려고 했을 뿐이다. 자꾸 되풀이해서 꾸는 그 꿈에서 나는 바닥이 없는 나락으로 떨어지곤 했다. 사방이 캄캄했고 어디에도 붙잡을 곳이 없었다. 그렇게 어둠 속으로 떨어지는 것이 끝날 줄 몰랐고, 나는 두려움과 외로움으로 미칠 것만 같았다. 이 세상에는 나 혼자뿐이며, 나를 붙잡아주거나 구해줄 사람이 단 한 명도 없는 것 같았다.

어떤 꿈에서는 돌로 조각한 것처럼 딱딱한 얼굴이 보이기도 했다. 조각상이 아니라 돌처럼 차갑고 사악한 사람의 얼굴이 점점 가까이 다가와 나는 꼼짝할 수가 없었다. 그러면 나는 소리를 지르면서 잠에서 깰 때가 많았다. 소스라치게 놀란 나머지 침대에 오줌을 싼 적도 있었다. 침대가 축축하게 젖은 것을 느끼고 창피해서 어쩔 줄을 몰랐다. 집에서 그런 일이 있었다면 어머니는 나를 야단치지 않고 위로해주었을 것이다. 내 침대보가 젖은 것을 발견한 리디아 선생님은 다리미를 가져와 내 엉덩이를 때렸는데, 무척 아팠다.

"집에 가고 싶어. 여기서 나갈 거야. 엄마한테 가고 싶어. 집에 갈 거야!"

나는 울면서 소리쳤다.

리디아 선생님은 그런 식으로 벌을 주고 나서 나를 달래려고 나름대로 노력했다. 그녀는 악의가 있어서 그러는 것이 아니라, 뺨을 때리거나 매를 드는 것이 예사이던 전형적인 보육교사였을 뿐이며, 아주 예외적인 경우에만 다리미로 때렸다.

"여기가 네 집이야. 그만 울어. 금방 적응될 거야."

그녀가 나를 달래며 말했다.

내 집이라고? 천만에! 여기가 내 집이 되는 일은 절대 없을 거야! 나는 여기에 속해 있지 않아! 왜 내가 이곳에서 나가고 싶어 하는 것을 이해하지 못할까? 왜 엄마를 데려오지 않는 거지? 엄마도 혹시 할아버지처럼 죽은 건 아닐까?

그날 우리는 남학생들에게 공작을 가르치는 로스비타 수녀님의 수업을 들었다. 알록달록한 종이조각으로 콜라주를 만들어야 했는데 나는 눈물을 멈출 수가 없어 종이를 적시고 말았다. 내가 우는 것을 본 로스비타 수녀님은 다가와 어깨를 부드럽게 쓰다듬었다.

"무슨 일이니, 페터?"

그녀는 상냥하게 쳐다보며 물었다.

"집에 가고 싶어요."

나는 대답하고 더 큰 소리로 울었다. 수녀님은 다정하게 내 머리를 쓰다듬으며 내가 이해하지 못하는 말을 해댔지만, 나는 기분이 좀 나아지는 것 같았다. 그 수녀님과 함께 있으면 약간 안도감이 느껴졌고, 나중에 수녀님이 그리징엔이라는 마을에 대해 잘 안다는 사실을 알고 나서부터는 외로움이 덜 느껴졌다. 남학생들은 모두 로스비타 수녀님을 좋아했다 우리는 그 수녀님에 대해 이야기할 때 '손으로 뭔가를 만드는 수녀님'이라는 뜻에서 두 손을 마주 대고 비볐다. 그녀는 마음이 넓었고 우리의 처지를 이해했는데, 그녀가 나나 다른 친구에게 벌을 주었다는 기억이 전혀 없다. 다만 한 가지 마음에 들지 않는 점은, 그 수녀님은 항상 우리가 들을 수 있기를 바랐다는 것이다.

한번은 공작 수업 때 요란하게 천둥번개가 친 적이 있었다. 나는 만들기에 열중한 나머지 거기에 특별히 주의를 기울이지 않았다. 그때 갑자기 로스비타 수녀님이 내 앞으로 와서 내 귀를 가리키며 물었다.

"들었니? 천둥소리 들었어?"

"아니요. 못 들었어요."

나는 애써 소리 내어 말했다. 진동은 이미 온몸으로 감지했지만 귀로 들은 것은 아니었다. 그녀는 나를 애처롭게 쳐다보았고, 나는 정작 나에게는 아무렇지도 않은 것 때문에 수녀님이 나를 동정하고 있다는 느낌을 받았다. 이유는 뭐라고 설명할 수 없지만, 그런 것이 어렴풋이 불쾌하게 느껴졌다.

내가 슈베비슈 그뮌트에 도착한 지 몇 주가 지나고 나서 아주 기쁜 일이 일어났다. 리오바 수녀님이 내 책상을 반원의 앞줄 중앙으로 옮기게 한 것이다. 내가 그토록 빠른 시간 안에 뒤떨어진 부분을 따라잡았기 때문에 수녀님은 대단히 만족해했다. 나는 구석 자리로 내몰리지 않고 친구들 사이에 앉을 수 있는 것이 날아갈 듯 행복했다.

돛대귀를 하고 바라보다

크리스마스 휴가가 되어서야 비로소 나는 우리 집과 가족을 다시 볼 수 있었다. 마을과 농장, 어머니, 모니카 누나, 안나 할머니 등 모든 것이 변함없이 그대로였다. 나는 기쁜 나머지 정신없이 우리 쪽으로 달려가 아버지와 젖소들한테 인사하고, 다시 집 안으로 들어와 내 방과 장난감이 예전 그대로 있는 것을 확인했다. 슈베비슈 그뮌트로 다시는 돌아가지 않으리라 굳게 다짐했고, 어머니를 잘 설득하면 될 거라는 확신이 있었다. 엄마는 나를 사랑하니까 내가 얼마나 힘들게 지냈는지 알면 틀림없이 돌려보내지 않을 거야!

하지만 안타깝게도 나는 슈베비슈 그뮌트에서 펠릭스나 보리스, 그리고 다른 아이들과 하는 것처럼 어머니와 의사소통을 할 수 없었고, 그러다 보니 계속 오해가 생겼다.

"페터, 너는 씩씩한 아이니까 수녀님들을 화나게 해서는 안 돼. 그분들은 네게 무엇이 좋은지 잘 알고 계시거든, 그러니까 그분들 말씀을 잘 듣기만 하면 돼."

어머니는 말하면서 잔소리를 덧붙였다.

"학교에서 보낸 평가서를 보니까 네가 고집스럽고 적응하지 않으려 한다고 적혀 있더구나. 그러지 말고 조금 더 노력해보렴! 그러면 모든 일이 더 쉬워지고 더 좋아질 거야."

어머니는 끊임없이 중얼거렸다. 무슨 말인지 전혀 못 알아듣거나 아주 일부분만 이해한 나는, 어머니가 내가 아니라 다른 사람 편이라는 생각에 배신감이 들었다. 어머니는 쓸데없는 것만 중요하게 생각하고, 힘들어하는 내 처지에 대해서는 알려고 하지 않았으며 그저 내가 새로운 단어를 많이 배웠고 짧은 문장을 말할 수 있게 되어서 나를 자랑스러워하고 칭찬할 뿐이었다. 특히 어머니는 내가 끼고 있는 보청기에 깊은 인상을 받은 것 같았다.

우리 학교에서는 약간 들리든 그렇지 않든 누구나 양쪽 귀에 보청기를 끼고 있어야 했다. 그것은 의무였으며, 근본적으로는 좋은 의도에서 그러는 것이기도 했다. 당시에는 청각 손상이 어느 정도로 심한지 정확하게 판단할 수 없었기 때문에 보청기로 청각신경을 자극하여 혹 남아 있을지도 모르는 청각 기능을 활성화할 수 있기를 기대한 것이다. 실제로 보청기가 도움이 되는 아이들이 더러 있었다. 그런 아이들은 듣는 것이 약간 더 나았고, 발음도 그만큼 좋아졌다. 하지만 나는 보청기를 끼든 안 끼든 전혀 차이를 느끼지 못했기 때문에 귀찮기만 했다. 그래서 내가 보청기를 빼고 있으면 어머니는 그것을 끼라고 했다. 어머니는 그 기적의 기구를 통해 우리가 정상적으로로 대화를 할 수 있으리라 기대한 것이다. 그것이 생각처럼 되지 않는다는 것을 깨달은 어머니는 실망감을 감추지 못했으나 그래도 희망을 버리지 않았다. 어머니에게 보청기는 성 요제프 학교가 나를 위한 최선의 선택이라는 명백한 증거나 다름없었다.

하지만 보청기 없이도 다른 사람과 의사소통하는 내 능력은 확연하게 향상되었다. 슈베비슈 그뮌트에서 배운 몇 가지 새로운 문장을 가지고 사람들과 접촉을 시도했는데, 그것은 대단히 재미있었다. 크리스마스 휴가 직전에 "좋은 아침!"이라고 말하는 것을 배운 터라 나는 만나는 사람들에게 일일이 크고 밝은 목소리로 "좋은 아침!"이라고 인사했다. 우리 집 울타리를 지나가던 신부님한테도 그렇게 인사하자, 신부님은 어리둥절한 얼굴로 나를 보며 말했다.

"지금은 아침이 아니야, 페터. 곧 저녁이지. 그러니까 지금 인사를 하고 싶으면 '좋은 저녁 보내세요!' 하면 된단다."

신부님의 반응을 이해하지 못한 나는 그에게 인사할 마음이 없어졌다. 인사말을 제대로 발음했건만, 신부님은 왜 내가 말을 잘못하기라도 한 것 같은 태도를 보이는 걸까? 나는 아침, 점심, 저녁의 인사말이 다르다는 것을 그때까지 몰랐다(영어에서처럼 독일어에서도 시간대별로 인사말이 다르다 — 옮긴이).

크리스마스 휴가는 너무 빨리 지나가 버렸다. 어머니가 다시 내 가방을 싸는 것을 본 나는 어머니 손에서 옷을 빼앗아, 보란 듯이 옷장에 쑤셔 넣었다.

"안 돼, 페터. 안 돼, 넌 학교로 가야 돼."

어머니가 단호하게 말했다. 나는 발버둥 치고 울면서 가지 않겠다고 버텼으나 헛수고였다. 금세 다시 꾸려진 가방이 문 옆에 놓였다. 절망에 빠져, 나는 다음 날 아침에 나를 데리러 오기로 한 남자가 혼자 차를 몰고 가버릴 때까지 우리에 숨어 있기로 작정했다.

"난 가고 싶지 않아."

모니카 누나에게 몸짓으로 설명했다. 누나는 어깨를 으쓱하고 말했다.

"부활절이 되면 다시 올 수 있어. 그때까지 금방이야."

누나는 부활절 달걀에 그림을 그리는 시늉을 하고 두 손으로 토끼 귀 모양을 한 다음 뭔가 다른 말을 했지만, 나는 더 이상 주의를 기울이지 않았다. 그 순간 슈베비슈 그뮌트의 내 친구들과 학우들이 생각났기 때문이다. 그 친구들하고는 얘기를 나누기가 쉬웠고 또 재미있기도 했는데!

그리스에서 온 제노는 수화로 흥미진진한 이야기를 들려주었고, 디르크는 재미있는 농담으로 배가 아플 만큼 나를 웃게 만들어서 '어릿광대'라고 불리기도 했다. 우리는 어릿광대의 코를 흉내 내어 그 친구의 이름을 수화로 표현하곤 했다. 그런 생각을 하자 갑자기 보리스와 펠릭스가 못 견디게 보고 싶어졌다.

특히 펠릭스가 가장 그리웠는데, 오래전에 카메룬에서 독일로 온 그 친구는 여러 명의 형제가 청각장애인인 대가족 출신이었다. 그의 부모님은 형 플로리안, 누나 엘비라와 함께 펠릭스를 슈베비슈 그뮌트로 보냈다. 나는 그 친구와 얘기가 가장 잘 통했다. 펠릭스는 항상 명랑했기 때문에 수화로 표현하는 이름이 '유쾌한 아이'였다. 턱 밑에서 엄지손가락을 돌리며 기분 좋은 표정을 지으면 펠릭스를 가리키는 것이었다. 그런데 크리스마스 휴가가 시작되기 며칠 전부터 펠릭스는 우울해 보였다.

"너는 집으로 갈 수 있어서 좋겠다. 제노와 보리스, 그리고 다른 친구들도 모두 집으로 가는데, 나만 못 가. 아프리카는 너무 멀거든."

펠릭스는 크리스마스 휴가 내내 형과 누나, 그리고 수녀님들과 함께 기숙사에서 지내야 했다. 펠릭스가 슈베비슈 그뮌트에서 나를 기다린다고 생각하니 갑자기 그곳으로 돌아가는 것이 덜 끔찍하게 여겨졌다. 내가 돌아가면 틀림없이 펠릭스가 기뻐하겠지. 우린 서로에게 들려줄 얘기가 아주 많을 거야!

썩 마음에 들지는 않지만 어쨌든 나에게도 수화로 표현하는 이름이 붙여졌다. 내 이름은 '돛대 귀를 가진 아이'였는데, 손으로 귀를 앞쪽으로 접어 표현했다. 실제로 내 귀가 돛대처럼 접힌 모양은 아니었다. 두꺼운 안경다리와 보청기가 귓바퀴를 앞쪽으로 누르고 있던 것뿐이다. 나는 옛날 사진을 보면 조금 웃기게 생겼다는 느낌이 들 만큼 예쁜 것과는 거리가 먼 아이였다. 하지만 그 당시에는 생김새 같은 것에 전혀 신경을 쓰지 않았기 때문에 그런 이유로 기분이 상하는 일은 전혀 없었다. 그것은 예전에 내가 다니던 유치원에서처럼 누구를 조롱하기 위한 것이 아니라 일종의 표식과도 같은 것이었다. 보청기 역시 새로운 환경에서의 또 다른 표식이었기 때문에 나는 순순히 받아들이기로 했다.

보청기를 낀 것은 나처럼 청각장애인이라는 뜻이었고, 장애가 심한지 덜한지는 전혀 중요하지 않았다. 일단 보청기를 낀 사람은 내가 접촉해볼 수 있는 상대였다. 그런 사람은 나와 마찬가지로 손을 이용해서 말을 하며, 내가 관심을 나타내면 대답을 하리라. 나는 더 이상 혼자가 아니었으며, 내가 이해하지 못하고 또 이해받지 못하는 주변 환경 속에 더 이상 고립되어 있지도 않았다. 내 앞에 청각장애인의 세계라는 아주 새로운 세계가 활짝 열린 셈이었다.

비장애인 틈에서만 성장한 탓에 어린 시절 내내 어른 청각장애인을 단 한 사람도 못 보고 자라는 청각장애아들이 있다. 〈침묵의 저편(Jenseits der Stille)〉(우리나라에서는 〈비욘드 사일런스〉로 소개되었다—옮긴이)이라는 영화에서 엄마 역을 맡은 여배우 에마뉘엘 라보리(Emmanuelle Laborit)가 그런 경우다. 사서전 《갈매기의 외침(Der Schrei der Möwe)》에서 그녀는 어린 시절 자신이 청각장애로 곧 죽을 거라고 굳게 믿었으며 그것이 무척 두려웠다고 말한다. 한편 어른이 되면 마치 기적처럼 들리기 시작하는 날이 올 거라고 착각하여 현실에 순응하지 못하는 아이들도 있다. 나는 슈베비슈 그뮌트에 가기 전부터 우르스와 하이디를 보면서 나보다 나이가 많은 청각장애인도 있다는 것을 알았으나, 그 학교에 가고 나서 청각장애인이 그렇게 많다는 사실에 새삼 놀랐다.

1967년 성 요제프 학교에서는 유치원부터 고등학교까지 모든 연령대의 청각장애아 120여 명이 생활하고 있었다. 그리고 학교 옆에는 이른바 '농부의 집'이라는 곳이 있었는데, 그곳에는 변두리 지역의 농장에서 일하는 성인 청각장애인들이 거주했다. 그 농장에서 생산되는 식재료는 학교와 한 블록 아래쪽에 있는 성 빈첸츠 양로원('빈첸츠'는 '빈첸시오'와 같은 이름이다 ─옮긴이)에 공급되었고, 그 옆에 여성 청각장애인들이 다니는 재봉 및 재단 학교가 있었다. 그 여성들은 보청기를 머리카락으로 가리고 다녔지만 나는 그들을 바로 알아보았다. 우리 그룹이 산책을 갈 때마다 어디를 보든 보청기를 낀 사람들이 눈에 띄었다. 그들과 함께 있으면 나를 놀리거나 거부하지 않을까 염려할 필요가 전혀 없어서 좋았다.

나는 곧 학교 운동장에서 상급반 남학생들에게 접근할 용기가 생겼다. 그들이 모여 있으면, 무슨 얘기를 하는지 알고 싶었다. 그들 중에 수화 이름이 '여자를 밝히는 자'인 빅토르가 있었다. 그는 언제나 여자에 대한 얘기만 늘어놓았는데, 내게는 그런 얘기가 별로 흥미롭지 않았다. 반면에 바스티안은 내가 무척 좋아하고 따르던 형이었다. 나는 언제든지 그에게 꼬치꼬치 캐물었는데, 그때마다 그는 참을성 있게 대답해주었다. 그도 나에게 세상에 대해 설명해주는 것을 재미있어했다. 몇 년 뒤 내가 조금 더 성숙하고 수화를 잘 구사하게 되었을 때 우리는 정치를 비롯하여 낯선 은하계로의 시간 여행에 이르기까지 다른 아이들이 관심 없어 하는 주제에 대해 자주 이야기를 나누었다.

가끔씩 상급반 남학생들이 놀려서 모욕당한 기분으로 자리를 피할 때도 있었지만, 비장애인들과 함께 있을 때와 달리 따돌림당하는 느낌은 전혀 들지 않았다. 청각장애 남학생들은 듣지 못한다는 이유로 나를 업신여기지 않았고 멍청하다거나 뒤떨어졌다고 여기지도 않았다. 물론 나를 좋아하지 않는 남학생들도 있었지만 개의치 않았다. 나도 모든 사람을 다 좋아하는 건 아니니까.

처음에 나는 민감하지 못해서 그들이 언제 자기들끼리만 있고 싶어 하는지 눈치 채지 못했다. 한참이 지나서야 언제 대화에 끼어들어야 하며, 특히 어떤 방법으로 끼어들어야 하는지 터득했다. 청각장애인들한테는 나름대로 사교 원칙이 있는데, 나는 관찰과 모방을 통해 점차 그 원칙을 습득했다.

그런 환경에서 나는 수화를 아주 빠르고 재미있게 배웠지만, 음성언어는 그렇지 못했다. 수업 시간표에는 우리 모두가 싫어하는 발성 수업이 거의 매일 있었다. 비장애인들과 함께 생활하는 삶을 준비해야 하니까 어쩔 수 없었다. 우리는 혼자서 또는 두 명 내지 여러 명씩 큰 거울 앞에 서서 입 모양을 관찰하고 따라 했다. 두 번째 해에는 헤드폰을 쓰고 수업하는 시간이 추가되었다.

나는 소리와 톤의 강도를 엄청나게 높여주는 그 기구를 머리에 썼다.

"페터, 두드리는 소리가 몇 번 들리지?"

리오바 수녀님이 물었다. 나는 수녀님의 입술을 보고 질문을 읽은 다음 뭔가를 감지해내기 위해 정신을 집중했다. 한 번, 두 번, 세 번.

"세 번요."

큰 소리로 대답했다. 리오바 수녀님에게 칭찬은 받았지만, 그것은 소리를 들은 게 아니라 귓불에 전해지는 진동을 감지한 것일 뿐이었다.

우리가 그룹으로 연습할 때는 다른 아이들이 하는 것을 보고 따라 했지만, 혼자 연습할 때는 스스로 알아서 해야 했다. 시간이 지나면서 나는 진동에 점점 더 민감해졌고, 소리를 식별하여 발성할 줄 알게 되었으며 후두와 가슴을 만지면서 목소리의 크기를 조절하는 법을 배워나갔다. 지금 정도로 말할 수 있게 된 것은 3학년 때부터였다.

리오바 수녀님이 손가락으로 내 목을 쥐거나 후두 부분을 눌러서 정말 아플 때도 있었다. 다른 발성 교사들도 그렇게 했지만, 그 수녀님처럼 가혹하지는 않았다. 나는 그 수녀님이 무서웠다. 대답을 잘못하면 리오바 수녀님은 자제심을 잃고 소리 지르거나 화를 내면서 나를 흔들어댔는데, 그러면 나는 절망스러운 나머지 울음을 터뜨렸다. 나만 그러는 건 아니었다. 발성 수업 때 우리들 가운데 한 명이 울면서 교실을 뛰쳐나가는 일은 다반사였다. 음성언어를 배운다는 것은 청각장애인에게 있어 최고의 성과를 의미한다. 하지만 우리는 결코 비장애인처럼 완벽하게 해낼 수 없다는 말을 끊임없이 들어야 했고, 그런 말을 들으면 완전히 기가 꺾였다.

"너희보다 비장애인들이 훨씬 낫다. 그들은 단어를 더 많이 알고 있고, 뭐든지 더 빨리 배우며 아는 것도 더 많다. 너희는 장애인이기 때문에 훨씬 더 노력해야 한다. 하지만 아무리 기를 써도 너희들의 가치는 그들의 반에도 미치지 못한다."

나는 그 시절 내내 내가 장애인이기 때문에 절대 도달하지 못할 거라고 사람들이 말하는 목표를 추구하고 있다는 느낌이 들었다. 그들이 불쌍하다는 표정으로 쳐다보고, 실수하면 장애인이어서 그러려니 하고 그냥 넘어가는 것이 싫기도 했지만, 가장 못 견딘 것은 스스로를 실패자라고 의식하는 것이었다.

2학년 때 솔을 만드는 시청각 중복 장애인 프란츠 할아버지를 알게 되었다. 쉬는 시간에 우리 모두는 따스한 봄의 공기를 만끽하기 위해 밖으로 몰려 나가 숨바꼭질을 했다. 곧 매우 더워져서 나는 펠릭스와 보리스에게 말했다.

"그만 할래. 산책을 하는 게 낫겠어."

"우리도 같이 갈게."

두 친구가 수화로 말했다. 우리는 이곳저곳 배회하다가 청각장애인 양로원의 공원에 이르렀다. 키 큰 나무가 그늘을 느리우고 있는 벤치에 한 할아버지가 앉아 뭔가를 하고 있었다.

"할아버지가 뭘 하고 있는지 가서 보자!"

나는 친구들에게 말했다. 우리가 바로 앞에 있는데도 눈치 채지 못하고 있는 것 같은 할아버지의 얼굴에서 눈을 뗄 수가 없었다. 할아버지의 얼굴은 더할 나위 없는 만족감과 기쁨으로 환하게 빛났다!

"나무 조각으로 뭔가를 만들고 계시는데."

보리스가 말했다.

"이 할아버지는 앞도 못 보고 귀도 안 들리나 봐."

나는 수화로 설명했다. 그때 두 여자가 우리 쪽으로 다가왔다. 나이가 지긋해 보이는 부인이 아주 예쁘게 생긴 젊은 여자의 팔을 잡고 있었다.

"안녕, 얘들아."

젊은 여자가 수화로 우리에게 인사하며 말했다.

"이쪽은 저 할아버지의 여동생이란다. 이분들 이름은 프란츠, 그리고 안나라고 해. 두 분 다 시청각 중복 장애인이고. 나는 바네사란다."

그녀가 안나의 손을 할아버지의 어깨에 갖다 대주자, 할아버지는 하던 일을 멈추고 여동생의 손을 만졌다. 나는 넋을 놓고 두 사람을 바라보았다. 오누이는 마치 대화를 하는 것처럼 부드럽게 서로의 손을 만졌다. 그 모습은 춤을 추는 장면처럼 아름답고 조화로워 보였다. 젊은 여자가 프란츠 할아버지의 손바닥 위에 둘째손가락으로 점과 선, 원, 그리고 가위표를 그렸다.

"할아버지의 손바닥에 그림을 그리고 있어."

나는 무척 흥분해서 펠릭스와 보리스에게 말했다.

"뭐 하시는 거예요?"

보리스가 수화로 바네사에게 물었다.

"너희들이 여기 있다고 말하는 중이야."

그녀가 설명했다.

"더 가까이 와서 같이 얘기하지 그러니."

프란츠 할아버지와 안나는 이제 우리가 옆에 와 있다는 것을 분명하게 아는 것 같았고, 정말로 우리에게 같이 이야기하자고 청하는 듯 얼굴을 우리 쪽으로 향했다. 할아버지가 손을 내밀어서 나는 주저하며 손을 마주 내밀었다. 조심스럽게 내 손을 만진 할아버지는 내게도 자기 손을 만져보게 했다. 나는 현명하고 다정해 보이는 그 할아버지와 꼭 친해지고 싶었다.

"넌 어린아이구나. 남자 아이냐, 아니면 여자 아이냐?"

할아버지가 갑자기 수화로 물었다. 나는 난감해하며 바네사를 쳐다보았다.

"할아버지에게 네 두 손을 잡게 하고 수화를 하면 무슨 말인지 바로 알아들으신단다."

그녀가 설명했다. 순간 주저하던 마음이 싹 사라졌다. 나는 수화로 내 이름이 페터라고 했다.

"너도 귀가 안 들리니?"

"네, 뭘 만드시는 거예요?"

"솥을 만드는 중이란다."

할아버지가 정말로 내 말을 알아듣네! 우리가 무슨 얘기를 나눴는지 더 이상 생각나지 않지만, 우리 두 사람 사이에 흐르던 따스함은 지금까지도 내 기억 속에 남아 있다. 나는 깊은 교감에 푹 빠져서, 보리스가 툭 치자 깜짝 놀랐다.

"수업 시간에 늦겠어!"

"쉬는 시간이 끝나서 교실로 돌아가야 해요. 안녕히 계세요."

나는 프란츠 할아버지의 손에 수화를 하고는 손을 놓았다.

우리는 바네사와 안나하고도 작별 인사를 나누고 교실을 향해 뛰었다. 몇 미터쯤 뛰어가다가 나는 하고 싶은 말이 있다는 신호를 보내고 멈춰 섰다. 뒤돌아서서 보니 바네사가 할아버지 옆에 앉아 손을 잡고 있었다.
"바네사가 또 할아버지 손바닥에 그림을 그리고 있어!"
나는 흥분해서 수화를 했다.
"좀 있다가 할아버지를 보러 다시 와봐야지. 할아버지가 좋아."
"알았어, 알았어. 너 하고 싶은 대로 해. 하지만 제발 빨리 좀 가자!"
우리는 아슬아슬하게 교실로 들어갔다. 시청각 중복 장애를 가진 프란츠 할아버지와의 만남을 생각하느라 나는 수업에 집중할 수가 없었다. 듣지도 못하고 보지도 못하는 삶은 과연 어떤 것일까? 그 할아버지는 그토록 가혹한 운명에도 어쩌면 그렇게 만족해 보일까? 할아버지가 자신의 처지에 만족해한다는 것은 조금도 의심할 여지가 없었다. 그분의 얼굴과 두 손이 그 사실을 분명하게 전해주었으며, 내가 가장 놀랍게 생각한 것도 바로 그 점이었다.
여덟 살이던 나는 언젠가 나도 눈이 멀게 되리라는 것을 꿈에도 몰랐다. 내 눈은 아직 정상이었고, 안경을 껴야 잘 보이기는 했지만 안경을 끼는 사람이 아주 많았기 때문에 대수롭지 않게 생각했다.
그로부터 열두 해가 지나 확실히 시력이 나빠졌는데도 여전히 별로 심각하게 생각하지 않던 무렵에, 나는 또 우연히 시청각 중복 장애인인 어느 여성을 만났다. 그녀 역시 만족스러운 삶을 사는 것 같았고 전혀 불행해 보이지 않았다. 그래서 나는 다시 한 번 어떻게 그럴 수 있을까 하는 의문을 갖게 되었다.

그녀와 대화하기 위해 히로니무스 로름(Hieronymus Lorm, 1821~1902. 오스트리아의 사회비평가이자 작가. 16세 때 청력을 상실하여 음악 공부를 포기하고 시를 발표했으며 검열을 피해 다녔다. 1881년에 시력을 상실한 후 '로름 문자'라는 촉각문자를 만들어 시청각 중복 장애인들에게 외부 세계와 접촉할 수 있는 문을 열어주었다 — 옮긴이)이 창안해낸 촉각문자를 이용하여 손바닥에 그림 그리는 법을 배웠다. 그리고 당시에 '촉각문자가 시청각 중복 장애인에게 유일한 의사소통 방식'이라는 말을 들었다. 나는 그들과도 수화로 얘기할 수 있다는 사실을 까맣게 잊고 있었다.[독일에서 사용하는 촉각문자에는 로름 문자 외에도 손등에 알파벳을 표시하는 니센(nieβen) 문자, 손 안에서 손가락을 이용하여 표시하는 손가락 문자(daktylalphabet)가 있다. '이 책에서 말하는 촉각문자는 모두 로름 문자이다' — 옮긴이]]

어둠이 찾아오니

3학년이 되어서 나는 반항하기를 멈추고, 얌전하며 순종적이고 진지한 아이가 되었다. 그때부터 나는 '영리한 아이'라는 수화 이름으로 불렸는데, 한편으로는 처벌을 피하는 법을 알았기 때문이며, 다른 한편으로는 내가 우수한 학생이었기 때문이다. 나는 주의를 집중해서 시험을 볼 때 전혀 실수하지 않았고 갖가지 질문을 하기도 했다. 반 친구들은 이해하지 못한 것이 있으면 나에게 물어보았고, 나는 늘 막힘없이 설명해주었다. 다만 말하는 것에는 여전히 어려움을 겪었다. 엄밀히 말하면, 모르는 단어들을 끝도 없이 연달아 반복하는 것이 시간 낭비로만 여겨졌다. 반면에 수화는 내가 원하는 것을 모두 표현할 수 있는 모국어가 되었다. 다른 청각장애인과는 아무 어려움 없이 자연스럽게 의사소통할 수 있었고, 그들과 함께 있으면 편안한 느낌이 들었다. 우리는 하나의 공동체였으며, 수화는 우리의 비밀 언어였다.

한편 비장애인들은 자기들과 의사소통하고 싶으면 음성언어를 사용하라고 우리에게 강요했다. 하지만 우리에게 수화를 금지하지는 못했다. 우리는 식사 시간이나 여가 시간에 그들이 다른 곳으로 시선을 돌릴 때마다 얼른 그들의 등 뒤에서 수화로 얘기하곤 했다. 그들 대부분이 수화를 이해하지 못하거나 아주 간단한 신호만 알고 있었기 때문에 우리는 그들이 빤히 보는 앞에서 놀려대기도 했다.

쉬는 시간에 학교를 돌아보는 코지마 수녀님 앞에서 어느 남학생이 그녀의 틀니가 전날 농가의 재래식 변소에 빠졌다고 수화로 얘기했다. 코지마 수녀님은 우리가 왜 웃는지도 모르고 상냥한 미소를 지었는데, 그때 수녀님의 입 안에서 하얗게 반짝거리는 틀니가 보였다.

"거짓말 마. 봐, 틀니를 하고 계시잖아."

나는 이의를 제기했다.

"농부가 수녀님을 위해 건져 올려줬다니까."

그 남학생이 대꾸했다.

"그걸 다시 끼고 있는 거란 말이야? 웩, 구역질 나!"

"수녀님은 틀니를 깨끗이 씻었을까, 아니면 그냥 다시 끼워 넣었을까?"

우리는 여전히 아무것도 모르고 온화한 미소를 짓고 있는 불쌍한 코지마 수녀님과 2미터도 안 떨어진 곳에서 배꼽을 잡고 웃어댔다. 점심시간에 우리는 그 수녀님을 뚫어져라 쳐다보면서 틀니가 빠지기를 고대했다.

"곧 틀니가 수프 접시 속으로 풍덩 빠질 거야."

펠릭스의 수화에 우리는 한바탕 웃음을 터뜨렸다.

"너희들 너무 시끄럽지 않니?"

한 보육교사가 지나가며 잔소리했다.

"그만 하고 기도해야지. 필로메나 수녀님이 아까부터 기다리고 계시잖아."

나는 필로메나 수녀님을 아주 많이 좋아했다. 그녀는 우리를 데리고 숲 속으로 산책을 자주 나갔으며, 산림 감독관의 딸이었기 때문에 나무나 숲 속 동물에 관해 많은 것을 가르쳐주었다. 또 길가에 나 있는 풀 가운데 먹을 수 있는 것을 잘 알아서 맛을 보라고 권하기도 하고, 우리와 함께 나무 둥치 위를 뛰어다니기도 했다. 가장 젊은 수녀님 축에 들었기 때문에 소란스러운 우리 남학생들과 아주 잘 지내는 편이던 그 수녀님은 식사하기 전에 모두가 두 손을 가만히 모을 때까지 참을성 있게 기다렸다. 수업이 끝나면 우리는 할 말이 무척이나 많았기 때문에 그러기까지 한참이 걸리곤 했다. 모두 조용해지고 나서야 수녀님은 천천히 기도를 시작했고, 우리는 그 기도를 큰 소리로 따라 했다. 그때는 식사 시간 전후, 수업 시작할 때 등 틈만 나면 기도를 했던 것 같다.

우리 반을 담당하던 리오바 수녀님을 우리는 '성난 수녀', '벌컥 화내는 여인', '한 성질 하는 여인'이라고 불렀다. '성나다'라는 단어를 수화로 표현하려면 손을 발톱 모양으로 만들어 가슴 앞에 대고 돌리면 된다. '성난 수녀'는 나에게 심한 굴욕감을 주었기 때문에 나는 그녀를 미워했다.

그 일은 내가 1학년 때 그녀가 어느 남학생과 그 부모한테 우리 그룹을 소개하는 순간에 일어났다. 그 남학생은 일반 학교에 다니다가 우리 학교로 옮겼다고 했다. 호기심 어린 눈으로 그 아이를 쳐다보던 나는 리오바 수녀님이 불렀을 때 우리를 소개하려고 그러는 줄 알았다. 나는 가까이 다가가 예의 바르게 "안녕하세요, 리오바 수녀님!"이라고 또박또박 말했다. 하지만 그녀는 아무 대꾸도 하지 않고, "이 아이의 신발 끈을 묶어!" 하고 명령하면서 그 남학생의 신발을 가리켰다. 신발 끈이 풀린 것을 보고 나는 그녀가 무엇을 원하는지 이해했지만, 당황해서 펠릭스를 쳐다보았다. 그러자 펠릭스는 명령에 복종하는 게 낫다는 신호를 보냈다. 리오바 수녀님은 내가 성 요제프 학교에 처음 왔을 때만 해도 신발 끈을 묶을 수 없었는데 이곳에서 배웠노라고 그 남학생의 부모에게 설명했다. 나는 그것을 보여주기 위해 무릎을 꿇고 몸을 숙여야만 했다. 정말 내게는 끔찍한 순간이었다!

'성난 수녀'는 50대 후반으로 키가 작고 삐쩍 말랐으며 엄한 표정이었는데, 지나치리만큼 경건했다. 산수, 지리, 역사, 미술 등의 과목을 담당한 그녀는 아주 잘 가르치는 편이었는데, 사실 그런 과목에서는 말이 그다지 중요한 역할을 하지 않았다. 리오바 수녀님은 여러 가지 다양한 그림을 이용하면서 세계에 대한 흥미진진하고 폭넓은 지식을 우리에게 전해주었고, 이해력이 약한 학생들도 모든 것을 알아들을 수 있도록 주의를 기울였다. 나는 항상 빨리 이해했기 때문에 그녀가 다른 학생들을 지도할 때 잠시 딴생각을 하곤 했으나, 늘 그녀를 주시했다.

우리는 그녀의 대나무 회초리를 무서워했다. 우리가 수업 시간에 수화를 하거나 잘못을 저질렀을 때, 혹은 그냥 기분이 좀 나쁠 때 그녀는 그 회초리를 휘둘러댔다.

어느 날 나는 쉬는 시간이 끝나서 교실로 뛰어가다가 안경을 계단 밑으로 떨어뜨리고 말았다. 아래층으로 떨어진 안경을 주우러 가면 수업에 늦어 오후에 벌을 받을 거라는 생각이 들었다. 그래서 안경을 그대로 두고 시간에 맞춰 교실로 들어갔다.

"페터, 안경을 어쨌니?"

리오바 수녀님이 어김없이 물었다. 나는 어떻게 된 건지 설명했다.

"가서 가져와!"

그녀는 명령했지만 벌을 주지는 않았다. 나는 올바른 판단을 한 셈이었다. 곧 나는 어떻게 하면 그녀의 회초리를 피할 수 있는지 요령을 터득했다. 하지만 속수무책으로 당할 수밖에 없는 게 하나 있었다. 바로 그녀가 끊임없이 우리를 비장애인과 견주면서 그들과 동등하지 않다는 점을 우리 머릿속에 계속 주입하는 것이었다.

'아무리 기를 쓰고 노력해도 너는 절대 할 수 없어. 그들과 같은 수준이 된다는 건 절대 불가능한 일이지.' 그녀는 말이나 태도로 내게 그런 뜻을 전했다. 그것은 대나무 회초리보다 더 큰 상처를 주었고, 나의 자의식은 오랫동안 그런 비교를 당하며 괴로워했다.

리오바 수녀님이 학교에서 가장 엄한 선생님인 것은 분명했지만, 학생들한테 가혹한 선생님은 그녀만이 아니었다. 한번은 상급반 남학생들과 함께 수영을 하는데, 플로리안이 들뜬 기분에 그만 헬레나 수녀님에게 물을 튀기고 말았다. 노여움으로 얼굴이 벌게진 그녀는 저녁때 플로리안을 처벌하겠다고 예고했다. 저녁 식사가 끝난 뒤 그녀는 8학년(독일의 학제는 1~4학년의 초등교육과 5~13학년의 중등교육으로 나뉜다 — 옮긴이)의 한 남학생에게 플로리안의 엉덩이를 때리라고 명령했다. 그러고 나서 다른 아이들에게도 똑같이 명령했다. 아이들 틈에 몸이 굳어버린 듯 서 있던 나는 차마 그 장면을 볼 수 없었다. 어떤 아이들은 신이 나는 듯 진짜로 세게 때렸다. 불쌍한 플로리안은 몸을 떨며 흐느꼈다. 플로리안이 잘못한 건 사실이지만, 물을 좀 튀긴 것 때문에 저렇게 심한 벌을 내릴 필요가 있을까 싶었다. 나는 그 자리에서 도망치고 싶었지만 용기가 나지 않았다. 내 차례가 되자, 나는 플로리안의 엉덩이를 때리는 시늉만 하고 얼른 나왔다. 마음속에서 분노가 끓어올랐다.

나는 언제나 솔직하고 개방적이었으나 서서히 말이 없고 불신이 가득한 아이로 변해갔다. 그래서 며칠 뒤 욕조에서 미끄러져 앞니가 부러졌을 때도 플로리안처럼 벌을 받을까 봐 무서워서 보육교사에게 아무 말도 하지 않았다. 그리고 아무도 눈치 채지 못하도록 손으로 입을 가리곤 했다.

나는 상냥한 수녀님들 가운데 누군가에게 그 이야기를 해볼 엄두도 나지 않았다. 필로메나 수녀님과 로스비타 수녀님을 비롯하여 마음씨 고운 사람들도 꽤 많았는데, 그들은 아이들을 사랑했고 절대 아이들의 의지를 꺾으려 하지 않았다. 그들이 밤이나 낮이나, 그리고 주말이나 휴가 때도 항상 그곳에 있다는 사실은 교사와 학생들이 함께 생활하는 시설에서만 찾아볼 수 있는 따스하고 가족적인 분위기를 선사했다.

내가 학교에 입학할 무렵, 교육계에 근본적인 변화가 일기 시작했다. 1960년대 말까지만 해도 기숙학교에 다니는 학생들은 대부분 지나칠 정도로 엄격하게 다루어졌지만, 그 뒤로 서서히 변하기 시작했다. 우리 학교에서도 기숙사 규칙이 차츰 완화되었다. 그래서 우리는 1년에 딱 세 번이 아니라 4주에 한 번씩, 나중에는 2주에 한 번씩 집에 갈 수 있게 되었다. 나는 혼자서 기차를 타고 집에 가곤 했는데, 가끔은 성 요제프 학교에 남아 친구들과 같이 자유로운 시간을 보내는 것이 좋을 때도 있었다.

나는 일요일에 복사가 되어 우리 성당 신부님 옆에 서 있는 것이 좋았다. 라이프레히트 주교님의 집전으로 성 안나 양로원의 봉헌식을 할 때 나는 복사가 될 수 있어서 너무나 기뻤다. 주교님을 보는 순간 갑자기 경외심을 느껴 두 손을 가지런히 포개고 똑바로 서 있었다. 강론 시간에 다른 복사와 나는 앉아도 되는지 몰라서 주교님 옆에 계속 서 있었다. 경건하고 곧은 자세를 흐트러뜨리지 않았는데, 주교님의 강론이 길어지는 바람에 서서히 등이 아파오기 시작했다. 할 수 없이 통증을 누그러뜨리기 위해 몸을 약간 앞으로 숙였다. 그 미사는 TV 카메라로 촬영되어 저녁 뉴스 시간에 방송되었다. 그 방송을 본 몇몇 친구들은 내 모습이 아주 멍청해 보였다고 소감을 말했다. 그 말을 듣는 순간 창피해서 죽고 싶었다.

방학이 되자 나는 다시 생기를 찾았다. 우리 집에서 그 어느 때보다도 자유롭고 즐거운 시간을 보냈다. 게다가 제대로 이야기를 나눌 수 있는 상대가 있지 않은가! 학교 친구 펠릭스는 독일에 친척이 아무도 없었기 때문에 나와 함께 우리 집으로 올 때가 많았다. 그 친구가 처음 우리 집에 오던 날, 수녀님이 아프리카 소년을 데리고 왔다는 소식이 삽시간에 마을 전체로 퍼졌다. 많은 사람들이 호기심 가득한 모습으로 펠릭스를 구경하러 우리 집을 찾았다. 그들이 뚫어지게 쳐다보자 펠릭스는 겁을 집어먹고 숨어버렸다. 하지만 마을 사람들은 곧 우리 집 손님에게 익숙해졌고, 마을 아이들은 함께 놀아도 되는지 우리 어머니에게 물었다.

"물론이지!"

어머니는 그렇게 하면 청각장애가 없는 아이들과 접촉할 기회가 많아지겠다는 생각에 반가워했다.

슈베비슈 그뮌트에 간 뒤로 나는 집에 오면 사촌 울리케나 비르기트하고만 놀았는데, 이제 지그프리트와 오트마르, 세트트, 그리고 그녀의 언니 엘케도 우리 무리에 끼었다. 우리는 그해 여름에 인디언과 카우보이 놀이를 하거나 카우보이 이야기가 담긴 만화책을 돌려 보는가 하면, 직접 활과 화살을 만들기도 하고 헛간 문에 칼 던지기 연습을 하면서 재미있게 놀았다. 그런 놀이를 할 때는 말이 별로 필요 없었다. 아버지가 엠마 아줌마 가게에서 근사한 칼을 사주었는데, 그것을 보고 오트마르는 많이 부러워했다.

"너네 아빠한테 하나 사달라고 해봐."

나는 그 아이에게 말했다. 오트마르가 머뭇거리자, 펠릭스가 나서서 말했다.

"가자, 우리도 같이 가줄게."

우리는 함께 그 아이의 아버지에게 몰려갔다. 하지만 오트마르의 아버지는 아무리 졸라도 요지부동이었다.

"얘들아, 난 칼을 갖고 싶지 않아."

오트마르는 갑자기 그렇게 말하더니 더 이상 칼에 관심이 없는 것처럼 굴었다. 나는 오트마르가 실망한 것을 알았고, 우리가 보는 앞에서 무안을 당해 얼마나 불쾌할지 충분히 느낄 수 있었다. 지금 심정이 어떤지 내가 잘 알지! 다만 그 아이가 가질 수 없는 것을 내가 가졌다는 사실이 좀 이상할 따름이었다. 다른 아이들은 우리 청각장애아들보다 훨씬 낫다고 하지 않았나? 아니면 혹 그렇지 않은 건 아닐까? 나는 전기 기차와 탁구대, 새 자전거 등 비싼 물건만 가지고 있었는데, 그것은 모두 넉넉지 못한 형편인데도 부모님이 사주신 것들이었다. 하지만 그런 물건들이 내 가치를 높여주는지는 몰라도 행복하게 해주지는 않았다.

열 살이 되던 해 크리스마스에 어머니는 앵무새 한 마리를 사 오셨다.

"이름이 토미란다. 마음에 드니?"

어머니가 물었다.

"네, 아주 마음에 들어요."

나는 대답했다.

깃털이 파란색인 앵무새는 정말로 멋졌다. 나는 앵무새가 마치 구멍이라도 찾는 듯 부리로 새장 창살을 물면서 기어 올라가는 모습을 지켜보았다. 갑자기 앵무새가 너무 불쌍한 생각이 들었다. 감옥에 갇힌 불쌍한 토미!

"엄마, 앵무새를 꺼내줘요!"

나는 새장 문을 열면서 말했다.

"안 돼, 새가 날아가 버릴 거야!"

"새는 날아야 돼요!"

"그건 너무 위험해. 밖으로 나오면 새가 죽을 텐데."

"제발요, 엄마 집 안에서 날아다니게 해줘요."

나는 계속 졸랐다. 하지만 어머니는 새가 달아날까 봐 밖으로 나오면 죽을 거라는 말만 되풀이했다. 나는 앵무새를 날아다니게 해달라고 수백 번도 더 애원했지만 어머니는 절대 허락하지 않았다. 결국 나는 그 새를 지켜보면 슬프기만 했기 때문에 더 이상 토미를 돌보지 않겠다고 거부했다. 하지만 내가 직접 그 새를 놓아줄 엄두는 나지 않았다. 나는 마치 탈출하려면 수많은 위험과 맞닥뜨려야 하는 포로가 된 기분이었다. '밖으로 나오면 죽는다'는 말에 내 날개도 잘린 것이나 다름없었다. 그 말은 갇혀 있어야 살아남을 수 있다는 뜻이었다. 먹이를 받아먹으면서 안전하게 지내긴 하겠지만 갇혀 있는 신세는 아무런 전망도 희망도 없는 삶이었다.

몇 년 뒤 토미는 죽었다. 새장이 창고로 사라지고 나서야 비로소 나는 안도의 숨을 내쉬었다.

우리 집 고양이한테도 비슷한 감정을 느꼈다. 그 고양이가 태어날 때 옆에 있었기 때문에 유난히 애착이 갔다. 다른 고양이들과 마찬가지로 밖에 내다 키운 그 고양이는 아주 사나웠으며, 쥐를 잡아먹고 살았다. 어느 주말에 집으로 돌아온 나는 어머니가 그 고양이에게 우유를 주는 것을 보고 깜짝 놀랐다.

"고양이가 다쳤단다. 절룩거리는 것 좀 봐!"

어머니가 설명했다. 내가 그토록 좋아하던 고양이는 다리가 마비되어 더 이상 쥐를 잡을 수 없기 때문에 먹이를 받아먹어야 했다. 불쌍한 고양이!

"고양이를 풀어줘야 해요!"

나는 말했다. 하지만 어머니는 내 말을 이해하지 못하고 절름발이 고양이에게 계속 먹이를 주었고, 고양이는 점차 온순해져서 쓰다듬어도 가만히 있었다. 어느 날 나는 덫에 걸린 쥐를 절름발이 고양이한테 갖다 주고는 고양이가 쥐의 목을 부러뜨려 맛있게 먹는 모습을 지켜보았다. 고양이가 더 이상 혼자 힘으로 먹이를 구할 수 없다는 사실이 나를 슬프게 했다. 그 고양이는 자유로웠지만 다른 고양이들과 달리 우리에게 의존해서 살아야 했다. 그런 삶은 가치가 없어 보였다. 나중에 절름발이 고양이는 빨리 달아나지 못하는 바람에 개한테 물려 죽었다. 그 소식을 전해 듣고 나는 울었지만 내심 기쁘기도 했다.

"그 고양이는 더 이상 고통을 당하지 않아도 되잖아."

펠릭스가 고양이에 대해 물었을 때 나는 그렇게 말했다. 펠릭스는 고개를 끄덕였다. 그 아이는 내 말뜻을 아주 잘 알아들어서 따로 설명해줄 필요가 없었다. 우리는 둘 다 자유와 통제받지 않는 삶을 갈망했다. 보호받는 건 지긋지긋해!

화창한 어느 여름날, 열한 살이 된 펠릭스와 나는 모니카 누나와 함께 그리징엔에서 몇 킬로미터 떨어져 있는 호수로 소풍을 갔다. 도시락을 싸 가져간 우리는 헤엄도 치고 다른 아이들과 카드놀이도 하면서 오후 내내 즐겁게 보냈다.

해가 지기 시작했을 때 나는 수건을 바닥에 깔고 펠릭스 옆에 누워 있었다. 조금 피곤했지만 집에 가고 싶은 마음이 없었다. 파란 하늘이 갑자기 붉게 물들었다가 찬란한 색채의 장관이 끝없이 펼쳐지는 모습을 넋 놓고 바라보았다. 황금빛 태양이 그 한가운데서 빛을 발하여 주변이 온통 활활 타오르는 것처럼 보였다. 그렇게 붉은 태양을 계속 응시하고 있는데 갑자기 해가 사라지고 주위가 캄캄해졌다.

나는 앞이 거의 안 보여서 물건들을 손으로 더듬어 찾아낸 다음 펠릭스를 붙잡고 자전거를 세워둔 곳까지 갔다. 그곳에 올 때 앞뒤로 조명이 잘 들어오는 새 자전거를 펠릭스에게 빌려주고 나는 조명이 없는 헌 자전거를 타고 왔다. 헌 자전거에 디는 순간 조명이 없으면 자전거를 타고 가지 못하겠다는 생각이 들었다.

"내가 새 자전거를 타고 가도 될까?"

나는 펠릭스가 있는 방향을 향해 수화를 했다. 어둠 속에서 펠릭스의 윤곽만 어렴풋이 보일 뿐 그 친구가 뭐라고 대답하는지는 보이지 않았다. 펠릭스는 나에게 자전거를 넘겨주고 내가 타고 있는 자전거를 가져갔다. 나는 조심스럽게 자전거에 올라 페달을 밟았으나 곧 멈춰 섰다. 앞서 자전거를 타고 가던 모니카 누나가 되돌아왔다.

"무슨 일이야? 왜 안 오고 그래?"

모니카 누나가 물었다.

"앞이 안 보여."

대답하면서 눈물이 나왔다.

누나는 깜짝 놀라서, 우리에게 자전거를 그냥 놔두고 걸어오라고 말하고는 도움을 청하기 위해 서둘러 자전거를 타고 갔다. 펠릭스와 함께 걸어가는데, 저쪽에서 차량 한 대가 우리 쪽을 향해 오고 있었다. 아버지가 트랙터를 몰고 오는 중이었다. 밝은 전조등 불빛에 눈이 부셨다. 나는 갑자기 장님이 될까 봐 덜컥 겁이 났는데 다시 앞이 보여서 너무나 기뻤다.

다음 날 나는 정상 시력을 되찾아서 부모님을 안심시켰다. 부모님은 내가 밤에는 앞이 하나도 안 보인다는 것을 몰랐다. 나의 야맹 증세는 그렇게 갑작스럽게 찾아왔다.

펠릭스와 다른 학교 친구들은 그 사실을 알았으나 수녀님이나 교사들은 전혀 몰랐다. 그러다가 어느 날 소풍을 다녀오는 길에 리오바 수녀님이 알게 되었다. 우리는 마지막 버스를 놓쳐서 몇 킬로미터나 되는 길을 걸어가야 했다. 어느새 날이 저물고 어두워지기 시작했다.

"차가 지나가서 위험하니까 한 줄로 나란히 서서 길 가장자리로 걸어라."

리오바 수녀님이 명령했다. 나는 아무것도 안 보였고 어둠 속에서 몸의 균형을 잡기가 힘들었다. 어쩔 수 없이 펠릭스 옆에 서서 팔을 잡고 걸어가야 했다.

"너희들은 또 내 말을 듣지 않는구나! 한 줄로 가라니까!"

리오바 수녀님이 화내며 소리쳤다.

"페터는 앞이 안 보여요."

펠릭스가 설명했다. 그녀는 믿으려 하지 않았으나, 다른 아이들이 사실을 확인해주었다. 나는 아무 말도 하지 않았다. 모든 일이 끔찍하게 괴로울 뿐이었다. 나는 그녀가 벌을 줄 것이라고 생각했는데, 뜻밖에도 그녀는 전혀 다른 반응을 보였다. 길 한가운데에 서서 차를 세우더니 운전자에게 나와 아주 많이 지친 아이 두세 명을 슈베비슈 그뮌트까지 데려다 달라고 부탁했다. 리오바 수녀님이 그렇게 깊이 배려하는 모습은 그때까지 한 번도 본 적이 없었다.

이튿날 리오바 수녀님은 안과 의사에게 나를 데리고 갔다.
"예, 페터는 야맹입니다. 지난번에 검사했을 때보다 옆쪽을 잘 못 보는군요."

의사가 말했다.

수업 시간에 리오바 수녀님은 자신이 늘 내 시야에 잘 들어오도록 각별히 신경을 쓰면서, 그림이나 글씨가 잘 보이느냐고 자주 물었다. 그녀는 원래 사람을 잘 배려하는 성품이었고, 내가 똑똑해서 나를 좋아했다. 리오바 수녀님은 우수한 학생이 기량을 한껏 발휘하도록 나름대로 노력했다.

10년 동안 그녀는 우리 반을 맡았다. 졸업반이 되기 한 해 전부터 나는 더 이상 그녀가 무섭지 않았다. 어느 날 발성 수업 시간에 나는 보청기를 벗어 책상 위에 올려놓았다.
"보청기를 당장 다시 껴."

리오바 수녀님은 화를 내며 명령했다. 나는 고개를 저었다.
"두 번 다시 끼지 않을래요. 모르시겠어요? 저는 아무것도 들을 수 없단 말이에요. 귀머거리라고요, 귀머거리!"

그 무렵에는 체벌이 금지되었기 때문에 그녀는 나를 때리지 못하고, 더 심한 벌을 주겠다고 협박했다. 그래도 나는 태연하게 어깨를 으쓱하고 보청기를 두 번 다시 끼지 않겠다는 말만 되풀이했다. 그 사건은 그냥 그렇게 끝이 났고, 1년 뒤 우리는 고등학교 졸업장을 손에 들고 학교를 떠났다. 비장애인의 세계로 우리를 놓아주기 몇 달 전부터 리오바 수녀님은 매일 묵주기도를 시켰다. 우리는 학교에 있는 성당 안에서 무릎을 꿇고 묵주기도를 했다. 그렇게 하면 바깥세상에서 우리를 노리는 모든 악으로부터 보호받게 된다는 것이었다.

리오바 수녀님은 그때 이미 60대 후반이었기 때문에 더 이상 반을 맡지 않고 기력이 쇠할 때까지 성 빈첸츠 양로원의 세탁실에서 일하다가 마침내 운터마르흐탈(Untermarchtal) 수도원으로 돌아가 얼마 전 생을 마감했다. 나는 그녀가 많은 지식을 가르쳐주어 감사하지만, 지금까지도 나와 다른 학생들을 비장애인과 견주며 굴욕감을 준 것만큼은 용서할 수가 없다. "청각장애인은 결코 비장애인보다 멍청하지 않습니다." 나는 그녀에게 이렇게 말하고 싶었다.

어른이 되다

장래에 무엇이 될까? 나는 앞날에 대해 자주 생각했다. 학교에서는 중등교육 과정을 마치고 치과기공사가 되라고 제안했다. 하지만 나는 절대 그럴 마음이 없었다. 치과기공사가 되려면 직업교육을 받기 전에 3년 동안 하이델베르크에 있는 청각장애인 상업학교에 다녀야 했다. 학교를 3년 더 다니라니! 나는 열아홉 살로 학교 다니는 건 완전히 끝내고 싶었다. 비장애인은 이 나이에 대학 입학 자격을 따지 않는가? 나는 그런 불평등이 마음에 들지 않았다. 장차 무엇을 해야 할까? 나는 가능한 한 빨리 돈을 벌고 싶었고, 차를 한 대 사서 세계 일주를 떠나는 꿈을 꾸었다.

"기계기술자가 돼야겠어요. 그러면 여행을 다니다가 내 차를 직접 수리할 수 있잖아요."

나는 드디어 결정을 내리고, 부모님의 도움을 받아 라우프하임(Laupheim) 근처의 운터줄멘팅엔(Untersulmentingen)에 있는 린덴마이어(Lindenmaier)라는 회사에 지원서를 보냈다. 그곳은 자동차 부품을 생산하는 꽤 규모가 큰 회사로 그리징엔에서 9킬로미터밖에 떨어져 있지 않았다. 그러나 거절 통보를 받았다.

"그럼 석공이 되는 건 어떨까?"

아버지가 말했다.

"이웃 마을에서 어떤 사람이 견습생을 구하던데."

"석공은 무슨 일을 하는데요?"

나는 물었다.

나는 친구들과 함께 장래 희망에 대해 자주 이야기를 나누었다. 청각장애인들 사이에서는 목공이나 금속공이 인기 있었으나, 석공이었다거나 석공이 되고 싶어 하는 사람은 본 적이 없었다.

"주로 묘석을 만들지. 석공을 찾아가 보면 네 눈으로 직접 알 수 있을 거야."

아버지는 설명했다.

묘석이라고요? 아뇨, 됐어요. 나는 석공이 되고 싶은 마음이 추호도 없었고, 차라리 금속공이 낫겠다고 생각했다. 기계기술자가 될 수 있는 견습생 자리가 없으면 금속과 관련된 다른 일자리를 찾을 수 있겠지. 나는 정보를 얻기 위해 어머니와 함께 노동청을 찾았다.

"전망이 가장 좋은 직업이 뭔가요?"

나는 다짜고짜 물었다. 상담원이 믿을 수 없다는 표정으로 쳐다보았다. 나는 그가 무슨 생각을 하는지 잘 알고 있었다.

'내 앞에 앉은 이 장애인은 아는 게 아무것도 없고 아무 일도 할 수 없으면서 전망을 따지는군. 전망 좋은 직업이라니 어림없지!' 하지만 그는 내가 얻고자 한 정보를 주었다.

우선 기계조립공이 되면 나중에 기계기술자가 될 수 있다고 했다. 그와 같은 전망은 일단 대단히 매력적으로 여겨졌다. 그래서 나는 다시 한 번 린덴마이어 회사에 지원했고, 이번에는 부모님의 아는 분이 힘써준 덕분에 면접을 보러 오라는 통보를 받았다. 하지만 부모님과 함께 면접을 보러 간 나는 실망스러운 말을 들었다. 인사부장은 기계조립공이 되기 위한 직업교육은 청각장애인한테 매우 어려울 거라면서 부품을 마무리하는 일을 하면 어떻겠냐고 제안했다.

"일도 훨씬 쉽고, 직업훈련도 2년밖에 안 걸립니다."

그가 말했다.

"그러렴, 페터. 견습생 자리를 얻는 게 중요하잖니."

부모님은 충고하며 내가 거절할까 봐 전전긍긍했다. 인사부장이 더 어려운 직업훈련은 무리라고 말해 나는 자존심이 상했지만, 그가 아직 나를 잘 몰라서 그럴 뿐이라는 생각이 들기도 했다. 그리고 나는 일을 하고 싶었다.

"일단 부품 마무리하는 일을 배워서 제 실력이 좋으면, 기계조립공이 될 수 있나요?"

인사부장에게 물었다.

"물론이지. 1년 뒤에 직업훈련 계약서를 새로 써줄 수 있네. 그러려면 중간 성적이 아주 좋아야 하네."

나는 해낼 수 있다고 굳게 믿으며 계약서에 서명했다. 그리고 기쁜 마음으로 기나긴 마지막 여름방학을 맞이했다. 이제 학교와도 영영 이별이니 자유의 몸이 된 셈이었다. 물론 아버지를 도와 농장 일을 해야 했기 때문에 완전히 자유로운 것은 아니었지만 말이다. 농장 일을 하면서도 나는 팔만 움직여댈 뿐 머릿속으로는 새롭게 펼쳐질 삶을 꿈꿨다.

　1977년 여름에 열여섯 살이 된 나는 무슨 일이 있어도 스쿠터 운전면허를 따고 싶었다. 그래서 스쿠터를 몰고 일을 하러 가거나 주변에 사는 친구들을 만나러 가는 내 모습을 그려보곤 했다. 나는 좁디좁고 답답한 마을과 집에서 벗어나고 싶었다. 안나 할머니는 1974년에 돌아가셨고, 모니카 누나는 남자 친구 하인츠와 결혼해서 울름 근처에 있는 마을로 이사를 가고 없다. 나는 부모님과 셋이서만 그리징엔에서 지내는 것이 따분했고, 학교는 전혀 그립지 않았지만 청각장애인끼리 모여 살던 생활로 되돌아가고 싶은 마음은 굴뚝같았다. 슈베비슈 그뮌트에서는 늘 무슨 일이 벌어지곤 해서 심심하지 않았다.

　심지어는 열 살 때 그곳에서 총격전이 벌어진 적도 있었다. 총소리를 듣고 사람들이 기겁하며 우왕좌왕할 때, 나는 다른 남자 아이들과 함께 공원 안에 있는 로코코 양식의 조그만 성(城) 테라스에 앉아 있었다. 사람들은 그곳에서 달아나기도 하고 바닥에 엎드리기도 했다. 그 와중에 아무렇지도 않게 가만히 앉아 있는 사람은 우리들뿐이었다. 우리는 남자 한 명과 여자 한 명이 도망가고 그 뒤를 사복 경찰들이 쫓아가는 모습을 어리둥절한 표정으로 지켜보았다. 경찰들이 그 두 사람을 붙잡아서 수갑을 채우고 데려갔다. 내가 그 이야기를 들려주자 마을 아이들은 마냥 신기해했다. 잠들어 버린 듯 조용한 우리 마을에서는 그런 일이 절대 일어나지 않을 테니 신기해하는 것도 당연했다.

모험을 몸으로 직접 겪고 싶은 사람은 마을을 벗어나야 했다. 그런데 교통편이 좋지 않으니 나한테는 스쿠터가 절실하게 필요했다. 늘 자전거만 타고 다니는 것도 이제 지겨웠고, 아버지의 고물 모터자전거는 속도가 너무 느렸다.

그해 여름방학에 펠릭스가 다시 우리 집에 와서 며칠간 지냈다. 어느 날 아버지는 나에게 트랙터를 타고 이웃 농장으로 가서 트레일러를 가져오라고 시켰다.

"알았어요."

나는 대답하고 트랙터에 올라탔다. 펠릭스도 옆자리에 앉았다. 한 손으로는 운전을 하고 다른 한 손으로는 펠릭스와 수화로 이야기를 나누었다. 우리는 그 무렵에 대부분 그랬던 것처럼 앞으로의 계획에 대해 주고받았다. 펠릭스는 9월부터 슈베비슈 그뮌트에 있는 화폐 주조 공장에서 공구제작공이 되기 위한 직업훈련을 받기로 되어 있었다. 우리 둘은 더 이상 함께 생활할 수 없는 것이 슬펐다.

"직업훈련을 받을 때 만나긴 하겠지만, 함께 있을 수 있는 시간이 1년에 몇 주밖에 안 되잖아."

나는 투덜거렸다.

"그리고 견습생이 되면 더 이상 긴 휴가도 없을 테니 틈틈이 만나야 돼."

"그래야지. 스쿠터만 생기면 너한테 가기가 훨씬 쉬울 텐데 말이야. 그리고 열여덟 살이 되면 운전면허를 따서 미니버스를 한 대 사가지고 우리 둘이서 이탈리아로 캠핑을 떠나는 거야."

우리는 이웃 농장에 도착했다. 우리 트레일러는 헛간 앞에 세워져 있었는데, 나는 반쯤 열린 헛간 문이 앞을 가로막고 있는 것을 미처 보지 못했다. 트랙터를 뒤로 빼서 방향을 틀어 헛간 문을 지나가야 했는데, 그럴 겨를이 없었다. 생각이 이미 지중해에 가 있던 나는 헛간 문에 부딪치자 기겁했다. 헛간 문은 박살이 났고, 농장 주인이 달려와 노발대발했다. 그의 아내가 우리 아버지에게 연락을 했다. 15분 뒤 모터자전거를 타고 도착한 아버지는 내가 저지른 일을 보고 펄펄 뛰었다.

"너는 조심하는 법이 없지. 믿고 일을 맡길 수가 없구나. 도대체 책임감이 없어!"

아버지는 마구 퍼부어댔다. 뉘우치면서 야단을 '듣던' 나는 죄책감이 느껴져 변명할 엄두가 나지 않았다. 당시에는 아버지의 말이 옳다고 생각했으나, 지금은 내가 단지 부주의해서가 아니라 시력이 나빠졌기 때문에 그 사고가 일어났다는 것을 나나 아버지나 잘 안다. 내 시야는 시간이 갈수록 점점 더 좁아졌다. 하지만 갑자기 찾아온 야맹증과 달리 시력이 나빠지는 과정은 서서히 진행되어서, 심각하게 인식하지 못하고 그냥 그러려니 하면서 무의식적으로 적응해나갔다.

아버지는 내가 농장 일에 도통 관심이 없다고 비난했는데, 그 말은 전적으로 옳았다. 나는 농부가 되고 싶은 마음이 전혀 없었다.

"스쿠터 운전면허를 따겠다는 생각은 버려."

저녁때 아버지가 말했다.

"허락하리라고는 꿈도 꾸지 마라! 걸어가는 것만큼 느린 트랙터로도 사고를 내면서 어떻게 스쿠터를 몰겠다는 거냐? 그 얘기는 두 번 다시 꺼내지 마라!"

눈물이 났다. 부모님의 허락 없이는 면허를 딸 수 없기 때문에 아버지의 말을 듣는 순간 잔뜩 부풀었던 내 꿈이 비눗방울이 되어 터지는 기분이었다.

"진정해. 2년 뒤면 열여덟 살이 되니까 더 이상 부모님의 허락을 받을 필요가 없잖아. 조금만 더 기다려."

펠릭스가 나를 위로했다.

"언제나 난 기다려야 한다니까! 하지만 더 이상은 그러고 싶지 않아."

나는 불만이 가득해서 대꾸했다.

"지금 당장 면허를 따고 싶단 말이야! 허락해주지 않으면 더 이상 아버지 일을 거들지 않겠어."

아버지는 결심을 굽히지 않았고, 나노 고집을 꺾지 않았다. 그래서 수확기 때나 폭우가 쏟아질 것 같을 때, 급한 경우에만 마지못해 아버지를 도왔다. 농장 일은 정말로 나에게 맞지 않았다.

8월부터 나는 매일 린덴마이어 회사로 출근했다. 어떤 때는 좀 더 빨리 달리기 위해 직접 손본 모터자전거를 타고 출근했고, 어떤 때는 마을 사람이 자기 스쿠터 뒷자리에 태워주거나 자동차로 데려다 주기도 했다. 견습 공장에서 직업훈련을 받는 사람은 40명이 넘었는데, 그 가운데 내 또래는 14명이었고, 나처럼 기계조립공이 되고 싶어 하는 견습생은 5명이었다. 그중에서 청각장애인은 나 한 사람뿐이었다.

"여기는 페터 헤프라고 하는데, 청각장애인이다."

우리를 담당한 기능장 마이어 씨가 다른 견습생들에게 나를 소개했다. 모두들 나를 뚫어져라 쳐다보았다. 나는 그런 시선에 이미 익숙해져 있었다. 그런 상황을 자주 겪은 나는 그들이 빨리 내 청각장애에 대해 알게 되어 다행이라고 생각했다.

휴식 시간에 그들과 접촉하려고 여러 번 시도했지만 뜻대로 되지 않았다. 나는 표준어로 입술 읽는 법을 배웠는데, 다른 견습생들은 모두 슈바벤 사투리를 썼다. 그들은 나와 또박또박 천천히 얘기하려고 노력하지 않았고, 내가 말을 해도 알아듣지 못했다. 그래서 나는 항상 원하는 게 뭔지 글로 적어서 보여주어야 했고 그들한테도 그렇게 해달라고 부탁해야 했다. 때때로 그들은 내 흉내를 냈다.

"안녀, 아르미-인, 주아천고기이 어디 이어?"

아르민이 내 흉내를 냈다. 나는 "안녕, 아르민, 중앙천공기 어디 있어?" 하고 물었는데.

아르민은 이마를 찌푸렸고, 나는 다시 한 번 물었다. 그가 또 무슨 말을 해서 입술을 읽으니 "아, 중앙천공기!"라고 했다. 이어서 그가 무슨 말을 했는데, 나는 'ii－wo－ii'밖에 알아볼 수 없었다. 그에게 다시 말해달라고 했으나, 이번에도 내가 이해한 것은 'ii'와 'wo'뿐이었고, 그게 도대체 무슨 말인지 알 수 없었다. 결국 나는 어깨를 으쓱하고 포기해버렸다. 저녁때 비장애인 마을 친구들한테 아르민이 뭐라고 한 건지 물어보았다. 그 친구들은 나와 좀 괴상한 내 발음을 잘 알고 있었으며 나와 의사소통하는 법을 터득하고 있었다.

"페터, 넌 슈바벤 사투리를 배워야 해. 아르민은 'ich weiß nicht(나는 몰라).'라고 한 거야. 슈바벤 사투리로 'i wois nit.'라고 하거든."

홀거는 설명하며 웃었다.

비장애인은 처음 내 발음을 들으면 이상하게 생각했다. 나도 그것을 알고 있고, 상대방이 무슨 말인지 다시 말해달라고 부탁하면 내가 완벽하게 발음하지 않았다는 것을 깨닫는다. 비록 'L' 소리만 빼고 각 모음과 자음을 바르게 발성하지만 강세나 억양은 제대로 모르기 때문에 그럴 수밖에 없다. 단어나 문장의 소리를 한 번도 들어본 적이 없기 때문에 나는 물론이고 어느 청각장애인이든 그 소리를 그대로 모방할 수가 없다. 나는 단어의 어느 부분을 어떻게 강조해야 하는지 모르고, 어느 부분을 더 높게 혹은 더 낮게 말해야 하는지도 알지 못한다. 비장애인들은 어떻게 하면 제대로 말할 수 있는지 생각할 필요도 없이 그냥 알지만 나는 그렇지 못하다. 발음이나 강세에는 뉘앙스가 너무나 많아서 그것을 다 인지하기가 불가능하다. 설사 그것이 가능하더라도 형식에만 신경을 쓴 나머지 내가 무슨 말을 하고 싶은지 잊어버릴 것이다. 그래도 많은 이들이 내 발음에 금방 적응했다고 말한다. 커뮤니케이션을 진정으로 바라는 마음만 있다면 그것은 얼마든지 가능하다.

슈베비슈 그뮌트를 떠나고 나서부터는 회사를 가든 우리 패거리가 모이는 장소인 '히르셴(Hirschen)'이라는 마을 주점에 가든, 아니면 집에 있든 늘 외로웠다. 그래서 나는 몇 마디 인사말을 주고받거나 꼭 필요한 정보만 얻고 더 이상 대화를 나누지 않았다.

어머니가 저녁 식사 때 "오늘 일은 어땠니?" 하고 물으면 나는 "좋았어요. 마이어 씨는 나한테 만족해해요."라고만 대답할 뿐이었다. 어머니 아버지도 말이 없기는 마찬가지였다. 각자 말없이 앞만 보고 음식을 먹었고, 식사 후에 아버지가 신문을 건네주면 나는 첫 줄부터 마지막 줄까지 샅샅이 읽었다. 그러고는 부모님과 함께 텔레비전을 보거나 내 또래 청년들처럼 히르셴에 맥주를 마시러 갔다.

"내일 축구 보러 올 거지?"

마을 패거리 가운데 한 명인 홀거가 물었다.

"3시에 시작이야. 참, 바이에른 팀이 졌다는 건 너도 이미 알지?"

나는 누가 인사를 건네거나 몇 마디 말을 할 때마다 반가웠고, 오트마르가 내 어깨를 두드리며 같이 샤프코프(32장의 카드로 네 사람이 즐기는 독일 전통의 카드놀이 — 옮긴이)를 하자고 말할 때도 기뻤다. 카드놀이를 아주 좋아하지는 않았지만 잘하는 편이었고, 소일거리일 뿐 아니라 내가 어딘가에 속해 있다는 증거이기도 했기 때문에 기꺼이 같이 판을 벌이곤 했다. 사람들은 나를 받아들였고, 나도 그것을 고맙게 생각했다. 하지만 내 영혼은 목말랐다. 펠릭스나 다른 청각장애인 친구들과 이야기 나누었던 것처럼 정말로 중요한 것에 대해 진정한 대화를 나누고 싶은 마음이 너무나 간절했다.

1977년 9월 초에 테러리스트들이 경영자협회 회장 한스-마르틴 슐라이어를 납치하는 중에 그의 경호원과 운전기사가 살해당한 사건이 일어났다. 텔레비전에서 그 뉴스를 본 나는 신문에서 기사를 읽으면서 슈베비슈 그뮌트에 있는 농장에서 일하는 청각장애인 구스타프와 그 사건에 대해 얘기하고 싶은 생각이 들었다. 나보다 스무 살이나 많은 구스타프는 원예가로 일했는데, 나와 얘기하는 것을 좋아했다. 그는 틈틈이 신문의 머리기사를 설명해주거나 국제 정치에 관한 기사를 읽어보라고 갖다 주곤 했다.

독일에도 테러리스트가 있다는 사실을 그를 통해 처음 알았다. 그들은 서슴없이 공격을 가하여 무고한 사람들을 살해했는데, 나는 그 이유를 알 수 없었다. 한스-마르틴 슐라이어의 운전기사가 그들에게 대체 무슨 잘못을 했단 말인가? 테러리스트들은 인질의 몸값으로 엄청난 액수의 돈과 적군파 정치범의 석방을 요구했다. 나는 그 사건을 어떻게 생각해야 할지 갈피를 잡을 수 없었다. 내가 아는 비장애인들은 그런 얘기를 나누는 일이 별로 없었고, 얘기한다 해도 내 나름대로 사건을 파악하는 데 전혀 도움이 되지 않았다.

1972년에 나는 텔레비전에서 뮌헨올림픽에서 벌어진 인질극의 끔찍한 장면을 본 적이 있다. 주검이 바닥에 널브러져 있고 복면을 쓴 사람들이 손에 무기를 들고 있었다. 집에서는 아무도 나에게 어떻게 된 일인지 설명해주지 않았기 때문에 무슨 일이 벌어졌는지 전혀 알 수 없었다. 나는 그것이 영화 장면이 아니라 그리징엔에서 150킬로미터 떨어진 곳에서 일어난 실제 사건이라는 것을 잘 알고 있었다. 조기(弔旗)가 게양되었고, 그 당시 열한 살이던 나는 모든 것을 파괴하고 까닭 없이 살인을 하는 그 악한 사람들이 무서웠다. 나중에야 계획된 음모가 있었으며 살해당한 사람들은 이스라엘 선수라는 설명을 학교에서 들었다. 하지만 그들은 왜 죽어야 했을까? 그처럼 무의미한 잔혹 행위에 나는 심한 불안감을 느꼈다.

그런데 이제는 뉴스에서 RAF(구서독의 적군파 — 옮긴이)가 테러를 저질렀다고 일제히 떠들어댔다. 10월 초에 또다시 루프트한자 항공기가 납치되고 조종사가 사살되는 사건이 일어났는데, 독일의 테러 진압 부대 GSG9가 소말리아의 모가디슈에서 그 항공기에 침투하여 납치범들을 진압했다. 다음 날 납치범들이 석방을 요구한 적군파 간부들은 슈탐하임(Stammheim) 교도소에서 스스로 목숨을 끊었고, 또 하루가 지나서 슐라이어를 납치한 범인들은 그를 사살했다고 발표했다.

나는 다른 청각장애인들과 그 사건에 대해 얘기하고 싶었지만, 내 친구들은 바덴뷔르템베르크 주 전체에 흩어져 있었다. 그때는 화상 전화나 휴대폰, 인터넷 같은 것이 전혀 없던 시절이라 청각장애인들에게는 편지가 멀리 떨어져 있는 사람과 의사소통할 수 있는 유일한 방법이었다. 하지만 문어체에 익숙한 사람이 아무도 없었기 때문에 우리는 편지 쓰는 것을 좋아하지 않았다. 그러니까 우리가 서로 의견을 교환하려면 직접 만나는 수밖에 없었다.

금요일에 슈투트가르트에서 청각장애인을 위한 축구 연습이 있었는데, 연습이 끝나고 나서 한자리에 모여 앉아 열심히 대화를 나누고 있을 때 한 소년이 헐레벌떡 뛰어 들어왔다.

"끔찍한 일이 벌어졌어요. 살인이에요! 살인자가 자백을 해서 감옥에 갇혔대요."

소년은 잔뜩 흥분해서 수화로 말했다.

하일브론(Heilbronn)에 있는 농아학교에서 어떤 남학생이 여학생을 가위로 찔렀고, 여학생의 시신이 아침에 발견되었다는 것이다. 그 자리에는 그 학교에 다니던 친구들이 몇 명 있었는데, 그중 한 명이 범인을 알고 있었다. 그는 치정에 얽힌 사건일 거라고 추측했다. 또 다른 여학생이 그 사건에 연루되어 있었지만, 어찌 된 일인지는 나도 자세히 모른다. 나는 그 친구의 말에 더 이상 주의를 기울이지 않았다. 청각장애인이 살인자라니! 나는 그 사실이 끔찍했고 우리들 가운데 한 사람이 범죄자가 되었다는 것을 도저히 믿을 수 없었다. 방금 전에 알게 된 마르셀이 내 옆에 앉아 있다가 나를 살짝 밀었다.

"넌 아무 말이 없구나. 우리 모두에게 좋지 않은 결과가 따르지 않을까 걱정돼서 그래?"

"사람들은 우리를 범죄자보다 장애인으로 여기지."

어떤 남자가 불쾌한 표정으로 반론을 제기하며 주먹으로 탁자를 쳤다. 저런 말을 하면서 난폭하게 탁자를 치다니! 그 남자는 우리 테이블에서 멀찍감치 앉아 있었는데 그때까지 한 번도 대화에 끼지 않았었다. 그가 눈에 띈 것은 단지 인상이 매우 내향적이고 화난 것처럼 보였기 때문이다.
"페터, 넌 어떻게 생각해?"
아드리안이 물었다. 아드리안은 나와 같은 반이었는데, 그의 부모님이 동물 수용 시설을 운영하는 데다 승마를 할 줄 알았기 때문에 우리는 그를 '동물의 친구'라고 불렀다. 펠릭스도 나더러 그 사건에 대해 한마디 하라고 눈치를 주었다. 나는 무슨 말을 해야 할지 난감해하다가 수화를 했다.
"사람들이 이 일로 우리를 무서워할 거라고는 생각하지 않아. 남녀 문제는 사적인 것이고. 나는 그 남학생에 대해 생각했어. 어쩌다 그런 지경까지 되었을까? 그는 자신의 근심에 대해 터놓을 만한 사람이 아무도 없었을까? 또 농아학교에는 그를 도와줄 만한 친구가 단 한 명도 없었을까?"
"어려움에 처하면 결국 혼자가 돼. 그럴 때는 동료도 아무 소용 없지."
불쾌한 표정의 사내가 대꾸했다.
"친구는 그렇지 않아요."
펠릭스가 말했다.
"페터와 나는 둘도 없이 좋은 친구이고, 서로 도와주거든요."
우리는 마주 보며 미소 지었다. 만약 내가 여자 친구 때문에 불행해지면 펠릭스한테 가서 조언을 구할 것이다. 그러면 펠릭스는 위로하며 용기를 줄 것이고, 또 그가 내게 조언을 청하면 나도 똑같이 해줄 것이다. 그 자리에서 단순한 동료 이상의 친구들을 몇 명 알게 되었다. 친구들, 나도 친구들이 있다!
나는 돌아서서 불쾌한 표정의 남자에게 이름을 물어보려 했으나, 그는 이미 가고 없었다. 그 남자는 아마 친구가 하나도 없어서 괴로워하고 있을 거라는 생각이 들었다. 하지만 누가 항상 기분 나쁜 얼굴을 하고 있는 사람과 얘기하고 싶겠는가?

이튿날 아버지는 그 살인 사건에 관한 신문 기사를 내게 보여주었다.

"벌써 알고 있어요. 어제 축구 연습이 끝난 뒤 그 사건에 대해 얘기하면서 자세히 들었어요."

아버지는 의아해했다.

"너희들은 모두 귀가 안 들리는데 어떻게 그토록 빨리 아니?"

"누가 그 학교에 갔다가 바로 모임에 와서 들려주었거든요."

나는 대답했다.

"청각장애인들 사이에서는 새로운 소식이 순식간에 퍼져요."

그랬다. 나는 언제 어디서 모임이 있고 누가 아프거나 여행을 떠나서 오지 않으며, 또 새 친구들이 올지 어떨지 늘 알고 있었다. 하지만 다음 모임을 학수고대하면서도 다른 청소년들과 매일 의사소통할 수 있는 기회가 아쉬웠다.

린덴마이어 회사에는 에른스트와 오토라는 청각장애인이 보조로 일하고 있었는데, 나는 구내식당에서 식사하면서 그들과 가끔씩 얘기를 하곤 했다. 둘 다 나보다 스무 살쯤 나이가 많았다. 그리고 그리징엔에는 이야기 상대가 되어주던 우르스와 하이디가 있었지만, 내 또래와 만나고 싶으면 청각장애인 모임에 가야 했다. 울름에는 청각장애인협회가 두 군데 있었고, 때로는 슈투트가르트나 프리드리히스하펜(Friedrichshafen), 비베라흐(Biberach) 등지에서 디스코의 밤이 열리기도 했다. 하지만 견습생 월급으로는 기차나 버스를 타고 다니기 힘들었기 때문에 자주 갈 수 없었다.

게다가 야맹증까지 나를 괴롭혀서 저녁때는 동행 없이 아무 데도 가지 못했다. 그리고 나중에 나를 집까지 데려다 줄 사람이 필요했다. 울름에서 청각장애인을 위해 흥미로운 행사가 개최될 때마다 나를 데려갔다가 다시 집에 데려다 줄 수 있는지 우르스나 하이디에게 물어보거나, 그게 안 되면 울름에 있는 친구에게 하룻밤 묵을 수 있는지 알아봐야 했다.

그것이 너무나 번거로워서, 포기하고 집에 혼자 있거나 히르셴에 가서 맥주 두세 잔을 마시는 것으로 외로움을 달래곤 했다. 그래봐야 별로 도움이 되지는 않았지만.

린덴마이어 회사는 강이 갈라지는 곳에 있었고, 강의 한쪽 지류에는 댐과 수력 발전소가 있었다. 휴식 시간에 나는 그곳으로 가서 강가에 있는 나무 벤치에 앉아 도시락으로 싸 온 버터빵을 먹고는 했다. 그곳에 앉아 물속이나 물 위에 떠 있는 동물들을 관찰하는 것이 좋았다. 한번은 황새 한 마리가 가까이 다가와 거만하게 머리를 들어 올리고 나를 쳐다보았다. 내가 전혀 무섭지 않은 것 같았다. 정오의 햇빛 아래서 황새를 지켜보고 있으려니 기분이 좋았다.

하지만 겨울에는 너무 추워서 밖에 앉아 있을 수가 없었다. 동료들은 구내식당에 모여 앉아 손짓해가며 웃고 떠들어댔다. 나는 따돌림당하는 기분이었다. 첫해에는 나를 보고 웃어대거나 험담을 하는 견습생들이 적지 않았다. 나는 그들을 무시해

버리려고 했으나, 누가 비웃는 시선으로 쳐다보거나 내 흉내를 낼 때마다 마음속에서는 분노가 치밀었다.

어느 날 베르너라는 동료가 입을 벌리고 음식을 씹으면서 보란 듯 바보 같은 표정을 지었다. 나는 그것이 식사할 때 듣지 못해서 쩝쩝 소리 내는 나를 놀리는 것임을 알았다. 참을 수 없을 만큼 화가 치밀어 올라 그에게 달려들어 바닥에 넘어뜨렸고, 마이어 씨가 말리지 않았다면 한바탕 주먹 싸움이 벌어질 뻔했다.

"자네는 페터가 화내는 걸 이상하게 생각할 필요가 없네. 동료를 그렇게 놀려대면 안 되지."

마이어 씨는 베르너를 꾸짖은 다음 말했다.

"그리고 자네는 마음을 좀 가라앉혀야겠군. 이곳에서 치고받고 싸우는 건 절대 안 돼, 알겠나? 그냥 말로 하라고!"

나는 고개를 끄덕였다. 하지만 사실은 주먹을 써서라도 동료들로부터 존중받고 싶은 마음이 굴뚝같았다. 열여섯, 열일곱 살 때 나는 가라데 영화에 푹 빠져 있었는데 일을 하다기 지거워지면 때때로 그와 같은 격투 장면을 상상하곤 했다.

곧 동료들은 내게 익숙해져 나를 가만 놔두었고, 내가 자기들 생각만큼 바보가 아니라는 사실을 깨달았다. 휴게실에서 카드놀이나 바둑 같은 게임이 벌어졌는데, 오목 게임에서는 언제나 내가 이겼다. 그래서 도전을 받을 때도 많았는데, 한번은 세 명의 견습생을 연달아 물리치기도 했다. 게임에서 이겨 동료들로부터 인정을 받았지만 그들의 우정을 얻지는 못했다.

나는 일하는 게 점점 따분해졌다. 마이어 씨가 무엇을 원하는지 금방 이해하고 지시에 따르면서 내가 과소평가되는 느낌이 들었다. 그래서 기계에 똑같은 나사를 50개 끼워야 할 경우, 처음 5개 내지 10개 정도는 집중을 잘하다가 그 다음부터는 딴생각을 했다. 내 일상과 뜻대로 되지 않는 일들, 나를 당황하게 하는 불쾌한 상황 등에 대해 이런저런 생각을 했다.

토요일 저녁 마을 친구들과 함께 별로 내키지 않는 마음으로 스탠드바 디스코장에 갔다. 그곳은 입술을 읽기에는 너무 어두웠고, 요란하게 번쩍거리는 조명에 눈이 아팠다. 나는 바에 기대서서, 사람들이 춤을 추다가도 찢어지는 스피커 소리에 서로의 말을 알아들으려고 몸을 기울이는 모습을 지켜보았다. 진동을 통해 음악 소리가 떠나갈 듯이 크다는 것을 느꼈다.

멀지 않은 곳에 한 소녀가 슬픈 얼굴을 하고 서 있었다. 나는 그녀가 외로운가 보다 생각하고, 용기를 내어 같이 춤추지 않겠느냐고 물었다. 그러면서 음악 소리 때문에 내 말을 들을 수 있는지 없는지 몰라서 무대 위를 가리켰다. 그녀는 깜짝 놀란 듯 쳐다보더니 고개를 끄덕이고 따라왔다. 그녀는 몇 분 정도 같이 춤을 추다가 갑자기 사라져버렸다.

나는 불쾌해서, 다시 만나더라도 그녀에게 춤을 청하지 않겠다고 생각했다. 그녀는 왜 미소도 한 번 짓지 않고 아무 말 없이 사라졌을까? 나는 이해할 수 없었다. 귀머거리 청년과 춤출 마음이 없었거나 내 춤 실력이 탐탁지 않아서일 수도 있지만, 그렇다고 그토록 무례하게 굴어도 되는 건가? 그렇게 기분이 나빴으면 디스코장에는 뭐 하러 왔을까?

그 여자 애한테 차였다 해도 전혀 상관없었다. 그녀한테 반

한 것도 아니고 시큰둥한 표정의 그녀가 특별히 매력적이거나 관심이 가는 것도 아니었기 때문이다. 그 순간 나는 한 번도 사랑에 빠져본 적이 없다는 이유로 학창시절에 펠릭스와 보리스가 나를 놀려댄 일이 생각났다.

"너는 아직 어려."

그 말에 나는 대답했었다.

"난 그냥 좀 까다로운 것뿐이야. 지금까지 예쁘고, 착하고, 유머 감각 있고, 관심사가 나와 같은 여자 애를 만나지 못했거든. 언젠가 때가 되면 짝을 만나겠지."

그런 일들을 생각하자 우울해졌다. 비장애인과 의사소통하기가 왜 이리 어려운 걸까? 궁금해하는데 마이어 씨가 기계를 멈추라는 신호를 보냈다.

"이리 오게. 보여줄 게 있네!"

그가 말했다. 그제야 나는 모두들 흥분해서 술렁거리는 것을 알아차렸다.

선반 작업을 하던 어느 견습생이 안선 규칙을 제대로 지키지 않고 지름이 약 2센티미터에 길이가 2미터 이상인 금속 막대를 기계에 끼운 것이다. 봉강이 과도하게 휘어지면서 엄청나게 큰 소음이 났다. 나는 심한 진동을 느끼고 작업을 멈췄지만, 별다른 점을 눈치 채지 못하고 일을 계속했다. 심하게 휘어진 봉강을 보고 나서야 깜짝 놀랐다.

"다행히 다친 사람이 아무도 없으니 망정이지!"

마이어 씨가 말했다. 그는 안전 규칙을 꼭 지키라고 다시 한 번 강조했다. 나는 내가 실수를 하지 않아서 기쁠 따름이었다.

나는 1년에 수차례씩 슈투트가르트 근처의 비넨덴(Winnenden)에 있는 성 바오로 청각장애인 육성회 직업학교에서 특별 연수를 받았다. 그곳에 가면 청각장애인들, 다가가서 말을 걸어도 거부감이나 불안한 표정으로 쳐다보지 않는 사람들만 주위에 있어 말할 수 없이 큰 위안이 되었다. 게다가 금속공 일을 배우는 펠릭스와 함께 있을 수 있었다. 그곳에서 배우는 과목은 비장애인 견습생이 다니는 직업학교와 조금도 다를 바 없었다. 나는 마치 휴가를 온 것처럼 그 시간을 즐겼다.

펠릭스와 나는 서로에게 해줄 이야기가 무척 많아서 수업 중에도 대화를 나누고 싶은 마음이 간절했다. 나와 달리 펠릭스는 일자리를 구하는 데 운이 따르지 않았다.

"나는 싼 임금으로 노동력을 착취당하고 있어. 쉴 새 없이 만날 똑같은 압인기 앞에 서서 주화를 찍으니까 배우는 게 있어야 말이지!"

펠릭스는 그곳 책임자와도 별로 사이가 좋지 못했다.

"교육이 끝나면 다른 일자리를 찾아봐."

"난 떠날 거야. 여기서는 행복하지 않아. 있잖아, 내가 흑인이기 때문에 지내기가 훨씬 더 힘들거든. 그리고 여기에는 형과 누나밖에 없어."

내 친구는 씁쓸하게 말했다.

부모님이 보고 싶어 힘들어하는 펠릭스를 위로하면서 내가 가진 것이 얼마나 많은지 새삼 깨달았다. 우리 집, 나를 사랑해주고 언제나 위해주는 부모님, 다른 견습생들과 차별하지 않고 공평하게 대우해주며 우리에게 많은 것을 가르쳐주는 마이어 씨……. 하지만 나는 내 처지에 만족하지 못하고 더 나은 미래를 기대했으며, 언제나 열여덟 살이 되려나 마음이 조급했다.

직업훈련을 받은 첫해가 끝날 무렵 비장애인 동료들과 함께 이론과 실기 중간시험을 보았다. 성적은 좋았다. 어느 날 마이어 씨가 사무실로 나를 불렀다.

"이제 저도 기계조립공이 될 수 있나요?"

나는 물었다.

"그럼."

그는 망설이지 않고 대답했다.

"자네 계약서를 다시 쓰도록 인사과장과 이미 얘기했네."

인사과장은 도전에 맞설 각오가 확고한지 물었다.

"물론입니다."

나는 자신 있게 대답하고 새 계약서에 서명했다. 그 일을 해낼 자신감이 있었지만 과연 그 직업에 계속 만족할 수 있을지는 의심스러웠다. 나는 뭔가 채워지지 않은 듯 늘 허전함을 느꼈고 뭔지 모르게 잘못된 것 같은 기분이 늘었다. 그런 느낌이 드는 이유가 무엇일까, 끊임없이 자문했다. 그 이유는 셀 수 없이 많았지만, 진정 무엇으로 애타는 갈망을 달랠 수 있을지는 알 수 없었다.

20km에 갇힌 자유

어느 날 저녁 히르셴 앞에 처음 보는 오토바이가 버티고 서 있었는데, 본 적이 있는 모델이었다. 오토바이가 새것이 아니라 마을 사람 누군가가 중고를 샀구나 하고 생각했다. 나는 그 주인이 누굴까 궁금해하면서 술집 안으로 들어갔다. 스탠드바에 가죽 옷을 입은 낯선 남자가 앉아 있었다. 그가 바로 오토바이의 주인이었다.

"멋진 오토바이네요. 얼마나 빠르죠?"

그에게 물었다. 그가 뭐라고 말했는지는 기억나지 않는다. 나는 오토바이에 대해 많이 묻고 싶었고 그가 어디서 왔으며 어디로 가는지 알고 싶었으나, 그가 먼저 질문을 던졌다.

"귀가 안 들리나 보군. 이곳에서 무슨 일을 하지?"

"린덴마이어 회사에서 일해요. 기계조립공이 되려고요."

나는 대답했다.

"좋은 직업이지. 너도 오토바이가 있어?"

"모터자전거뿐이에요. 근데 너무 느려요."

나는 한심해죽겠다는 표정을 지었다. 전날 몇백 미터 앞에 토끼 한 마리가 뛰어갔는데, 모터자전거를 타고 그 토끼조차 따라잡을 수가 없었다!

"일하면서 다른 사람들과 의사소통하기가 쉽지 않을 텐데. 말하는 건 어디서 배웠지?"

그 남자가 물었다.

비장애인이 나한테 관심을 보이다니! 참 별일이네! 게다가 그 남자와 말이 잘 통했다. 친구들이 들어와 자리에 앉는 것을 보고 나는 손을 흔들었지만, 낯선 남자와 얘기하는 것이 훨씬 흥미로워서 친구들이 있는 자리로 갈 생각을 하지 않았다. 계속 그러고 있는데 술집 주인이 대화를 중단시켰다.

"저기 봐, 페터. 카드놀이에 네가 필요한가 본데."

뒤돌아보니 친구들이 우리를 뚫어지게 쳐다보고 있었다. 그 눈빛에서 친구들이 오토바이 주인을 좋아하지 않는다는 것을 분명하게 느낄 수 있었다. 낯선 남자도 친구들의 반감을 알아차렸는지 순간 기분 나쁜 긴장감이 감돌았다.

"친구들한테 가봐야 할 것 같네요."

낯선 남자에게 말했다.

"그래야겠지."

그는 바 위에 동전 몇 개를 던져놓고는 자리에서 일어나며 말했다.

"네 친구들은……."

그가 내 친구들이 앉아 있는 쪽으로 몸을 돌리는 바람에 어떤 말을 했는지 알아볼 수는 없었지만, 친구 두 명이 발끈해서 벌떡 일어난 것을 보면 기분 좋은 말은 분명 아니었을 것이다. 그 남자와 내 친구들은 결국 맞붙어 싸웠고, 그러다가 낯선 남자가 꽁무니를 뺐다. 나는 오토바이를 타고 사라지는 그의 뒷모습을 지켜보면서 '저 남자는 이제 두 번 다시 마을에 나타나지 않겠구나.' 생각했다. 갑자기 슬퍼졌다.

"저 폭주족하고 무슨 볼일이 있던 거야?"

친구들이 있는 자리로 와서 앉자 옆의 친구가 물었다.

"그냥 얘기만 했어. 친절하던데."

"조심해, 저런 타입은 싸우는 거밖에 몰라! 너도 봤잖아."

다른 친구가 말했다.

나는 친구들이 먼저 시비를 걸어 결국 그를 쫓아내는 것을 보았다. 무엇 때문에? 그가 이방인이어서? 그의 오토바이를 시기해서? 아니면 나와 얘기했기 때문에? 나는 단지 피부색이 다르다는 이유로 슈베비슈 그뮌트의 디스코장에서 얻어맞고 쫓겨난 적이 있는 펠릭스 생각이 나서 울컥했다.

"나도 폭주족이야."

나는 너덜너덜해지고 해골이나 독수리, 해적 문양의 장식을 꿰매어 붙인 청재킷을 가리켰다.

"야, 쓸데없는 소리 그만 하고 샤프코프나 한판 하자!"

"생각 없어."

시큰둥하게 대답하고 맥주를 한 잔 더 주문한 나는 그 남자와 오토바이를 생각했다. 그런 오토바이는 얼마나 할까? 나는 높고 분리된 운전대와 등받이가 높은 안장이 있는 오토바이인이지라이더를 갖고 싶었다. 이지라이더를 타는 사람은 어디에도 얽매이지 않고 자유로우며, 사회의 규범에 관심이 없는 반항자이지만 싸움질이나 해대는 깡패 타입은 아니었기 때문이다. 나는 마음 깊은 곳에 그런 열망을 품고 있었다. 내 청재킷은 시작에 불과하고, 진정한 폭주족이 되어 부당함에 저항하며 모두에게 독일 땅에서 살아야 하는 이 삶이 나에게 맞지 않음을 보여주리라. 일단 오토바이만 생기면 그것을 타고 오토바이 타는 사람들이 모이는 곳으로 떠날 작정이었다. 어쩌면 그곳에서 친절한 호기심으로 내 마음을 열어준 그 혼다맨을 다시 만날지도 모르지.

그 무렵 내가 자주 만나던 사람은 새로 사귄 친구 마르셀이었다. 그는 단정하게 자른 머리와 맵시 있는 옷차림을 중요시했고, 수화 이름이 '잘 손질된 헤어스타일의 소유자'였다. 한 손으로 머리를 귀 뒤로 쓸어 넘기면 되었다. 마르셀은 빌헬름스도르프에 있는 학교에 다녀서 나의 첫 발성 교사인 뢰슬레 선생님을 잘 알고 있었는데, 아마추어 사진작가인 그 신생님은 학생들에게 사진을 가르쳐주었다고 했다. 그 밖에 마르셀이 그 학교에 대해 들려주는 이야기를 들어보면, 그곳도 슈베비슈 그 뮌트와 조금도 다르지 않았다. 교사들도 엄격했고, 학생들도 우리처럼 반드시 음성언어를 배워야 한다는 것이다. 그곳에서 참고 지낸 마르셀의 처지는 나보다 더 나을 것이 없었다. 그 친구와 나는 금방 말이 잘 통했다. 우리는 다른 청각장애인들과 모일 기회가 적어 늘 아쉬워했다. 매우 적극적인 성격인 마르셀은 청각장애인 축구협회를 설립하여 10년 동안 운영하기도 했다.
 나는 마르셀의 1000cc 혼다 오토바이 뒷자리에 타고 시속 200킬로미터 가까운 속도로 달렸다. 그것도 환상적이기는 하지만, 내가 직접 오토바이를 몰 수 있다면 얼마나 좋을까! 열여덟 살이 되자마자 자동차 면허와 오토바이 면허를 따기 위해 에잉엔에 있는 운전 학원에 등록했다. 일단 적성검사부터 통과해야 했는데, 평형감각장애 때문에 불합격하고 말았다.
 "유감이지만 안 되겠군요. 너무 위험합니다."
 강사가 말했다. 그리고 다른 학원생들처럼 시력검사를 받았는데, 안경을 썼는데도 제대로 읽을 수 없었다. 단지 숫자 몇 개를 틀리게 읽었다고 자동차 운전까지 금지당하고, 오토바이를 타겠다는 꿈을 접어야 할 판이었다. 내가 살아 있는 한 절대 그렇게는 안 될걸!
 "어떤 숫자가 틀렸나요?"
 검사관에게 물었다. 검사관이 틀린 숫자를 불러주자, 숫자의 순서를 잘 기억하고 다른 자리로 가서 다시 시력검사를 받았다. 결국 외워둔 숫자를 말하여 등록증을 따냈다. 성공이다!
 강사는 나에게 야맹증이 있고 시야가 좁은 것을 까맣게 몰랐고, 나는 그가 그 사실을 눈치 채지 못하도록 늘 조심했다. 청각장애인을 처음 가르치는 그는 어떻게 가르쳐주어야 할지 고민했다.
 "이론은 제가 책을 보고 공부하면 되니, 실습할 때만 몸짓으로 가르쳐주세요."
 나는 그에게 설명했다.

의무인 야간 운전 수업을 받을 때까지는 모든 일이 순조로웠다. 나는 늦은 오후 시간에 이루어지는 야간 운전 수업에 각별히 신경을 썼다. 우리는 땅거미가 질 무렵 출발했고, 나는 완전히 캄캄해지기 전까지 돌아올 수 있기를 바랐으나, 그 바람은 이루어지지 않았다.

"조금 더 갑시다, 조금만 더."

강사가 지시했다. 갑자기 불안해진 나는 깜빡이등을 켜고 길가에 차를 세웠다.

"강사님의 지시를 더 이상 못 알아보겠어요."

나는 말했다.

"됐어요. 길은 보일 테니까 이제 돌아갑시다. 이걸로 충분해요."

그는 대답했다.

나는 도로의 흰색 표시선을 따라가면서 온 정신을 집중해야 했지만, 지리를 훤히 알고 있어서 뛸 듯이 기뻤다. 만약 대도시였다면 조명이 많아 더 밝았겠지만 길을 몰라서 훨씬 너 혼란스러웠을 것이다. 마침내 차에서 내렸을 때 나는 땀에 흠뻑 젖어 있었다. 강사는 수업을 하는 동안 상당히 괴로워하던 것 같았으나, 아무 말도 하지 않았다. 그는 나의 운전 적성 여부를 조금도 의심하지 않는 듯했다.

알고 지내던 대부분의 남자 아이들과 똑같은 기간 안에 운전 수업을 받고 필기시험과 실기시험에 모두 합격한 나는 세상이 모두 내 것인 양 기뻤다. 하지만 빳빳한 운전면허증을 받아 본 순간, 기쁨은 사라지고 화가 치밀었다.

"이게 무슨 말이에요? 왜 시속 80킬로미터 이상 달리면 안 된다고 적혀 있나요? 무엇 때문에 집에서 20킬로미터 이상 나가면 안 되죠?"

나는 강사에게 따졌다.

"처음에만 그렇습니다. 아무 문제가 없으면 6개월 뒤에 바꾸면 됩니다."

그는 말했다.

"지금 당장 바꿔주세요! 다른 강습생들한테는 조건이 안 붙었는데 나한테만 그러다니 불공평해요. 나도 그들처럼 운전을 잘했다고요."

"그건 제가 바꿀 수 있는 게 아닙니다. 새 강습생이 기다리고 있어서 그만 가봐야겠군요."

강사는 그러고 나가버렸다.

나는 잔뜩 성이 나서 씩씩대며 이름가르트 고모 집으로 향했다. 친척들 가운데 내가 가장 좋아한 그 고모는 디터 고모부와의 사이에 1남 1녀를 두었고, 고종사촌 베아테와 랄프는 내 또래였다. 에잉엔에 사는 이들은 그리징엔의 우리 집에 비하면 도회적인 생활을 했다. 돼지우리 냄새도 나지 않는 데다 현대적인 가구로 꾸며진 집에 사는 그네들은 옷도 늘 세련되게 입었다. 그 집에는 내가 즐겨 바라보던 멋진 그림이 몇 개 걸려 있었는데, 모두 유명한 그림을 모사한 것들이었다. 고모는 영화를 보러 가기도 하고 낯선 나라에 관심이 많았을 뿐 아니라, 항상 천천히 말해서 내가 이해할 수 있도록 신경 썼다. 또 내 말을 잘 알아들어서 같은 말을 다섯 번씩 되풀이할 필요가 전혀 없었다.

고모 댁에는 자동차가 한 대 있었다. 내가 혼자서 기차를 타고 슈베비슈 그뮌트에서 에잉엔으로 올 수 있을 만큼 자라자, 이름가르트 고모는 역으로 마중 나오기도 하고 휴가가 끝나면 역까지 데려다 주기도 했다. 그러면서 우리는 특별한 관계로 발전했다.

고모는 삶을 사랑했다. 어떻게 그럴 수 있을까? 나는 가끔씩 궁금했다. 재봉사로 일하는 고모는 다른 친척들과 마찬가지로 사는 형편이 넉넉지 못했지만 늘 만족해했다. 그런 모습에 강한 인상을 받은 나는 고모처럼 되고 싶었다.

그날 집으로 뛰어 들어온 내가 잔뜩 골난 것을 바로 알아챈 고모는 운전시험에 떨어져서 그러려니 생각했다. 나는 무슨 의미가 있을까 싶은 운전면허증을 고모 눈앞에 내밀었다.

"세상에, 말도 안 돼! 검사관이 뭐라는 건데?"

고모는 흥분해서 소리쳤다.

"아무 이유도 없어요."

우리는 한참 서로를 쳐다보았고 말이 없어도 서로의 마음을 잘 이해했다. 내가 귀머거리인 게 진짜 이유임을 우리는 잘 알고 있었다. 고모는 한숨을 쉬며 잠시 내 어깨를 쓰다듬었다. 고모에게서 전해져 오는 연민의 감정은 큰 위안이었다. 고모는 내 슬픔을 함께 나누었고, 그래도 시험에 합격했으니 얼마나 잘됐냐고 나를 설득하지 않았다.

"20킬로미터라니, 진짜 못됐다. 면허증을 조각조각 찢어버리고 싶구나!"

고모는 잔뜩 흥분했다. 그리고 베아테가 방으로 들어오자 내 운전면허증을 보여주고, 우리 부모님에게 전화했다.

"어쨌든 차로 출퇴근하거나 고모 집까지 몰고 올 수는 있어요. 어차피 멀리 몰고 나갈 만큼 휘발유값을 충분히 벌지도 못하는데요!"

나는 말했다.

"나중에 나도 데려가 줄 거지?"

베아테가 물었다.

"우선 학교부터 마치고 나서 얘기하시지!"

"어떤 차를 사고 싶은데?"

"느림보 고물차면 돼. 몇 킬로미터밖에 안 달릴 거면 오리처럼 뒤뚱거리는 차도 상관없지!"

우리는 한바탕 웃음을 터뜨렸다. 이름가르트 고모는 커피와 케이크를 내왔다. 집으로 올 때 나는 여전히 기분이 상해 있었지만 6개월 뒤에 반드시 완전한 면허증을 따겠다고 굳게 다짐했다. 그렇게 해주겠다고 분명히 약속하지 않았던가?

나는 50마력밖에 안 되는 중고 오펠카데트 C 모델을 — 정말 멋진 차와는 전혀 거리가 멀었다 — 구입해서 근방에 사는 청각장애인 친구나 지인들을 찾아다녔다. 밝은 낮 시간에 출발해서 늦으면 친구들 집에서 밤을 지내고 이튿날 낮에 차를 몰고 집으로 돌아왔다. 하도 여기저기 돌아다니다 보니 운전면허증에 적힌 조건을 지키기가 결코 쉽지 않았다.

활동 욕구를 어찌해야 할지 모른 나는 그리징엔 스포츠 클럽에 가입하기도 했고, 열여덟 살이 되었을 때는 성인 남자 축구팀에 들어갔다. 아는 친구들이 몇 명 뛰고 있는 청소년 축구팀이 더 나을 법했으나, 성인 남자들과 함께 뛰면 그만큼 가치가 올라가기도 했다. 나는 축구장에 가서 훈련을 받는 것이 좋았다. 두 시간 동안 잔디 구장을 뛰어다니고 나면 긴장이 모두 풀리고 좌절감이 사라지는 듯했다. 실컷 뛰고 나서 우리 선수들은 술집에 모여 앉아 맥주를 마시면서 분데스리가 결과에 대해 떠들어댔다.

축구 팬들 사이에서는 듣는 사람이 있든 말든 중요하지 않다. 팀들에 대해 잘 알고 있으면 그만이다. 나는 바이에른 팀의 열혈 팬으로 유명했고, 다른 선수들은 슈투트가르트 팀을 편들었다. 우리는 매주 새로운 논쟁거리를 가지고 있던 셈이다.

내가 정식 경기에서 뛴 것은 한 번뿐이었다. 그 직후에 훈련을 받다가 공에 걸려 넘어졌다. 매우 아파서 겨우겨우 집까지 올 수 있었다. 그냥 좀 삐었으려니 했는데 발이 점점 부어올랐다. 결국 아는 사람에게 병원까지 태워다 달라고 부탁했고, 병원에 가자마자 입원해야 했다. 이중 골절이라는 진단이 내려져 수술을 받고 뼈가 붙을 때까지 병원에 머물렀다. 내가 태어난 곳이기도 한 에잉엔 병원에 입원해 있는 동안 이름가르트 고모가 병문안을 오곤 했다.

"정말 지지리도 운이 없구나."

고모는 무엇을 갖다 주면 좋겠냐고 물었다.

"맥주 몇 병만 사다 주세요."

나는 맥주를 즐겨 마셨기 때문에 그 말은 결코 농담이 아니었다. 그때 일부러 시간을 내서 나와 이야기를 나누어주던 아주 친절한 간호사가 옆 침대의 환자를 일으켜주고 있었다. 그녀는 깊은 거부감이 담긴 시선으로 나를 힐끗 쳐다보았다.

우리 마을에서는 일할 때나 축구 할 때 어디서든 당연하게 맥주를 마셨다. 맥주 대신 사과 주스를 주문하는 사람이 있다면 틀림없이 놀림을 당했을 것이다. 맥주 한 병을 단숨에 마시는 것은 남자답다는 증거로 간주되었고, 가장 많이 마시는 사람은 존경의 대상이 되었다. 독한 술을 마구 퍼 마시는 진짜 술꾼이라도 정신을 놓지 않고 누군가에게 욕을 하거나 싸움을 걸지 않는 한 관대히 봐줬다. 나는 많이 마시는 편은 아니었으나, 진짜 술꾼이 되어갔다.

거부감이 담긴 간호사의 눈빛을 나는 바로 이해했다. 그녀는 "페터 헤프, 네가 술 마시는 거 조금도 괜찮다고 생각하지 않아. 네가 열여덟 살밖에 안 되어서만이 아니라 내가 술을 싫어하기 때문이야." 하고 말하고 싶었을 것이다.

그런 태도는 나에게 새로운 것이었고 생각에 잠기게 만들었다. 다음에 병문안을 올 때 이름가르트 고모는 정말로 맥주를 몇 병 갖다 주었고, 나는 퇴원하기 전까지 모조리 마셔버렸다. 하지만 맥주를 한 병씩 마실 때마다 그 간호사를 생각했다. 그녀는 여전히 친절했으나 전보다 약간 냉정해지고 좀 거리를 두는 듯했다. 단지 내가 술을 마셔서 그러는 걸까? 어쩌면 간호사 말이 맞는지도 모른다. 맥주가 지금까지 특별히 해를 끼치진 않았어도 잠시 금주하는 것이 좋을지도 모르겠다. 아니, 사실은 병원에 입원하고 나서 살이 꽤 많이 쪄서 맥주를 마셔서는 안 되었다. 나는 키가 크지 않은 편이었는데, 입원할 때 90킬로그램이던 체중이 퇴원할 무렵에는 96킬로그램으로 불어나 있었다. 의사는 나에게 더 이상 살찌면 안 된다고 경고했다.

"뼈가 붙어서 제대로 걸을 수 있을 때까지 시일이 오래 걸립니다. 체중에 늘 신경을 쓰고 적게 드세요."

의사는 술에 대해서 아무 말도 하지 않았지만, 나는 술을 줄이기로 결심했다. 집에서는 술을 마시는 일이 거의 없었고 한동안은 입에 대지도 않았다. 술을 참는 것은 전혀 힘들지 않았다. 친구들이 우리 집에 올 때 대부분 맥주 몇 병을 사가지고 와서 기분 좋게 같이 마시려 했으나, 나는 별로 마시고 싶지 않아 홀짝거렸다.

"왜 그렇게 천천히 마시는 거야? 맥주가 맛이 없어?"

오트마르가 궁금해했다.

"그냥 맥주 때문에 배가 나오는 게 싫어서 그래."

나는 불룩하게 나온 배를 가리켰다. 그래서 친구들을 한바탕 웃게 만들었고, 맥주를 자제하는 또 다른 이유를 굳이 실명하지 않아도 되었다. 맥주가 맛이 없는 것은 아니지만 알코올의 작용, 나를 무감각하게 만들고 공허한 느낌을 남기는 도취 상태 내지는 억지스러운 쾌락이 더 이상 마음에 들지 않았다.

어느 날 홀거가 책을 한 권 가지고 병문안을 왔다. 제목이 '빠삐용'이었고 아주 두꺼웠다. 나는 탐탁지 않은 시선으로 책을 쳐다보았다.

"고맙지만, 그런 책을 읽을 수 있을 것 같지가 않아. 너무 길어서 말이야. 다시 가져가는 게 낫겠어."

홀거는 당시 김나지움(대학에 가기 위해 진학하는 독일의 9년제 중등 교육 기관 — 옮긴이)에 다녔다. 나는 그때 이렇게 생각했다.
'홀거는 곧 대학 입학 자격시험을 보겠군. 이 친구는 나보다 훨씬 지적이라서 저렇게 두꺼운 책을 읽겠지만, 청각장애인인 나에게는 너무 벅차지.'
"이 책은 정말 기막히게 재미있으니까 한번 읽어봐, 페터."
"무슨 내용인데?"
홀거는 청산유수로 얘기하다가 내가 자기 말을 쫓아올 수 없다는 것을 눈치 채고 그냥 책을 건네주었다. 나는 책 뒤표지에 적혀 있는 글을 읽었다. 그 책은 자기가 저지르지도 않은 살인 혐의로 무기 징역형을 선고받고 30년 넘게 탈출을 시도하는 한 남자에 관한 이야기였다. 아주 재미없을 것 같지는 않았지만, 빽빽한 글씨에 600쪽이나 되었다. 그리고 나는 그때까지 책 한 권을 다 읽은 적이 한 번도 없었고 기껏해야 만화나 ≪빌트(Bild)≫지 정도만 읽을 뿐이었다. 표지 사이에 갇혀 있는 단어의 양을 생각하는 것만으로도 어지러웠다. 청각장애인이 아는 어휘는 한정되어 있는데, 그 책은 틀림없이 내게 너무 고차원적인 용어들로 가득할 것 같았다.
"빠삐용이 무슨 뜻이야?"
홀거에게 물었다.
"그건 프랑스어야. 나비라는 뜻이지. 그리고 주인공이 그렇게 불리는 이유는……."
또다시 홀거가 도취되어 아주 빨리 얘기하는 바람에 무슨 말인지 이해할 수 없었다. 게다가 프랑스어라고? 외국어라니! 나는 절대 이 책을 읽을 수 없을 거야. 나는 기가 꺾여 책을 옆으로 치워놓고 나중에 읽어보겠다고 말했다.

그날 저녁 텔레비전에 볼만한 프로그램이 하나도 없어 그 책을 읽기 시작했는데, 눈을 뗄 수가 없었다. 주인공이 나비라고 불린 이유가 뭔지 곧 알게 되었다. 주인공은, 있으리라 짐작되는 곳에 없었다. 마치 나비처럼.

그렇게 해서 부러진 발이 내 인생을 바꿔놓은 셈이다. 빠삐용은 나에게 넓은 세계로 나가는 창문을 활짝 열어주고 투지를 일깨워주었다. 무고하게 수십 년을 끔찍한 교도소에 갇혀 지내면서도 살아남겠다는 의지를 한순간도 잃지 않고 끊임없이 탈주를 시도하다가 결국 자유를 쟁취한다는 내용에 한 줄 한 줄 에너지가 넘쳐흘렀다. 그 에너지가 그대로 전해지는 듯했다. 나는 갱단이던 빠삐용을 닮고 싶은 것이 아니라, 그의 힘과 끈질긴 의지를 배우고 싶었다. 그 책을 읽고 나서부터 스스로를 동정한다든지 내 불행의 책임을 다른 사람에게 전가하는 따위의 일은 없어졌다. 나는 목발을 짚고 다니는 데나 귀머거리이고 눈도 잘 안 보였지만, 체념할 이유는 전혀 없었다. 단지 내게 주어진 운명을 받아들이고 장애인에 대한 사회의 구속에서 스스로 벗어나야 했다. 특히 나를 가두고 있는 마음의 감옥에서 탈출해야 했다. 나는 스스로에게 다짐했다. '페터 헤프, 너는 할 수 있어. 아직 희망이 있어. 자, 이제 게으르지 말고 늘 긴장하며 지내는 것부터 시작해보는 거야!'

거침없이
막힘없이

나는 책벌레가 되어 손에 잡히는 것은 뭐든지 가리지 않고 읽었다. 일하다가 휴식 시간이 되면 괴기소설을 읽으면서 긴장을 풀었고, 휴가 때는 크고 무거운 책이나 탐험소설을 즐겨 읽었으며 실용서를 읽기도 했다.

미국과 러시아 사이의 냉전은 국내 정치의 기복만큼이나 나를 사로잡았다. 연방의회 선거를 앞두고 독일의 주요 정치가들에 대해 확실하게 파악하고 싶었지만, 정치가들이 텔레비전에 나와 연설하는 것을 보면 그러기가 쉽지 않았다. 그들의 몸짓이나 표정은 나에게 아무것도 전해주지 못했고, 연설은 요즘처럼 수화로 통역되지 않았기에 나에게는 신문이 유일한 정보통이었다.

서점에서 귄터 발라프(Günter Wallraff)의 베스트셀러 ≪머리기사(Der Aufmacher)≫를 접했는데, 저자는 ≪빌트≫지에서 일하던 시절에 대해 얘기했다. 그 뒤로 두 번 다시 그 신문을 읽지 않았다. 그 대신 ≪슈투트가르터 나흐리히텐(Stuttgarter Nachrichten)≫이라는 신문을 읽어보았지만 지나치게 완고한 듯했고, ≪슈피겔(Spiegel)≫지는 무척 장황한 느낌이었다. 가장 마음에 드는 신문은 그림과 글이 섞여 있는 ≪슈테른(Stern)≫지였다.

책과 신문, 잡지 등은 나를 비장애인의 세계에 더 가까이 다가갈 수 있게 해주었다. 책을 많이 읽으면서 그들을 더 잘 이해하게 된 것 같았다. 그러면서도 나한테는 다른 청각장애인들과의 접촉이 점점 더 중요해졌지만, 가장 친한 친구들은 운전이 허용되어 있는 20킬로미터보다 더 먼 곳에서 살고 있었다. 6개월이 지난 뒤 나는 다시 군청으로 갔다.

"제한 조건을 철회해주시겠어요? 시운전 기간이 끝났고, 지금까지 무사고 운전을 했거든요."

나는 말했다. 군청 직원은 내 운전면허증을 가지고 다른 방으로 가더니 3분 뒤에 다시 와서 돌려주었다. 면허증을 들여다보았는데 어이가 없었다. 20킬로미터가 30킬로미터로 고쳐졌을 뿐이었다.

"어떻게 된 거죠? 10킬로미터를 추가하는 것으로 그만이라니 이유가 뭔가요? 30킬로미터로는 부족하단 말이에요!"

"6개월 뒤에 다시 바꿔드리겠습니다."

군청 직원이 말했다.

"약속할 수 있어요? 틀림없는 거죠?"

"그럼요, 물론이죠!"

군청 직원은 고개를 끄덕이며 대답했고, 나는 이를 갈면서 그곳을 나왔다.

"6개월은 기다리겠지만, 하루라도 더 기다리게 해봐라. 가만두지 않을 테니!"

나는 부모님에게 큰소리를 쳤다.

어차피 직업훈련이 끝나려면 그 정도 시간이 더 걸릴 테니 크게 낙담하지는 않았다. 오랫동안 병가를 냈는데도 뒤떨어진 부분을 비교적 빠른 시일 안에 따라잡을 수 있었다. 어느 날 마이어 씨는 칠판에 수학 공식을 몇 가지 적었다. 나는 슈베비슈 그뮌트 학교에서 수업 시간에 비슷한 것을 배운 기억이 나 마이어 씨의 설명을 쉽게 알아들을 수 있었다. 나에게는 모든 설명이 전혀 어렵지 않았으나, 주위를 둘러보니 다른 견습생들은 도대체 이해가 안 가는 듯 멍하게 칠판만 바라보았다. 마이어 씨는 다시 한 번 설명했지만, 아직 이해하지 못하는 견습생들이 많아 보이자 처음부터 다시 설명을 했다.

그 순간 마음속이 갑자기 환해지고 홀연히 깨달음을 얻은 듯한 기분이 들었다. 청각장애를 가진 내가 비장애인들도 전혀 알아듣지 못하는 것을 이해하다니! 믿을 수 없군! 슈베비슈 그뮌트에서는 비장애인이 훨씬 더 어려운 것을 배울 수 있다는 말을 끊임없이 들으면서 지냈다. "비장애인이 더 똑똑하다!", "그들이 더 잘한다!", "그들이 더 빨리 더 많이 배운다!" 그런 말을 들으면 얼마나 의기소침해졌던가! 청각장애인은 단어를 많이 알지 못하고 제대로 발음할 수도 없기 때문에 왠지 좀 멍청하다는 생각이 내 머릿속에 박혀 있었다. 그런데 지금 쉬운 것도 잘 알아듣지 못하는 비장애인 동료들 사이에 앉아 있다니, 정말 놀라운 일이다!

　나는 너무나 기뻐 큰 소리로 웃음을 터뜨렸다. 내가 왜 웃는지 영문을 몰라 하는 마이어 씨를 보면서도 웃음을 그칠 수 없었다. 청각장애가 있지만 내가 반드시 비장애인보다 더 멍청하지 않다는 것을 깨달았으므로 마이어 씨가 이해하든 말든 상관없었다. 더구나 내가 그들보다 더 잘하는 분야도 있었다. 이토록 굉장한 깨달음을 얻다니!

　나의 장래 계획은 이제 상당히 구체화되었다. 직업훈련이 끝나면 기계조립공으로 린덴마이어 회사에서 2년 더 일하고 공업기술 전문학교에 갈 생각이었다. 그런 학교는 여럿 있었고, 하이델베르크에는 청각장애인을 위한 특수학교도 있었다. 나는 하이델베르크에 있는 공업기술 전문학교에 갈 작정이었고, 그곳의 교육안내서도 이미 받아보았다. 그 학교는 학비가 비쌌지만, 노동청이 재정적으로 지원해주리라 기대했다.

　나 자신이 어른스러워지고 상당히 강해진 느낌이 들었다. 하지만 더 강해지고 싶었다. 발을 다친 뒤로 더 이상 축구를 할 수 없었기 때문에 발에 무리가 가지 않는 운동을 찾아냈다. 울름의 스포츠협회에서 레슬링을 한번 해보았는데 상당히 마음에 들었다. 일주일에 두 번씩 훈련을 받았는데, 트레이너는 곧 시합에 참가할 수 있을 거라고 했다. 하지만 시합에 참가하려면 문제가 하나 있었다. 시합은 항상 토요일에 개최되었고, 청각장애인 친구들과 만날 기회가 없어지는 셈이었다. 그것은 생각할 여지도 없는 일이었다. 얼마 뒤 레슬링을 포기했다. 결정하기가 결코 쉽지는 않았지만 나에게는 친구들이 더 중요했고 항상 의사소통이 최우선이었다.

6개월이 지나자마자 하루 월차를 내서 운전면허증에 적힌 조건을 삭제하기 위해 군청으로 갔다. 어느 때보다도 기분이 좋았고 자신감에 차 있었다.

"동의하신다면, 50킬로미터로 늘려드리지요."

직원이 말했다.

"다시 말씀해주시겠어요?"

나는 황당한 표정으로 물었다. 그 직원은 6개월 전에 약속한 바로 그 남자였다. 그는 다시 한 번 되풀이했다. 그 말을 듣는 순간 나는 폭발하고 말았다.

"천만에! 동의할 수 없어. 왜 나를 이따위로 취급하는지 누가 설명해주기 전까지 여기서 꼼짝도 하지 않을 거요. 당장 당신 상관을 불러와요!"

그는 내가 반항하리라고는 예상하지 못한 듯 깜짝 놀란 얼굴로 나를 쳐다보았다.

"상관을 불러오라니까요! 나는 진짜 이유를 알고 싶은데, 당신은 아무 이유도 대지 못하잖아요. 그러니까 당신 상관과 얘기해야겠어요. 난 시간 많으니 얼마든지 기다리지요."

나는 의자에 앉았다. 그리고 시간이 얼마나 오래 걸리든 꼭 내 권리를 찾고야 말겠다고 굳게 결심했다. 이번에는 어설픈 설명이나 막연한 약속으로 나를 구슬리지 못하리라. 군청 직원은 여기저기 전화를 걸어댔다. 정말로 애쓰고 있는 것 같은 그 태도를 보자 마음이 조금 누그러졌다. 마침내 그가 손짓으로 나를 불렀다.

"방금 알아봤더니, 당신이 멀리 차를 몰고 나갔다가 사고가 나면 아무한테도 전화를 걸 수 없다는 시험관의 소견 때문에 조건을 철회하는 것이 불가능하다는군요."

무슨 말도 안 되는 소리란 말인가! 그럼 시험관은 내가 가까운 곳에서 사고를 내면 언제든지 즉시 우리 부모님을 부를 수 있다고 생각한다는 건가?

"나는 이곳 군청에 아는 사람이 아무도 없지만, 내 입장을 알려야겠어요!"

나는 격분해서 말했다.

"당신은 이유를 알고 싶어 했고, 이제 그 이유를 알았습니다. 퇴근할 시간이 다 되었으니 그만 가세요."

"그 이유를 받아들일 수 없어요. 내 운전면허증은 바뀌어야 한다고요! 그렇게 되지 않는 한, 이 자리에서 한 발자국도 움직이지 않겠어요."

나는 그 말을 열 번 넘게 되풀이하고 창구 앞에 버티고 서서 꿈쩍도 하지 않았다. 결국 면허시험장의 최고 책임자가 나타나서 내 말을 들어주었고 내 입장을 어느 정도 이해한 것 같았다.

"그렇더라도 제가 그것을 간단하게 바꿔드릴 수는 없습니다. 대신 한 가지 제안을 하지요. 제가 시험관이 될 테니 다시 한 번 시험을 보는 건 어떻습니까?"

그가 물었다.

"좋아요. 단, 시험 비용은 제가 내지 않아도 된다는 조건이어야 합니다."

나는 대답했다.

"그럼 그렇게 합시다."

14일 뒤로 시험 날짜를 정하고, 나는 아무 문제 없이 합격하리라 조금도 의심하지 않았다. 시험 하루 전날 퇴근해서 집에 오니 어머니가 잔뜩 흥분해서 나를 기다리고 있었다.

"전화가 왔는데, 내일 시험을 보러 올 필요가 없다는구나. 다 해결됐대. 그렇게 갖고 싶어 한 운전면허증을 받게 된 거야. 내일 면허증을 보내주겠대!"

믿기지 않았다. 이겼다, 내가 이긴 거야! 나는 어디든 갈 수 있는 자유의 몸이 되었다! 나 혼자 싸워서 그 권리를 찾은 거다!

얼마 뒤 나는 직업훈련을 우수한 성적으로 마쳤고, 1981년 가을부터는 더 많은 돈을 벌었다. 그리고 드디어 그동안 저금해온 돈에 아버지에게 빌린 돈을 합쳐 중고 폴크스바겐 미니버스를 구입했다. 그 버스에는 가스레인지와 가스히터가 설치되어 있고 개수대도 있었지만 샤워 시설이나 화장실은 없었다. 미니버스의 전 주인이 다섯 명이 같이 잘 수 있다는 말을 하는 순간 뛸 듯이 기뻤다. 친구들과 함께 먼 여행길에 올라 새로운 세계를 발견하는 것, 그게 바로 내가 간절히 원하던 것이기 때문이다. 나는 여행을 떠나고 싶은 욕구에 사로잡혔다.

서베를린에 나탈리라는 청각장애인 펜팔 친구가 있었다. 나는 1982년 부활절 때 그녀를 찾아갔다. 휴가가 며칠밖에 되지 않아 야간열차를 타는 바람에 구동독 땅을 구경할 틈이 전혀 없었다. 나는 우리의 펜팔 우정이 그 이상으로 발전할 수 있을까 하는 생각에 몰두했다.

"그래, 너도 이제 사랑에 눈떠서 그녀 옆에 눌러앉아 버려. 그러면 여름에 베를린에 있는 너한테 모두 몰려갈 테니까!"

친구들은 그런 농담을 던졌다. 친구들 대부분은 이미 확실한 연인 관계를 맺고 있거나 적당한 여자 친구를 찾고 있었고, 한 친구는 동성애자라고 커밍아웃을 하기도 했다. 친구들 틈에 있으면 사랑을 해본 경험이 없는 나는 별난 사람이라도 된 것 같은 기분이 들 때가 있었다. 술을 거의 마시지 않은 뒤로 살이 빠진 데다 아령 운동을 하고 있어서 내 외모가 꽤 쓸 만하다는 소리를 자주 들었다.

"너는 부끄러움을 타서 여자를 사귀기 힘들 뿐이야."

펠릭스는 말했다.

"마음에 드는 여자가 있으면 표현을 해야지!"

나에게 기회가 전혀 없는 것은 아니었다. 청각장애인 모임에 가면 여자를 많이 만날 수 있었다. 하지만 웬일인지 한 번도 사랑에 빠지지는 않았다.

유감스러운 일이지만 나탈리의 경우도 마찬가지였다. 기차역까지 마중 나온 나탈리를 보는 순간 우리 사이에 불꽃이 튀지 않으리라는 것을 알았다. 긴 금발머리의 그녀는 상당히 예뻤지만 나와 전혀 달랐다. 전형적인 대도시 사람이었다!

"어디를 보나 건물이 빼곡해서 답답하지 않아?"

처음으로 시내 구경을 하면서 수화로 물었다.

"천만에! 난 이곳에서 자유로운걸."

"벽으로 둘러싸인 이 도시에서 자유로운 느낌이 든다고? 나는 갇혀 있는 느낌인데. 나는 언제든 밖으로 나갈 수 있는 곳이 좋아."

"베를린은 너무 커서 제대로 알려면 몇 년은 걸릴걸."

내게는 모든 것이 낯설었다. 나탈리는 가장 친한 친구인 아이셰 집에 나를 데리고 갔는데, 터키 사람인 그녀는 크로이츠베르크(Kreuzberg)의 다세대 주택가에서 살고 있었다. 내가 이 슬람교도 가정과 접촉한 것은 그때가 처음이었다. 우리는 식사에 초대를 받았고, 내가 빵에 손을 대는 순간 다들 당황하는 기색이 역력했다. 다른 사람들의 눈빛을 보고 손님에게 우선권이 있는 우리 집과 달리 이곳에서는 집안의 어른이 제일 먼저 음식을 들어야 한다는 것을 알아차렸다. 겸연쩍은 미소를 지으며 아이셰의 어머니에게 빵을 건네주자, 분위기가 누그러졌다.

"너네 관습에 대해서는 아는 게 없지만, 너희 문화에 관심이 많으니까 얘기 좀 해봐."

"안 듣는 게 좋을 텐데."

아이셰는 그렇게 말했지만 얘기하기 시작했다. 그녀의 얼굴에는 슬픈 그림자가 드리워졌다. 그녀는 집에서 꼼짝 않고 집안일을 도와야 하는 자기 신세를 한탄하면서, 갇혀 있는 것처럼 답답한 기분이라고 말했다.

"내 남동생도 청각장애가 있는데 어디든 마음대로 돌아다니게 하면서 나만 안 된다는 거야! 앞으로도 내 신세는 달라지지 않을 거야."

"좋은 남자를 만나 결혼하면 되지."

나는 말했다. 그녀의 눈에서 눈물이 뚝뚝 떨어졌다. 나탈리는 그녀를 안아주며 비난의 눈초리로 나를 쳐다보았다. 내가 또 뭘 잘못한 거지?

"어떤 남자가 귀머거리 이슬람교 여자하고 결혼하겠어? 터키 남자와의 혼인은 꿈도 꾸지 말아야 해! 독일 남자는 부모님이 절대 허락하지 않을 거야. 터키에는 친척집에서 죽을 때까지 뼈 빠지게 일해야 하는 청각장애 여자들이 무수히 많아."

아이셰는 설명했다. 그 사실을 전혀 몰랐던 나는 무슨 말을 해야 할지 몰라 난감했다. 다음 날 터키식 결혼식이 있었는데 우리도 초대되었다. 나탈리와 아이셰 옆에 앉은 나는 시종 굳은 표정을 하고 있었다. 젊은 터키 남자들이 나탈리에게 치근거리는 모습이 마음에 들지 않았다.

"저 남자들은 왜 그러는 거야? 내가 너하고 같이 왔다는 걸 다 알 텐데 말이야."

"너흰 결혼을 안 했잖아. 그러면 치근거려도 괜찮거든."

아이셰가 해명했다.

"그 말은 나도 터키 처녀들한테 수작을 걸어도 된다는 거야?"

"안 돼, 그건 위험해."

모든 것이 낯설었고 구경할 것도 무척 많았다! 하객들은 누구나 요란하게 치장을 하고 와서 엄청나게 먹어댔으며 한바탕 춤을 추고 나서 신랑 신부에게 축하 인사를 했다. 신랑과 신부는 각자 허리에 끈을 하나씩 묶고 있었는데, 하객들은 얌전하게 줄을 서서 포옹을 하거나 악수를 하고는 그 끈에 지폐를 매달아주거나 신랑의 호주머니에 금덩어리를 찔러주었다. 나도 지폐를 선사하고 나서 나탈리와 아이셰를 데리고 우리 테이블로 돌아왔다.

"신랑 신부는 곧 침실로 갈 거야. 그러면 가족들도 같이 가서 부부가 나올 때까지 기다렸다가 침대보를 확인하지. 신부가 처녀라는 증거가 있어야 하거든. 그게 우리 관습이야."

아이셰는 슬픈 눈으로 나를 쳐다보았다. 그녀가 너무나 측은한 생각이 들었다.

다음 날 나탈리와 나는 청각장애인센터에 갔다. 그런데 나보다 나이가 많아 보이는 어떤 베를린 여자가 나를 '붉은 감자'라고 불렀다.

"왜 저를 그렇게 부르죠?"

나는 기분이 좀 상해서 물었다.

"시골에서 왔기 때문이지. 보자마자 바로 알겠던걸."

그녀는 내 뺨을 가리켰다. 내 뺨이 그녀보다 더 붉은 건 사실일지 몰라도 시골뜨기 취급을 당하고 싶지는 않았다.

"여기에 어정쩡하게 서 있는 것만 봐도 도시 출신이 아니란 걸 금방 알 수 있다니까."

그녀는 수화를 계속했다.

"어디서 왔지? 아하, 남부 독일 출신이라! 어쩐지 말하는 게 좀 희한하다 했어. 남쪽 사람들은 느리지."

"그럴지도 모르겠지만, 답답하지는 않아요."

우리 두 사람이 격렬하게 오랫동안 실랑이를 벌이는 바람에 다른 청각장애인들도 끼어들었다. 사람들이 다 보는 앞에서 서로 애무하고 키스하는 두 남자가 우연히 시야에 들어왔을 때,

남부 독일의 우리 고향은 아직 베를린만큼 타락하지 않았다는 생각이 들었다. 하지만 시골이든 도시든 청각장애인들끼리 있으면 고향에 온 것 같은 기분이 드는 것은 마찬가지였다.

"제가 제대로 이해했다면, 재교육 과정을 신청하려는 건가요?"

노동청 직원이 물었다. 이 사람은 내 서류를 앞에 놓고 있으면서 왜 묻는 거야?

"예, 1년 6개월 전부터 기계조립공으로 일하고 있습니다."

"그런데 왜 굳이 직업을 바꾸려는 거지요? 직업도 그만하면 괜찮고 안정된 직장인데 말입니다!"

그가 말했다.

"일이 무척 단순해서 지루한 느낌이 들거든요. 그때는 재교육이 가능하다는 말을 들어서 이 직업을 선택한 것뿐입니다."

노동청 직원은 머리를 설레설레 흔들었다.

"꼭 그래야겠다면 당신의 서류를 담당자에게 넘기겠지만, 헛수고일 겁니다."

당신은 그 직업이나마 가지고 있는 것을 다행이라고 생각해야 할걸. 귀머거리인 당신에게 재교육을 받도록 재정 지원을 해줄 리 만무하니까. 그 직원의 말에 담긴 뜻을 그렇게 해석하자 점점 기분이 나빠졌다.

"제 지적 능력을 충분히 발휘할 수 있는 일을 하고 싶단 말입니다!"

나는 항변했다.

"여가 시간에 그렇게 하면 되잖아요. 예를 들어, 체스 게임을 하는 건 어떻습니까?"

체스는 이 남자처럼 냉정하고 감정이 없는 게임이라고 나는 생각했다. 그의 불손한 태도에 오만 정이 다 떨어져서 더 이상 얘기하고 싶지도 않았다. 그 남자와 독일이라는 곳이 지긋지긋하게 여겨졌다.

봄에 펠릭스와 마르셀, 다니엘, 그리고 나, 그렇게 네 명이서 내 차를 타고 이탈리아 여행을 떠나 피사와 피렌체, 로마, 나폴리 등지를 돌아다녔다. 그리고 돌아오는 길에 베니스에 잠시 들러 수로를 누비고 다니는 곤돌라를 탔다. 성실한 관광객답게 우리는 구경거리를 분담해서, 마르셀과 다니엘은 산마르코 대성당과 박물관을 돌아보았고, 그동안 펠릭스와 나는 산마르코 광장에 있는 종탑에 올라갔다. 탑 꼭대기에 종이 있고 그 양쪽에 청동으로 된 종지기가 망치를 들고 한 명씩 서 있었다. 펠릭스와 나는 기분이 좋아서 갖가지 포즈를 취하며 서로 사진을 찍어주었다. 내가 종 아래 서 있는 순간, 펠릭스는 청동 종지기를 움직이게 할 수 있다고 수화를 했다.

"정말?"

나는 믿기지 않아 물었다.

"그럼! 네 눈으로 보면 알 거 아니야!"

종지기의 팔을 만져보았다. 정말이었다.

"내가 종을 쳐볼까?"

나는 농담을 했다.

"그래, 해봐!"

펠릭스가 수화로 말했다.

나는 망치를 쥐고 있는 종지기의 팔을 뒤로 들어 올렸다가 종을 향해 살짝 밀어 망치가 종을 건드리게 했다. 청동 팔의 진동을 감지한 나는 펠릭스에게 소리를 들었느냐고 물어보았다. 펠릭스는 고개를 저으면서 더 세게 치라고 했다. 그렇게 하자 또다시 진동이 느껴졌다.

"이번에는?"

펠릭스는 여전히 아무것도 못 들었다고 대꾸했다. 그래서 종지기의 팔을 더 높이 들어 올려 손이 아플 정도로 힘껏 종을 쳤다. 진동이 아주 심해 귀가 아플 지경이었다. 펠릭스는 웃으면서 자기 귀를 가리킨 다음 그새 주위에 몰려든 사람들을 보라고 손짓했다. 그들은 깜짝 놀란 얼굴로 나를 쳐다보고 있었다. 산마르코 광장을 내려다보니 위를 올려다보고 있는 사람들의 얼굴이 조그맣게 보였다. 저 사람들 모두 종소리를 들었나 보구나! 이키, 큰일 났군! 그렇게 생각하면서도 나는 뻔뻔하게 스타라도 된 것처럼 그들을 향해 손을 흔들었다. 그러고는 펠릭스의 옆구리를 치며 수화로 말했다.

"그만 가자! 빨리 내려가!"

긴 계단을 반쯤 내려가다가 경비원들과 마주쳤지만, 다행히 그들은 우리를 알아보지 못하고 그냥 지나쳐 위로 올라갔다. 몇 분 뒤 우리는 총독관저의 정문 앞에 서 있었는데, 한 무리의 여학생들이 몰려와서 우리를 에워쌌다. 여학생들은 열여섯에서 열여덟 살 사이였고, 우리는 그들의 관심이 싫지 않았다. 그 여학생들이 왜 우리 주위에 몰려들었는지 뻔했다. 피부색이 검은 펠릭스를 보고 우리를 미국 사람으로 착각한 것이다. 펠릭스와 같이 길을 가다 보면 자주 겪는 일이어서 별로 이상할 것도 없었다. 심지어는 진짜 미국인들이 영어로 말을 거는 경우도 가끔 있었다. 여학생들은 우리가 독일인인 데다 청각장애인이라는 말을 듣자 대부분 실망한 얼굴로 가버렸지만, 몇 명은 그대로 남아 있었다. 그들은 나폴리에서 왔다는 말을 종이에 적어 보여주었고, 우리가 그 도시를 알고 있다는 암시를 주자 기뻐했다. 수학여행차 왔다는 여학생들의 말을 듣고 나는 그들의 학교에 그럴 돈이 있다는 게 놀라웠다. 남부 이탈리아에서는 가난에 허덕이는 사람들이 여기저기 많이 눈에 띄었기 때문이다.

이듬해 봄에 나는 다시 캠핑카를 타고 휴가 여행을 떠났다. 이번에는 오랜 친구인 아드리안, 디르크와 함께 네덜란드로 갔다. '동물의 친구'인 아드리안은 그사이 금세공사가 되었고, '어릿광대'인 디르크는 건축설계사가 되었다. 암스테르담에서 우리는 국립박물관을 구경하고 나서 구시가지를 돌아다니다가 사람들이 적의에 찬 눈초리로 우리를 쳐다보는 구역으로 길을 잘못 들고 말았다.

"카메라 조심해. 카메라를 가지고 있으면 관광객이라는 게 금방 표시가 나거든. 이 사람들이 우리를 노리는 것 같아."

디르크가 경고했다.

"버스 타는 곳으로 다시 돌아가자. 여기가 마음에 들지 않아. 마약중독자들뿐이잖아."

아드리안이 말했다.

나는 1000마르크 넘게 주고 산 카메라를 꽉 붙들면서 더 가 보자고 친구들을 설득했다.

"지금은 오전이니까 우리를 해코지하지는 않을 거야. 그리고 난 이곳을 좀 더 구경하고 싶어."

아드리안은 자연 속에 있을 때만 편안함을 느끼는 친구였고, 디르크는 나에 비해 얌전한 편이었다. 나는 함부르크의 사창가로 유명한 상파울리가 어떤 곳인지 잘 알고 있었고, 베를린에서는 나탈리와 함께 슬럼가에 가본 적도 있었다. 마약중독자를 봐도 전혀 겁나지 않았다. 사실 이 세상에 두려울 것이 하나도 없었다.

어떤 젊은 여자가 담벼락에 기대서 있는 모습이 눈에 들어왔다. 얼굴이 퀭하고 안색이 창백하다 못해 잿빛에 가까워서 죽은 사람이나 다름없어 보였는데, 너무 말라서 옷이 흘러내릴 것처럼 헐렁했다. 그녀는 두꺼운 금목걸이와 눈에 띄는 새 옷으로 한껏 멋을 부린 남자와 이야기하고 있었다. 나는 그 남자가 그녀의 포주이거나 밀매업자일 거라고 생각했다. 그곳에서 몇 미터 떨어진 곳에는 역시 비쩍 마른 마약중독자들이 쭈그리고 앉아 있었다. 어떤 젊은 여자는 다가와서 섹스를 제안하기도 했다. 너무나 서글픈 모습이어서 시선을 돌려버렸다.

"어떤 남자도 그녀와 잠을 자려고 하지 않을 거야. 마치 해골을 껴안고 자는 느낌일 테니까."

아드리안이 말했다.

이제는 나도 그만 그 비참한 구역을 벗어나고 싶어서 발걸음을 재촉했다. 그 거리가 거의 끝나가는 지점에 다다랐을 때 무엇인가 나로 하여금 걸음을 멈추고 뒤로 몇 발자국 다시 돌아가게 만들었다. 내 시선을 잡아끈 것은 어느 섹스 숍의 쇼윈도에 있는 사진이었다. 고통스럽게 일그러진 얼굴로 발가벗은 아이가 찍힌 사진이 열 장 정도 걸려 있었다. 그 사진들 속에 여덟 살에서 열두 살 사이로 보이는 남자 아이들과 여자 아이들이 온갖 요상한 자세를 취하고 있었고, 개중에는 얼굴이 가려져 있거나 잘려나간 어른들에게 성추행 당하는 어린이들의 모습을 담은 사진도 있었다. 그 사진을 보는 순간 마음속에서 얼굴 없는 어른들에 대한 증오가 끓어올랐다. 한 놈이라도 내 손에 걸리기만 하면 그 자리에서 요절을 내고 싶었다.

"그만 좀 가자! 단 1초라도 더 이상 이곳에 있고 싶지 않아. 정말 끔찍해!"

친구들은 도망치듯 걸음을 재촉했고, 나도 그 뒤를 따랐다.

"들을 수만 있다면 저런 범죄자들을 잡는 경찰이 되고 싶어."

내가 말했다.

"하지만 귀머거리 경찰은 없어."

아드리안은 반론을 제기했다.

"그리고 귀머거리로서는 속수무책일 수밖에 없어. 페터, 너처럼 똑똑해도 말이야. 천재적인 머리를 가졌거나 세계 복싱 챔피언처럼 강해도 귀머거리라면 아무 소용 없지."

나는 반박하고 싶었지만 그 순간 친구들과 마찬가지로 청각 장애에 속수무책인 느낌이 들어 아무 말도 하지 않았다. 악몽을 꿀 때처럼 바닥없는 심연으로 떨어지면서 붙잡을 곳을 어디서도 찾지 못하는 기분이었다. 나는 그 자리에 멈춰 서서 뒤돌아보았다.

"그래도 무슨 길이 있겠지."

나는 수화를 했다.

"기도하는 길밖에 없어."

아드리안이 말했다.

"그것도 아무 도움이 안 돼."

디르크가 끼어들었다.

"그냥 감수하면서 살아야지."

나는 어깨를 으쓱했다.

이탈리아 여행에서 우리는 바티칸을 구경했다. 바티칸은 우리가 가보기로 계획한 여러 관광 명소 가운데 하나였다. 그날은 비가 내리고 쌀쌀해서 우리는 바닷가로 갈 마음이 없었다. 하지만 바티칸 교황청 앞에 있는 성 베드로 광장에 도착하자마자 비가 그치고 구름이 걷히더니 따스한 햇볕이 내리쬐기 시작했다. 그때 나는 "이건 이 경건한 장소를 찾은 것에 대한 답례야!"라고 말했지만, 그 말은 어디까지나 농담이었다. 학교를 졸업한 뒤로 나는 종교와 별로 관계가 없었고 종교에 대해 찬성하는 입장도, 반대하는 입장도 아니었다. 그냥 종교에 관심이 없을 뿐이었다.

무슨 길이 있겠지. 몇 시간 뒤 다시 운전석에 앉아 벨기에 방향으로 차를 몰면서도 나는 그 생각을 했다. 그때 누군가 내가 종교에서 나의 길을 찾게 될 거라고 말했다면 틀림없이 그를 미친 사람이라고 불렀을 것이다.

삶의 아이러니

"답답해서 더 이상 못 견디겠어."
나는 친구들에게 말했다.
"2년 뒤에도 내 삶에 아무 변화가 없으면, 떠날 거야!"
어디로? 그건 몰라. 어느덧 스물두 살이 된 나는 구체적인 계획도 없이 그저 맞지 않는 곳에서 맞지 않는 일을 하고 있다는 느낌에 괴로워하고만 있었다. 여전히 그리징엔에 있는 부모님 집에서 지내고 있었지만, 마음은 이미 멀어져 있었다. 우리 사이의 답답한 의사소통, 아니 모든 비장애인과의 답답한 의사소통이 마음을 무겁게 짓눌러도, 나는 전혀 그것을 개선하려고 노력하지 않았다. 그리고 집에 있는 시간이 거의 없었다. 아버지는 그런 나를 그냥 내버려 두었으나, 어머니는 잔소리를 퍼부어댔다.
"만날 어디를 그렇게 싸돌아다니는지 모르겠구나."
어머니의 잔소리가 시작됐다.

"네 얼굴 구경하기가 힘들다니까. 넌 이곳에도 친구가 있잖아. 만나는 사람마다 네가 어떻게 지내느냐고 물어보더라."

"불쌍하다는 눈빛으로 쳐다보기만 하는걸요."

나는 발끈해서 대답했다.

"정 궁금하면 저한테 직접 물어보라고 하세요. 엄마가 뭘 원하는지 모르겠어요. 월요일 저녁마다 친구들하고 에잉엔에 볼링 하러 가는 거잖아요. 마르크, 외르크, 홀거, 말라니, 율리아……."

나는 마을 친구들의 이름을 열거했다. 그 친구들은 '존네(Sonne)'라는 술집에서 모이는 또래 패거리였다. 남자 친구들은 거의 대부분 나처럼 금속공으로 일했고, 여자 친구들은 간호보조사나 경리 사무원, 판매원같이 전형적인 여성 직업을 가지고 있었다. 볼링 실력은 내가 가장 형편없었지만, 술자리에서 진지한 주제를 놓고 대화가 오갈 때는 무슨 말들을 하는지 충분히 파악할 수 있어서 따분하지 않았다. 뿐만 아니라 때로는 멜라니나 베아테와 대화가 잘 통하기도 했다. 두 친구는 내가 입술을 읽을 수 있도록 항상 또박또박 말하려고 애썼다.

"다음 주말에 마을 축제가 있으니까 같이 가자."

어머니가 말했다.

"시간 없어요. 다른 계획이 있거든요."

나는 언제나 다른 계획이 있었다. 대부분은 청각장애인 친구들과 슈투트가르트나 뷔르츠부르크, 하일브론, 슈베비슈 그뮌트, 프리드리히스하펜, 뮌헨 등지를 돌아다녔고, 친구들 집에서 자고 올 때도 많았다. 그런가 하면 바덴뷔르템베르크 주에서 축구 경기가 열릴 때마다 울름 팀을 따라다녔고, 청각장애인협회에서 여러 가지 직무를 맡기도 했다. 그리고 청각장애인이 관심 갖는 것에 적극적으로 나서기 시작했다. 그런 활동은 지겨운 공장 일을 보상하기 위한 것이었다.

"나는 이 직업에서 벗어나야 해. 앞으로 40년이나 더 이 일에 매달려야 하다니, 절대 그렇게는 못 하겠어!"

울름 청각장애인협회의 저녁 모임에서 친구들에게 말했다.

"하지만 뭘 해야 할지 모르겠어."

"대학에 가는 건 어떨까?"

마르셀이 말했다.

"그래, 미국으로 건너가 갤러뎃(Gallaudet)에서 공부하는 거야."

갤러뎃! 우리 중에 갤러뎃을 모르는 사람은 없었고, 그 이름만 들어도 모두들 눈이 환하게 빛났다. 전 세계에서 유일한 농아 대학교인 그곳은 아무도 차별 대우 받지 않는 청각장애인의 천국이다. 워싱턴 가까이에 있는 캠퍼스에는 수천 명의 학생들과 교수, 직원들이 함께 생활하며, 귀가 들리든 안 들리든 상관없이 누구나 수화로 이야기를 나눈다. 음성언어만 할 줄 아는 사람은 갤러뎃에 있으면 마치 낯선 나라에 온 것처럼 외로움을 느끼게 된다. 그곳에서는 모든 사람들이 강의 시간이나 시험 시간을 비롯하여 슈퍼마켓이나 식당 등 언제 어디서나 수화를 하기 때문이다. 청각장애인도 음성언어는 단 한마디도 할 필요 없이 대학을 졸업하고 박사 학위까지 취득할 수 있다는 생각이 나를 사로잡았다.

"어떤 곳인지 언젠가는 꼭 한번 가볼 거야. 그런데 대학을 다니는 건 아직 모르겠어. 어떤 과목을 전공해야 할지 알기만 한다면 어떻게 해서든 공부를 시작하겠지만 말이야."

"법학 공부를 하지그래. 우리의 권리를 대변해줄 법률가가 필요하잖아."

마르셀이 제안했다.

"그래, 필요하지. 하지만 난 법학에는 취미가 없는걸."

"넌 수학을 잘하니까 수학 박사가 되는 건 어때?"

또 다른 친구가 말했다. 나는 고개를 저었다. 수학에도 취미가 없었을 뿐 아니라 숫자와 공식뿐인 삶은 상상조차 하기 싫었다. 뾰족한 수는 없었지만 친구들과 의논하는 것이 내 생각을 정리하는 데 도움이 많이 되었다. 어쨌든 10년 동안 대학 공부에 매달릴 마음은 없었고 당장 뭔가 새로운 것을 시작하고 싶다는 생각은 확실했다. 그로부터 몇 주일이 지나자 나는 어떤 일을 하고 싶은지 설명할 수 있었다.

"사람들을 상대하는 일을 하고 싶어."

나는 펠릭스에게 말했다.

"그래, 그런 일이 너한테 맞을 거야. 그런데 뭐가 되고 싶어? 선생님이나 사회사업가?"

나는 과연 해낼 수 있을지, 얼마나 더 공부해야 그런 직업을 가질 수 있는지 생각해보지 않고 마음의 소리, 즉 감정에만 귀를 기울였다.

"아니, 사회사업가는 싫어. 그리고 선생님은 되고 싶어도 될 수가 없잖아. 수화로 수업을 할 수 있다면 모르겠지만."

독일은 물론이고 유럽 어느 나라에도 청각장애 교사가 있다는 말은 들어보지 못했고, 수화로 수업하는 곳은 어디에도 없었다. 어디서나 청각장애 학생들에게 음성언어를 억지로 가르쳤고, 학생들이 수화를 하면 벌을 주곤 했다. 하지만 전부터 늘 그래온 건 절대 아니었다.

1880년 9월 밀라노에서 열린 농아학교 교사 국제회의에서 다음과 같은 내용이 결의되었다.

> 음성언어가 청각장애인에게 비장애인과의 교류를 가능하게 하고 언어의 정신을 더 깊이 파고들 수 있게 해준다는 점에서 수화보다 명백하게 우월하다는 확신에 따라, 본 회의는 청각장애인을 가르치거나 교육할 때 수화보다 음성언어를 우선적으로 사용할 것을 선언한다.

이 국제회의 전까지 농아학교에서는 수화와 음성언어를 같이 쓰는 이른바 혼합 방식으로 수업을 했다. 하지만 그 뒤에는 청각장애 교사나 보육교사들이 학교에서 쫓겨나기도 했다. 10년 후 독일 청각장애인협회는 서명운동을 벌이고, 음성언어와 수화를 같이 사용하게 해달라는 청원서를 황제 빌헬름 2세에게 보냈지만 아무 소용 없었다.

그 결의에 의해 청각장애인들은 그들의 이익을 위해서라는 명목으로 모국어를 빼앗긴 셈이었다. 음성언어가 청각장애인들에게 사회에 더 쉽게 접근할 수 있게 해주고 더 나은 교육 기회를 제공해준다는 것이었다. 밀라노 국제회의에서 그 결의에 반대 입장을 표명한 나라는 미국과 스웨덴뿐이었다. 그들

나라에서는 청각장애인들이 특히 투쟁적이며 자신들의 권익을 효과적으로 주장하는 듯 보였다.

1983년의 어느 봄날 저녁, 나는 아버지가 식탁에 혼자 앉아 있는 것을 보았다. 아버지는 나를 기다리고 있던 것 같았다.
"생각을 좀 해봤는데 말이야."
아버지는 말했다.
"우리 집 땅은 충분히 넓고 언젠가 네 것이 되겠지만, 지금 정원 한쪽에 네 집을 지어줄까 한다. 그러면 너는 거기서 혼자 살 수 있고, 또 결혼하면……"
"그럴 생각 없어요. 아직은 아니에요."
나는 대답했다.
"죄송하지만 전 집을 갖고 싶지 않아요. 그리고 집을 짓더라도 이곳은 싫어요."
"그렇다면 할 수 없지. 유감이구나. 네가 좋아할 줄 알았는데. 마음이 바뀌면 언제든지 말하렴. 내 제안은 계속 유효하니까. 이 두 손으로 일을 할 수 있는 한 말이야……"
아버지는 미장 일로 거칠어진 손을 보여주었다. 정말로 실망한 것 같았다. 아들에게 집을 지어주지 못해서 아쉬워하는 기색이 역력했다. 시골에서는 흔히 아버지가 아들을 위해 집을 지어주어 아들이 가정을 꾸밀 수 있도록 안정된 기반을 마련해준다. 나는 아버지가 미장 솜씨를 발휘하여 훌륭한 집을 지어주셨으리라 확신한다.

하지만 당시에는 아버지의 제안이 나를 그리징엔에 묶어두려는 의도로만 여겨져, 일언지하에 거절해서 아버지를 섭섭하게 했다. 아버지는 고향 마을을 사랑했지만, 나는 똥거름과 돼지우리 냄새가 싫어서 투덜댔고, 단지 욕구불만 때문에 아버지가 소중하게 생각하는 것은 뭐든지 멸시했다. 아버지 탓이 아닌데도, 나는 제자리걸음을 하고 있는 느낌이 들어 늘 욕구불만에 차 있었다. 더구나 결혼은 내 심사를 건드리는 주제였다.

볼링 모임 친구들은 거의 모두 결혼이나 장래를 약속한 파트너가 있었고, 청각장애인 친구들 중에서도 상당수가 사랑에 빠지거나 확실한 이성 친구가 있었다. 오로지 나만 여전히 어디를 가나 영원한 총각 취급을 당했고, 그래서 과연 나한테 여자가 생길까 의심스러워하던 참이었다.

이듬해 여름에 다니엘과 아드리안을 데리고 3주 동안 스페인과 모로코로 여행을 떠났다. 다니엘 역시 슈베비슈 그뮌트 시절부터 알던 사이였으나 우리가 친구가 된 것은 얼마 되지 않았을 때다. 여행안내 책자를 보고 알리칸테(Alicante) 근처의 엘체(Elche)라는 도시에서 성모 마리아의 승천을 기념하여 성대한 축제 행렬이 벌어진다는 것을 알았다. 13세기부터 거행되어온 종교극인 것 같아 그때에 맞춰 엘체에 도착할 수 있도록 여행 계획을 짰다.

하지만 그곳에 도착했을 때 나는 그 축제를 까맣게 잊어버리고 있었다. 우리는 캠핑장에 차를 대고 하루 종일 풀장에서 신나게 웃고 떠들었다. 저녁 무렵 세 명의 스페인 청각장애인이 눈에 띄었는데, 여자 두 명에 남자 한 명인 그들과 우리는 곧 활발하게 대화를 나누었다. 나라마다 수화가 다르기는 하지만 청각장애인들은 대부분 손짓과 표정으로 의사소통하는 데 익숙했다. 그리고 늘 의사소통에 목말라하고 있어서 다른 청각장애인들과 대화할 기회를 금세 찾아냈다.

"너희들도 이곳으로 휴가를 온 거야?"

나는 궁금해서 스페인 친구들에게 물었다.

"우린 잠시 쉬는 중이야. 집에 가는 길에 잠깐 땀을 식히려고."

여자 가운데 한 명이 대답했다. 그녀는 아주 예뻤다. 나는 그녀에게 호감을 느꼈고, 그녀도 나한테서 시선을 떼지 않는 걸로 봐서 나에게 관심이 있는 듯했다. 나는 조심스럽게 그녀에게 말을 걸면서 접근했다. 각자의 직업에 대해 이야기하고 청각장애인들의 처지와 관련하여 스페인과 독일을 비교하다가, 우리 시골 마을에서 사는 게 얼마나 따분한지 설명했다.

"나도 그 심정 알아!"

나의 기르멘은—실제로 그녀의 이름이 카르멘이었다—상기된 표정으로 수화를 했다.

"나도 시골 마을에서 살거든. 하지만 곧 해안가로 이사 갈 거야. 그곳이 훨씬 나으니까!"

"그럼 지금 사는 곳이 어디야?"

그녀와 나는 주소를 교환했는데, 그때 스페인 청년의 표정을 보니 심기가 불편한 것 같았다. 이 남자가 카르멘의 남자 친구인가? 그렇게 생각하며 약간 소극적인 태도를 취하자 그녀는 실망스러운 눈빛으로 나를 쳐다보았다. 얼마 안 있어 스페인 청각장애인 셋은 집으로 향했고, 우리도 엘체의 구시가지를 구경하기 위해 길을 나섰다. 그곳에 도착해보니 집집마다 꽃 장식이 걸려 있고 길 위에 반쯤 시든 꽃이 여기저기 흩어져 있었다. 무슨 영문인지 몰라 어리둥절해하는 우리 앞에 갑자기 꽃과 종려나무로 장식한 성모 마리아 상이 나타났다.

"맞다, 축제! 축제가 있다는 걸 까맣게 잊었었네. 오늘이 성모 승천대축일(성모 마리아의 영육이 하늘로 올라갔음을 기념하는 축일 —옮긴이)이잖아!"

친구들에게 말했다.

"할 수 없지. 오늘 하루를 즐겁게 보냈으니까 그걸로 됐어."

아드리안이 말했다.

"왜 그렇게 어이없다는 듯 쳐다보는 거야? 그 대신 넌 오늘 마음에 드는 여자를 만났잖아. 그런 일은 너한테 날마다 있는 게 아니지. 네가 그녀에게 호감을 가지고 있는 거 봤단 말이야. 드디어!"

다니엘이 계속 놀려댔지만 나는 신경 쓰지 않았다. 머리가 혼란스러웠고 좀 부끄러웠다. 여기 사람들에게 진지하고 아주 중요한 행사가 거행된 것이 분명했다. 사람들은 성모 마리아의 승천을 축하하기 위해 멀리서 순례를 왔다. 그런데 우리는 풀장에서 노느라 정신이 팔려 축제가 있다는 것을 잊어버리고 말았다. 나는 왠지 마음이 무거워졌고 카르멘과는 상관없이 막연한 갈망을 느꼈으나, 어찌 된 영문인지는 설명할 수 없었다.

나는 하느님을 갈망하면서도 그때까지 그 사실을 전혀 모르고 있었다.

그로부터 반년이 지나, 펠릭스가 부탁이 있다며 말했다.

"코지마 수녀님의 종신서원 50주년 기념식이 열리는 운터마르흐탈 수도원에 모셔다 드리겠다고 필로메나 수녀님과 약속했는데, 내 차가 고장 나서 정비소에 맡겼지 뭐야. 나 좀 도와줄 수 있어? 같이 가자!"

"좋아. 필로메나 수녀님은 나도 좋아하니까."

나는 대답했다. 기숙학교 시절 마지막으로 우리 그룹을 담당한 그 수녀님은 가이슬링엔(Geislingen)에 있는 가톨릭 유치원을 맡아 운영하고 있었다. 펠릭스는 필로메나 수녀님뿐만 아니라 몇몇 다른 수녀님들과도 계속 연락하며 지냈다. 그 수녀님들은 그에게 가족이나 다름없었다. 나는 수녀님을 마지막으로 본 지가 아주 오래된 터라 다시 만날 기회가 생겨 기뻤다. 우리가 필로메나 수녀님을 모시러 갔을 때, 수녀님은 들어오라고 했다. 우리는 각자 그동안 어떻게 지냈는지 얘기했고 그 시절 같이 지낸 수녀님들과 학생들의 소식을 주고받았다. 그런데 얘기하는 내내 책상 위에 놓여 있는 책 한 권이 자꾸 내 시선을 끌었다. 그 책에는 '삶의 비밀(Das Geheimnis des Lebens)'이라는 제목이 붙어 있었는데, 섬뜩한 느낌이 들었다.

"페터, 네가 하는 일은 어떠니?"

필로메나 수녀님이 물었다.

"안 좋아요."

나는 차근차근 모든 이야기를 털어놓았다.

"앞을 바라보면 아무것도 보이지 않아요. 마치 안개에 가려져 있는 것 같아요. 그래도 계획을 세우고 싶어요."

내 말에 주의 깊게 귀 기울이던 수녀님은 이렇게 말했다.
"앞날에 대해서는 불분명한 생각만 갖게 될 때가 많지. 뭔가를 찾는 건 좋은 일이니까 계속해봐. 포기하지 말고!"
수녀님은 자신이 무슨 말을 하는지 잘 안다는 듯 미소를 지었다. 하지만 나는 수녀님의 말이 무슨 뜻인지 납득할 수 없었다. 운터마르흐탈 수도원으로 가야 할 시간이 되어 더 자세히 물어볼 기회가 없었다.
나는 코지마 수녀님을 본 순간 너무나 늙고 쇠약해진 모습에 깜짝 놀랐다. 코지마 수녀님은 우리 때문에 특별히 병상에서 일어나 미소를 지으며 팔을 활짝 벌려 우리를 맞아주었다. 노수녀님의 얼굴은 기쁨으로 환하게 빛났다. 나도 기뻤고, 고통이 큰 데도 수녀님이 어떻게 그토록 만족스러운 표정을 지을 수 있는지 궁금했다. 그분은 자기 자신과 세상을 초월한 것처럼 보였다.
"코지마 수녀님한테 어떤 비밀이 있는지 알고 싶어."
집으로 돌아가는 길에 펠릭스에게 말했다.
"그게 무슨 말이야?"
"수녀님은 곧 삶이 끝날 텐데도 행복해하시잖아. 그런데 나는 이제 시작인데도 행복하지 않아. 미래가 안 보여."
"넌 생각이 너무 많아. 좀 느긋해져 봐. 뭐 하러 너 자신도 알 수 없는 일을 가지고 머리를 쥐어짜는 기야? 앞날을 모르기는 나도 마찬가지잖아."
필로메나 수녀님 방에서 본 책이 생각났다. ≪삶의 비밀≫이라는 그 책에서 답을 찾을 수 있지 않을까? 과연 내 힘으로 그 비밀을 풀게 될까?

부활절 때 마르셀과 아드리안, 보리스, 게르트, 그리고 나는 내 미니버스를 타고 영국에 갔다. 게르트의 수화 이름은 '토끼 이빨'이었는데, 앞니가 크고 유난히 하얗기 때문이었다. 슈베비슈 그뮌트 학교에 다닐 때 나보다 한 학년 아래이던 게르트는 우리와 함께 여행을 떠나는 것이 처음이었다. 우리는 일단 스톤헨지(Stonehenge)까지 가기로 하고 도중에 옛날 전함들이 전시되어 있는 박물관과 성을 몇 군데 구경했다. 런던은 여행의 마지막을 장식할 장소로 남겨두었다. 마지막 날 저녁에 우리는 소호(Soho)의 유흥가를 돌아다녔다. 나는 야맹증 때문에 화려한 네온사인 불빛만 간신히 보여서 보리스의 팔을 붙잡고 걸었다. 나머지 세 친구가 어디 있는지는 알 수 없었다.

갑자기 누군가 내 몸을 세게 밀치는 바람에 넘어지지 않으려고 보리스를 꽉 붙들었다. 담벼락에 밀쳐진 나는 한바탕 싸움이라도 벌어질 것 같은 긴장감이 주위에 감도는 것을 느꼈다. 하지만 나는 놀랄 만큼 침착함을 유지하면서 무슨 일이냐고 묻기만 했다. 이상하게도, 무슨 나쁜 일이 일어나지 않을까 두렵지 않았다. 모든 일이 지나가고 나자 친구들은 무슨 일이 일어났는지 나에게 설명해주려고 밝은 장소가 없나 살펴보았다. 얼마 후 우리는 작은 식당에 앉았다.

"넌 방금 습격을 당한 거야."

보리스가 설명하기 시작했다.

"사실은 우리라고 해야겠지만, 그놈은 너와 네 카메라를 노리고 달려든 게 분명해. 그놈이 너한테 달려드는 바람에 우리 둘 다 바닥으로 나동그라질 뻔했어. 그런데 네가 나를 꽉 붙잡고 놓아주지 않아서 나도 어떻게 할 수가 없었어!"
"우리는 너희들 바로 뒤에서 걸어가고 있었어. 너희들하고 몇 미터밖에 안 떨어져 있었지만, 끼어들기에는 거리가 좀 멀었지."
게르트가 말했다.
"뻔해. 그놈은 저기 저 장님이 딱이라고 생각했을 거야. 친구들도 모두 귀머거리니까 위험할 것도 없고 손쉬운 먹잇감이구나 싶었을 테지!"
"그 도둑놈은 옆쪽에서 달려들어 너희를 밀쳤어. 그때 갑자기 어떤 남자가 나타나서 그놈을 쫓아버린 거야."
"그 남자는 지금 어디 있는데? 고맙다는 말을 하고 싶어."
나는 말했다.
"너희들은 왜 그 남자한테 같이 가자는 말을 안 한 거야?"
친구들은 난처한 듯 서로 쳐다보기만 했다.
"그 남자는 갑자기 사라졌어. 땅속으로 꺼진 것처럼 말이야. 어떻게 그토록 순식간에 사라질 수 있는지 모르겠어."
"너를 지켜주는 수호천사인가 보다, 페터!"
게르트가 말했다.
그것은 그냥 농담으로 한 말이었고, 그런 것을 믿는 친구는 아무도 없었다. 나는 미소를 지었다. 오래전부터 나를 밤마다 지켜주는 수호천사가 있는 것 같은 느낌이 들었기 때문이다.
두 번이나 차에 치일 뻔한 적이 있는데 아슬아슬하게 차가 멈추는 바람에 위험을 피할 수 있었다. 어쩌면 그냥 운이 좋았던 것뿐일지도 모른다. 하지만 수호천사가 구해주었을 거라고 생각하는 게 더 좋았다. 잘 생각해보면 정말로 내가 보호받고 있다는 느낌이 들었다. 나를 항상 보살펴주는 누군가가 있는 것처럼. 그 생각을 할 때마다 기분이 좋았다.

집으로 돌아온 후 우리는 같이 여름휴가 계획을 짜려고 했는데, 내가 다니는 회사에서는 한 가정의 가장만 여름휴가를 낼 수 있도록 되어 있었다.

"에이, 재수가 없으려니까. 여행을 못 가게 됐어."

우리 모두에게 실망스러운 소식이었다. 나는 어떻게 해야 좋을지 난감했다. 친구들은 7월이나 8월에 휴가를 낼 수 있었고, 나는 6월이나 9월 중에 선택해야 했다. 그때 아이디어가 하나 떠올랐다.

"호프만 신부님이 6월에 청각장애인들을 데리고 헝가리로 단체 여행을 간다고 했어. 그때 같이 따라가면 되겠다!"

"넌 단체 여행을 싫어하잖아."

마르셀이 말했다.

"맞아. 틀림없이 노인네들밖에 안 올 거야."

"게다가 신부님이 이끄는 여행이라니! 뭐, 중요한 건 네가 청각장애인들하고 같이 있을 수 있다는 거지만."

마르셀은 말했다.

"어쨌든 너 혼자 휴가 여행을 가는 것보다야 낫겠지."

혼자 휴가를 가다니, 나에게는 생각도 못 할 일이었다. 나는 휴가 여행을 갈 때 체험을 공유할 수 있는 사람들에게 둘러싸이기를 원했다. 뿐만 아니라 진짜로 나를 지켜주는 수호천사가 있다면 그 천사에게 많은 부담을 주고 싶지 않았다. 두더지처럼 앞도 잘 못 보면서 어떻게 밤에 혼자 돌아다닐 수 있겠는가? 어둠이 내리기 시작하면 나는 반드시 동행이 있어야 했다.

호프만 신부님은 예전부터 알고 있었다. 그분은 수십 년 전부터 청각장애인이나 시각장애인, 또 시청각 중복 장애인들을 위해 봉사해오고 있었다. 신부님은 장애인이 아니었지만 수화도 조금 할 줄 알았다. 전혀 다른 의사소통 방식을 허용하지 않으려는 비장애인들의 발명품인 이른바 '음성언어 병행 수화'를 신부님이 사용하기는 했지만, 어쨌든 대화가 잘 통했으므로 상관없었다.

"너 그거 알아?"

아드리안이 거들고 나섰다.

"노인네들뿐 아니라 여자 애들도 호프만 신부님하고 같이 간대잖아. 그중에 꽤 괜찮은 애들도 있을 거야. 여자 친구를 사귈 수 있는 좋은 기회라고."

아드리안은 두 손을 비비며 흐뭇한 미소를 지었다. 1980년대만 하더라도 젊은 여자 청각장애인들은 지금처럼 자립적이지 못했다. 물론 대도시나 북부 독일의 경우에는 당시에도 남부 독일과 사정이 달랐지만 말이다. 우리가 아는 스무 살짜리 여자 애들은 결혼할 예정인 남자 친구와도 함께 휴가를 가서는 안 된다고 교육을 받았다. 그래서 남자 친구와 함께 있고 싶으면 여자 친구와 같이 여행을 간다고 거짓말하는 여자 애들도 더러 있었다. 아니면 단체 여행을 가는 방법도 있었다. 신부님이 동행하면 부모들은 아무 일도 없으리라 안심하고 허락해주었다. 아무 일도 없을 리 만무했지만.

"그럼 너도 같이 가자."

내가 말했다.

"아니, 사양하겠어."

아드리안이 대꾸했다.

"너 혼자 가서 괜찮은 여자 애를 만나면 나중에 소개해줘."

"어림없는 소리. 그런 애를 만나면 내가 차지해야지!"

나는 그때까지 동유럽 쪽으로는 한 번도 가본 적이 없었다. 호프만 신부님에게 여행 일정을 알아보고 내가 유일하게 젊은 참가자가 아니라는 것을 확인한 다음에야 신청을 했다.

프라이부르크(Freiburg)에서 출발한 버스는 울름에 들러 나를 비롯하여 그 지역의 청각장애인 몇 명을 더 태웠다. 호프만 신부님은 우리를 다른 사람들에게 소개했다. 정말로 젊은 여자도 너덧 명 끼어 있었는데, 다들 깜짝 놀란 눈으로 나를 쳐다보았다. 당시에 나는 여전히 록 가수처럼 다 해진 청재킷을 입고 머리를 치렁치렁하게 기르고 있었다.

"나는 조피라고 해."

한 여자 애가 자기를 소개하면서 댄스 학원이라도 온 것처럼 내 앞에서 무릎을 살짝 구부리며 인사했다.

정말 촌스러워서 못 봐주겠네! 나는 그렇게 구식이고 얌전한 타입의 여자한테는 전혀 관심이 없었으므로 조피보다 더 현대적이고 발랄해 보이는 여자를 찾아보기로 했다. 그래서 여행

기간 동안 이 여자 옆에 앉았다가 저 여자 옆에 앉았다가 하면서 조피만 빼고 모든 여자와 이야기를 나누었다.

빈(Wien)에서 우리는 쇤브룬 궁전과 프라터 공원을 구경하고 부다페스트를 향해 길을 떠났다. 전반적으로 여행이 마음에 들었지만, 날이 갈수록 나와 호프만 신부님 사이에 긴장감이 감돌았다. 신부님이 미사에 참석하라고 끊임없이 요구했기 때문이다.

"미사 같은 것에는 관심이 없습니다."

나는 솔직하게 말했으나 신부님은 받아들이지 않았다.

"우리 모두 8시까지 성당으로 와서 아침 미사를 드립시다."

부다페스트 동쪽에 있는 에게르(Eger)에 도착했을 때 신부님이 말했다.

"페터, 자네도 와야 해!"

다음 날이 마침 성체성혈대축일(그리스도의 몸과 피로 이루어진 성체성사의 제정과 신비를 기념하는 축일 — 옮긴이)이었기 때문에 신부님은 18세기에 지어진 시토 수도회 성당에서 미사를 드릴 생각이었다.

그때 우연히 조피가 내 옆에 앉아 있었다. 그녀는 시간을 엄수해서 성당에 가겠다고 호프만 신부님에게 맹세라도 하려는 듯이 열심히 고개를 끄덕였다. 그녀는 너무 진지하고 지나치게 경건해 보였다. 나는 그녀를 무시하고 다른 쪽 옆자리에 앉은 여자하고만 이야기를 주고받았다. 이튿날 아침에 눈을 떠보니 이미 미사에 참석하기엔 너무 늦은 시각이었다. 이왕 늦은 김에 느긋하게 샤워를 하고 식당으로 내려갔다. 미사를 마치고 돌아온 일행이 식사를 하고 있었는데, 호프만 신부님은 잔뜩 골이 나 있었다.

"자네는 혼자 아침을 먹어야겠군."

신부님이 말했다. 나는 그 말에 개의치 않고 아주 태연하게 식사를 했다. 그리고 식탁에 혼자 떨어져 앉아서도 방 안에 있는 사람들과 수화로 계속 떠들어댔다.

이어서 우리는 케치케메트(Kecskemét)로 가서 다른 단체 여행객들과 함께 헝가리의 승마 놀이를 구경했다. 그날 저녁 조피는 레스토랑에서 다시 내 옆에 앉더니 먼저 말을 걸었다.

"음식이 어때? 나는 맛있는데."

나는 그녀의 갑작스러운 행동에 깜짝 놀라서 하마터면 음식을 잘못 삼킬 뻔했다. 그녀는 그칠 줄 모르고 열심히 나와 잡담을 했다. 처음 보았을 때 보수적이고 지나치게 얌전해서 내 스타일이 아니라고 생각한 그녀가 적극적으로 내게 관심이 있음을 분명하게 보여준 셈이었다. 그때까지 내가 알던 여자들은 하나같이 남자 쪽에서 먼저 적극적으로 접근해오기만을 기다렸다. 그래서 나는 조피의 자신감 있는 태도가 마음에 들었고, 그날 저녁을 계기로 그녀에 대한 거부감이 호감으로 바뀌었다. 이틀 후에는 완전히 그녀에게 마음을 빼앗기고 말았다. 조피와 함께 발라톤 호숫가를 거닐면서 그녀와 나의 미래를 그려보았다. 한 번도 누군가를 사랑해본 적이 없던 나는 그만큼 순진했다. 키스도 한 번 해보지 않고 벌써부터 그녀와의 결혼을 생각할 정도였으니 말이다.

'너한테 딱 맞는 짝이야!'

그날 밤 마음이 들떠서 잠을 이루지 못했다. '드디어 내 짝을 찾았으니 이제 모든 일이 다 잘될 거야.' 하고 생각하니 앞으로의 내 인생이 갑자기 장밋빛으로 물드는 듯했다. 조피는 나보다 생일이 6개월 빨랐고, 진지한 사이가 되려면 아직 시간이 필요했지만, 나는 이미 마음속으로 멋진 그녀와의 결혼식을 축하하고 있었다. 그리고 우리 사이에 생길 아이들을 생각하며 혼자 흐뭇해했다.

우선은 여행이 끝나가고 있었으므로 우리의 관계가 깊어지도록 조피와 계속 연락하는 데 신경을 써야 했다. 하지만 그것은 크게 문제가 될 게 없어 보였다. 나에게 차가 있고 조피가 사는 곳이 그리 멀지 않았기 때문이다. 사랑에 빠졌는데 150킬로미터 떨어진 게 대수겠는가?

나의 스물세 번째 생일을 정확히 일주일 남겨놓고 우리 일행은 집으로 돌아오는 길에 로젠하임(Rosenheim)에서 머물렀다. 낮에 우리가 무엇을 했는지는 하나도 생각나지 않고 오로지 그날 밤만 기억 속에 남아 있다.

"나중에 내 호텔 방으로 올래?"

둘만 있게 되었을 때 조피가 말했다.

그녀의 방은 호텔 본관에 있었고, 내 방은 별관에 있었다. 나는 흥분해서 심장이 터질 것만 같았고, 그녀에게 꼭 뭔가를 선물하고 싶었다. 하지만 상점이 모두 문을 닫은 때라 정원으로 몰래 숨어들어 장미꽃 몇 송이를 꺾었다. 이윽고 꽃다발을 들고 미치도록 행복한 마음으로 그녀의 방문 앞에 섰다.

그 행복감을 오래 맛보고 싶었지만 누군가 조피의 방문 앞에서 있는 나를 보게 될까 봐 얼른 문을 두드렸다. 기다리고 있던 듯 바로 문을 열어준 그녀는 장미꽃을 받아들고 고개를 끄덕였으나 별로 기뻐하는 기색이 아니었다. 그녀의 두 눈이 침울해 보였다.

"왜 그렇게 표정이 어두워? 무슨 안 좋은 일이라도 있어?"
"아니, 아무 일도 없어."

난청인 조피는 주로 말로 의사를 표현했고 수화는 좀 서툴렀다. 이야기를 시작한 그녀는 내가 납득할 수 없는 말을 설명하려고 애썼다. 나는 갑자기 바뀐 그녀의 표정에 어안이 벙벙해서 그녀를 쳐다보고만 있었다. 몇 시간 전만 하더라도 우리는 함께 웃고 떠들지 않았던가? 도대체 갑자기 왜 이러는 거지?

"여기 이 종이에 무슨 말인지 적어봐!"

종이를 내밀며 그녀에게 말했다. 그녀는 큰 글씨로 이렇게 적었다.

나를 떠나라고!

"뭐라고? 난 너를 사랑해!"
나는 말했다.

예쁜 여자들이 많이 있잖아. 다른 여자를 찾아봐.

그녀는 다시 적었다. 나는 어리둥절한 표정으로 그녀를 쳐다보았다. 그녀는 새 종이를 가져와서 또 적었다.

나는 수녀가 될 거야.

나는 감당하기가 벅차서 눈물을 흘리며 울었다. 조금 진정이 되자 그녀에게 내 마음을 전하려고 했다.
"조피, 다시 한 번 생각해봐. 난 너하고 결혼해서 가정을 이루고 싶어."
"나는 완전한 기쁨을 찾고 싶어."
"가정을 이루는 것도 성스러운 일이잖아."
나는 그녀의 말을 가로막았다.
"포기해, 페터. 그래봐야 소용없어. 나는 수녀가 되어 수도원에서 생활할 거야. 네가 아무리 애써도 내 생각을 바꾸지는 못해. 나는 그것이 하느님의 뜻이라고 굳게 믿어."
나는 고개를 떨어뜨리고 그녀의 방을 나왔다. 다음 날 귀향길에 오른 우리는 울름에서 헤어졌다.
"너한테 편지를 써도 될까?"
조피에게 물었다. 그녀는 고개를 끄덕였다. 저녁때 그리징엔의 집으로 돌아온 나는 혼자 내 방에 앉아 그래도 아직 희망은 있다고 생각했다.

나 없이 행복해지도록 너를 보낸다

너는 왜 나를 원하지 않는 거야? 내가 여행하면서 경건한 태도를 보이지 않고 미사에도 참석하지 않아서 그러는 거야? 빨리 답장해줘. 난 꼭 이유를 알아야겠어!

나는 조피에게 편지를 썼다. 그녀는 답장을 바로 보내지 않았다. 마침내 그녀의 편지가 도착하자 초조하게 편지봉투를 뜯었다.

아니, 그것 때문이 아냐. 너하고는 아무 상관도 없으니 제발 이해해줘. 기도하다가 갑자기 내가 가야 할 길을 깨닫게 된 거야. 프란체스코회 수녀가 되어 청빈한 생활을 하며 사람들을 위해 봉사하고 싶어.

그녀의 편지를 읽자마자 그 자리에서 답장을 썼다.

하지만 조피, 다른 방법으로도 사람들을 도와줄 수 있으니까 반드시 수녀가 될 필요는 없잖아. 그냥 기독교인으로도 봉사할 수 있는 일이 얼마든지 있어. 그리고 네가 정 청빈한 생활을 하고 싶다면 나하고 같이 하면 되잖아. 나는 조금도 반대할 마음이 없어. 주위를 한번 둘러봐. 결혼해서 나름대로 하느님의 뜻을 따르는 기독교인이 얼마나 많은데. 제발 부탁이니까 다시 한 번 생각해줘!

몇 주 동안 그런 식으로 편지가 오갔다. 나는 희망과 절망 사이를 오가며 그녀의 마음을 돌리려고 애썼으나 중간 중간에 너무 흥분해서 말도 안 되는 소리를 늘어놓곤 했다. 그래서 어떤 편지에서는 호프만 신부님이 나에 대한 감정이 안 좋아서 우리 사이를 갈라놓으려고 그녀를 설득한 게 아니냐는 내 짐작을 적기도 했다. 그러면서 왜 신부님의 말에 귀를 기울이는지 모르겠다고 그녀를 비난했다.

그게 아니야. 그렇게 악의에 찬 소리 그만두지 않으면 더 이상 너한테 편지를 쓰지 않을 테야.

그녀는 답했다.

9월에 그녀를 찾아갔다. 그 재회로 우리가 더 가까워지기를 바라면서. 하지만 조피는 자신의 결정에 대해 나와 얘기하는 것을 거부했다.

"네가 아무리 그래봤자 헛수고야. 나는 지금 당장 수도원에 가지 못하는 게 유감일 뿐이야. 먼저 교육을 마쳐야 하거든."

그녀는 앞으로 1년 동안 가정경제 학교에 다녀야 했으므로 그때까지는 내가 그녀를 진심으로 사랑하고 우리의 관계를 진지하게 생각한다는 것을 분명하게 보여줄 시간이 있는 셈이었다. 그 뒤로도 우리는 편지를 주고받았으나, 때때로 거리를 두는 그녀의 답장에 너무 화가 나서 가혹하고 무례한 내용의 편지를 쓰기도 했다. 그녀가 결혼을 두려워하는 것을 비난하면서, 우리를 좋게 생각하는 누군가가 그녀를 가리켜 아직 어린 애라고 했다는 이야기를 적어 보낸 일도 있었다. 또 한편으로는 절망에 빠져 그녀에게 내 말을 들으라고 애원했다.

조피, 네가 나를 사랑할 수 없다면 나 없이 행복해지도록 너를 보내줄게. 하지만 제발 수녀원으로 들어가지는 말아 줘! 나는 수녀가 된 네 모습을 보고 싶지 않아. 너한테 어울리지 않는단 말이야.

내 말이 부담되었는지 결국 그녀는 연락을 끊어버렸다. 우리 관계가 그렇게 끝나야 한다는 것이 못 견디게 고통스러웠다.

헝가리 여행에서 돌아오자마자 무엇이 조피로 하여금 수녀가 되기로 결심하게 만들었는지 이해하는 데 도움이 될까 해서 성경을 한 권 구했다. 학교를 졸업하고 7년 동안 하느님에 대해 진지하게 생각해본 적이 한 번도 없었다. 하느님이 원망스럽기만 해서 씁쓸한 마음으로 하느님께 해명을 요구했다.

'어째서 저에게 이런 시련을 주시나요?'

원망에 가득 차 하느님께 물었다.

'그녀를 이렇게 금방 빼앗아 갈 바에야 뭐 하러 저와 만나게 해주셨나요? 제가 무슨 잘못을 저질렀기에? 제 마음이 교회로부터 멀어져서 벌하시는 겁니까? 행복해질 수 있는 두 사람을 떼어놓는 것이 신앙인가요?'

절망적인 기분으로 성경을 펼쳐 들고 처음부터 읽기 시작했다. 하지만 "빛이 생겨라." 하는 하느님의 첫 말씀을 읽는 순간 원망스러운 마음이 사라졌다. 그 말씀은 학교를 다니는 동안이나 성당에 갔을 때 글이나 말로 이미 수백 번은 더 접했던 것이었지만, 마치 처음 보는 것처럼 새로웠다. 그 순간 갑자기 그 말이 무슨 뜻인지 머리뿐만이 아니라 온몸으로 이해하게 되었다. 하느님은 자신의 다른 피조물들과 더불어 인간들도 어둠 속에서 살기를 원치 않으신다는 뜻임을 알았다. 성경을 계속 읽는 동안 나를 사로잡은 그 '빛'이라는 말이 자꾸 눈에 들어왔다. 이것이 바로 내가 찾던 것이 아닐까?

곧 나는 조피와 전혀 상관없이 종교에 깊이 빠져들었다. 그리하여 그녀나 우리가 아니라 나 자신에 관해서 여러 가지 근본적인 의문이 생기기 시작했다. 신앙이란 무엇인가? 신앙은 나에게 무슨 의미가 있는가? 나는 어린 시절 수도 없이 주님의 기도와 묵주기도를 드렸으며 신부님 옆에서 복사를 했다. 하지만 그것이 진정한 믿음이었을까? 아니면 사람들이 나에게 가르쳐준 신앙심에 불과했을까? 지금 내 마음은 어떤가? 마음속 깊이 무엇을 느끼고 있는가?

마음속으로는 하느님께 정말로 등을 돌린 적이 한 번도 없었지만 깊은 신앙심과 거리가 멀어진 지 이미 오래였다. 그렇게 하는 것이 무의미하게 여겨져서 기도도 하지 않았고 미사에 가지도 않았다. 신부님들은 음성언어로 강론했고, 대부분 첫 줄에 앉아서도 입술을 읽을 수 없을 만큼 신자들한테서 멀리 떨어진 곳에 서 있었으며 등을 보이고 말할 때도 많았다. 그래서 청각장애인에게는 미사에 가는 것이 강론을 거의 알아듣지도 못한 채 한 시간 동안 가만히 앉아 있어야 함을 의미했다. 수화로 강론하는 신부님은 한 번도 본 적이 없었다. 하지만 기독교인은 단순히 미사에 가는 게 아니고 생활화해야 한다.

도서관에서 성자의 삶에 관한 책을 몇 권 빌렸는데, 조피가 편지에서 유난히 자주 언급한 아시시(Assisi)의 성 프란체스코(1182?~1226. 프란체스코 수도회를 세우고 가난을 기본으로 하는 수도 생활을 실천했으며, 중세에 나타나 지금까지 가장 사랑받는 가톨릭교회 성인의 하나다—옮긴이)와 리지외(Lisieux)의 성녀 테레사[1873~1897. 아기 예수의 성녀 테레사, 소화(小花) 테레사라고도 불린다. '작은 길'이라는 자신의 고유한 영성에 따라 살았으며 자서전 ≪한 영혼의 이야기(L'histoire d'une Âme)≫를 남겼다—옮긴이]에 관한 책은 의도적으로 읽지 않았다. 하지만 평범하지 않은 이야기로 내 마음을 금세 사로잡아버린 성자들은 그 밖에도 많았다. 특히 아르스(Ars)의 신부님[요한 마리아 비안네(1786~1859) 성인. 프랑스의 작은 마을 아르스에서 활동했다—옮긴이]을 비롯하여 150여 년 전 수많은 청소년들을 불러 모은 돈 보스코(1815~1888. 이탈리아 신부로, 가난한 아이들을 위한 '살레시오회'를 설립했다—옮긴이) 성인의 이야기가 흥미로웠다. 그런 이야기에 깊이 빠져들수록 내 앞에 새로운 길이 열리는 듯한 느낌이 더욱 분명해졌다. 그 길이 나를 어디로 이끌지는 잘 알지 못했으나 그 길을 가고 싶었다.

요한 복음서에서 예수님이 바리사이들에게 하신 말씀을 읽었다. "나는 세상의 빛이다. 나를 따르는 이는 어둠 속을 걷지 않고 생명의 빛을 얻을 것이다."(8장 12절) 이 말씀은 나를 이끌어주는 가르침이 되었고, 지금까지도 내 신앙의 중심이 되고 있다. "나를 따르는 이". 그래, 바로 이거야! 나는 예수님을 따르기로 결심했다. 어떻게? 그건 자연히 알게 되겠지.

나의 새로운 삶은 소리 소문 없이 아주 조용히 시작되었다. 1984년 10월 어느 토요일 오후에 호프만 신부님을 찾아가 7년 만에 처음 고해성사를 했다. 죄의 무거운 짐을 내려놓은 나는 마음이 후련해졌고 깊은 고마움을 느꼈으며 마치 긴 여행을 마치고 집에 돌아온 것 같은 기분이었다.

그 직후에 친구들과 함께 장애인협회의 가을 무도회가 열리는 네카어 강 쪽의 로텐부르크(Rottenburg)로 갔다. 친구들 중 몇몇은 종교에 대해 대단히 회의적이었기 때문에, 신앙을 되찾았다는 사실을 아무에게도 얘기하지 않았다. 축제가 끝난 뒤에 우리는 로텐부르크에서 자고 가기로 했다. 이튿날 아침 모두가 아직 자고 있는 시각에 나는 몰래 캠핑버스에서 빠져나와 대성당에서 열리는 미사에 참석했다. 7년 만에 다시 성체를 모셨다.

천천히 대성당을 빠져나온 나는 15분 후 캠핑버스 주위에서 초조하게 서성거리며 기다리던 친구들 옆으로 돌아갔다.

"도대체 혼자 어디를 돌아다닌 거야? 사방으로 찾아다녔잖아."

마르셀이 물었다. 미사 분위기에 여전히 사로잡혀 있던 나는 대답할 수가 없었다.

"얼굴이 환하게 빛나는 것 좀 봐. 틀림없이 여자하고 있었을 거야."

아드리안이 말했다.

"어느 여자하고?"

모두들 궁금해했다.

"기다리게 해서 미안해. 튀빙겐에 가서 아침을 먹는 게 어때? 거기 가면 괜찮은 학생 식당이 있잖아."

나는 대화의 주제를 바꾸려고 제안했다.

일주일 후에는 하이덴하임(Heidenheim)에서 새벽 2시까지 계속되는 청각장애인 축제가 또 있었다. 우리는 루돌프의 차를 타고 마르셀의 집으로 가서 하룻밤 묵기로 했다. 저녁이 되자 옛 친구들이 지저분한 농담을 늘어놓았는데, 예전 같으면 같이 웃고 떠들었겠지만 이제는 음란한 이야기가 불쾌하게 여겨졌다. 그래서 아무 말도 하지 않았다.

"내일 미사가 언제 있는지 알아?"

옆자리에 앉아 있는 마르셀에게 물었다.

"미사에 가보고 싶어서 말이야."

마르셀은 한 번도 성당에 가본 적이 없어서 미사 시간을 몰랐다. 그 친구가 뭐라고 수화를 하자 루돌프는 차를 세웠다. 차에서 내린 마르셀은 시내 안내 표지판 쪽으로 뛰어갔다. 안내 표지판 옆에 미사 시간표가 붙어 있었다.

"아홉 시래. 진짜 성당에 가려고?"

마르셀이 물었다.

"그래."

나는 더 이상 숨기고 싶지 않았다. 페터 헤프가 신앙심 깊은 신자가 되었다는 소식은 청각장애인 친구들 사이에서 순식간에 퍼졌다. 진짜냐고 물어보는 친구들도 있었다. 나는 그렇다고 대답하고는 더 이상 그 문제로 토론을 벌이고 싶은 마음이 없어서 말머리를 돌렸다.

그러던 어느 날 마르셀이 찾아왔다. 주말이 아니고 주중에 갑자기 온 것을 보면, 우리가 서로 멀리 떨어져 사는 데다 둘다 다음 날 아침 일찍 일을 하러 가야 하는 처지인 터라 예사로운 일은 아닌 듯했다. 그 친구가 왜 왔는지 짐작이 갔다. 마르셀은 가장 친한 친구들 가운데 하나였고, 종교에 대한 자신의 부정적인 입장을 결코 숨기지 않았다. 그 친구에게는 신이라는 존재가 없으며, 신을 믿는 자는 눈이 먼 것이나 다름없었다. 그리고 이 세상에 존재하는 것은 무엇이든 과학적으로 설명된다고 생각했다. 내가 교회로 돌아간 것이 그에게는 충격이었다. 내가 그런 방향으로 가리라고는 상상조차 못 했을 터였다. 그래서 그는 시간 여유를 좀 두었다가 자기 생각과 느낌을 전하기 위해 찾아온 것이다.

"누구나 그렇게 말하고 내 눈으로 직접 보았지만, 믿을 수가 없어. 요즘 매주 성당에 다닌다는 게 사실이야?"

"그래, 맞아. 네가 반대할 것 같았어."

"하루아침에 180도 달라진 게 조피 때문이야? 이러면 조피가 다시 돌아올 거라고 생각해?"

마르셀은 화를 내며 물었다.

"아니야. 조피가 그립기는 하지만 조피와는 상관없는 일이야. 마르셀, 내가 얼마나 오랫동안 만족을 못 느끼고 뭔가 다른 것을 찾아 헤맸는지는 너도 잘 알 거야."

그는 격한 몸짓으로 수화를 하며 내 입장을 전할 기회조차 주지 않았다.

"그것을 성당에서 찾았다는 거야? 정말 너한테 실망이다. 페터, 이것만 알아둬. 그게 너한테 재미있다면 네가 신의 사도가 되든 말든 상관하지 않겠지만, 나한테 선교할 생각은 마. 나는 성직자가 싫고 신을 믿지 않아!"

"누가 그런다는데? 나는 아니야. 너는 내 친구이고 자유인이야. 나는 정말 아무한테도 선교하고 싶지 않아. 그저 내 길을 찾아서 기쁠 뿐이지."

"너 우리가 끔찍한 기도를 강요당한 걸 어떻게 잊어버릴 수가 있어? 교회라는 제도 안에서 억압당하는 청각장애인들이 얼마나 많은지 몰라? 가톨릭 신자들이 얼마나 배타적이고 편협한지 너도 잘 알잖아. 물론 다른 종교인들도 나을 바 없지만. 그런 무리가 되어 뭘 하려고?"

"그건 아직 뭐라고 말할 수가 없어. 다만 내가 차츰 평온을 찾아가는 느낌이 들어."

"좋겠구나. 이제 너는 혼자서 그 길을 가거나 새로운 친구들을 찾아보면 되겠네. 어쨌든 나는 더 이상 네 친구가 아니야."

마르셀은 가버렸다. 그러고 나서도 우리는 얼굴을 볼 기회가 많았지만 예전의 친밀감은 사라지고 없었다. 그것이 나를 힘들게 했다. 나는 격렬한 논쟁이나 싸움이 벌어지리라 예상했지만 우리의 우정이 끝날 줄은 몰랐다.

마르셀 외에도 갑작스러운 내 변화에 당황하는 청각장애인 친구들이 많았다. 나를 피하는 친구들도 있었고, 내가 모임에서 기도를 하거나 진지한 얼굴로 선교하는 말이라도 내뱉을까 봐 두려운 듯 미심쩍은 눈으로 지켜보는 친구들도 있었다. 하지만 나는 그와 같은 신앙심과 거리가 멀었고 겉으로 보기에 달라진 것은 거의 없었다. 다만 누군가 내 앞에서 가톨릭을 배척하는 농담을 하면 이제는 가만있지 않고 솔직하게 그만 하라고 말했다. 그 밖에는 웃고 떠들기를 좋아하고 친구들과 즐겁게 놀 기회가 있으면 놓치지 않는 등 예전과 조금도 변함이 없었다. 마르셀처럼 멀어진 옛 친구들도 꽤 있었는데, 금세 새 친구들을 사귀었다.

나는 여전히 조피에게 미련이 남아 있었다. 그래서 우리 둘 다 아는 사람들을 만나면 그녀의 안부를 물어보곤 했다. 그녀는 잘 지내는 것 같았고 수녀가 되겠다는 생각에 변함이 없는 듯했다. 그 이상 그녀의 소식은 알 수가 없었다.

1984년 크리스마스가 가까워질 무렵 조피와 다시 연락하고 싶은 마음이 간절했다. 어떻게 해야 할까? 내가 무례한 편지로 계속 괴롭히자 그녀는 마지막 편지를 뜯어보지도 않은 채 그대로 돌려보냈다. 편지를 다시 보내면 그녀는 편지봉투에 적힌 내 글씨를 알아보고 되돌려 보낼 것이 분명했다. 결국 필로메나 수녀님에게 중재를 해달라고 부탁했다.

"제가 상처를 줘서 후회하고 있다는 말을 조피한테 좀 해주세요."

수녀님이 조피와 얘기를 해본 건지 아니면 그녀에게 편지를 쓴 건지 모르겠지만, 어쨌든 나의 바람은 이루어지지 않았다. 몇 주 후 새로운 시도를 해보기로 작정하고 호프만 신부님을 찾아갔다.

"조피와 꼭 화해하고 싶어요. 어떻게 하면 좋을까요? 신부님의 조언이 절실하게 필요해요."

"페터, 기다려보게. 조피에게 시간을 줘. 언젠가는 생각이 바뀌겠지."

"기다리고 또 기다렸는데, 얼마나 더 기다려요? 신부님이 조피와 만나서 제가 변했다는 것을 설명해주시면 안 될까요?"

"자네가 정 원한다면 조피와 얘기해보지. 하지만 '주님의 기도'에 나오는 말을 자네도 알 거야. '아버지의 뜻이 이루어지소서'……."

나는 그때 "예, 제발요. 조피와 얘기를 좀 해봐주세요!"라고 말하려다가 멈칫했다. "아버지의 뜻이 이루어지소서."라는 말을 듣는 순간 마음속에 어떤 변화가 일어나 마음을 무겁게 짓누르는 돌을 치워버린 듯 씁쓸한 기분과 모든 좌절감이 싹 사라지는 것 같았다. 홀가분한 마음으로 차를 몰면서 훨씬 여유로워진 나 자신을 느꼈다. 그때부터 조피를 놓아버릴 수 있었고 더 이상 그녀와 연락하려고 애쓰지 않았다.

어느 날 저녁 울름의 외곽 지역에서 축구협회 사람들과 함께하고 있을 때, 한스-외르크가 역 지하도에서 어떤 여자 청각장애인이 구걸을 하고 있다고 얘기했다.

"그런데 할머니가 아니라 우리 또래야."

안스가르가 거들었다.

"나도 본 적이 있어."

"얘기해봤어?"

내가 물었다.

"아니, 항상 고개를 숙이고 있는걸. 말하고 싶어 하지 않는 것 같아."

"어쩌면 우리가 아는 사람일지도 모르지. 한번 가보자."

갑자기 정신이 번쩍 드는 것 같았다. 우리 셋은 즉시 역 지하도로 향했다. 정말로 그곳 바닥에 한 여자가 볼품없는 모습으로 웅크리고 있었는데, 길고 지저분하게 엉킨 머리카락에 가려 얼굴이 보이지 않았다. 나는 그녀가 놀라지 않도록 조심스럽게 어깨를 살짝 두드렸다. 그녀는 고개를 들고 겁먹은 시선으로 나를 쳐다보더니 자기 앞에 놓여 있는 마분지 상자를 높이 들어 올렸다. 그 상자에는 이렇게 적혀 있었다. "귀머거리입니다. 도와주세요!" 그녀는 수치스러운 듯 금방 얼굴을 감추었으나 나는 그녀를 알아보았다. 나보다 앞서 슈베비슈 그뮌트를 떠난 학교 동문이었다.

"안트예! 나 페타야, 못 알아보겠어?"

"제발, 그냥 가."

그녀는 수화를 하면서 불안하게 주위를 두리번거렸다.

"나를 가만 놔둬!"

행인들이 가던 길을 멈추고 무슨 일인가 싶어 구경했다. 안스가르는 돈을 좀 주고 가는 게 낫겠다고 했고, 한스-외르크는 벌써 지갑을 꺼내고 있었다.

"우린 너한테 아무 짓도 안 해, 안트예. 무슨 일이 있었는지 얘기해봐. 내가 도와줄 수 있을지도 모르잖아."

"아무도 나를 도와줄 수 없어. 어서 꺼져."

그녀가 대꾸했다.

한참 실랑이를 벌이다가 마침내 그녀의 사연을 어느 정도 알아낼 수 있었다. 그녀는 결혼했는데, 술주정뱅이인 남편이 돈을 벌어오라고 구걸을 시킨다고 했다.

"남편이 곧 데리러 올 거야. 너희들이 여기 있는 걸 보면 나를 가만두지 않을 테니, 제발 그만 좀 가! 그리고 다시는 오지 마!"

그녀는 무척 겁내는 것 같았다.

"알았어, 갈게. 하지만 너를 도와주고 싶어. 내가 해줄 수 있는 게 뭔지 생각해볼게."

나는 수화로 약속했다.

나는 기꺼이 나서서 청각장애인을 도와주는 자원봉사자를 한 사람 알고 있었는데, 그 사람에게 안트예를 도와달라고 부탁했다. 그는 그녀가 폭력 남편으로부터 벗어나 적당한 일자리를 찾도록 손을 써주었다.

그 일이 있고 나서 얼마 뒤에는 나에게 직접 도와달라는 부탁이 들어왔다. 라이문트라는 청각장애인이 폭행 사건에 연루돼 신체 손상을 입힌 죄로 금치산 선고를 받고 거액의 벌금형에 처해졌다. 그는 전부터 빚이 많은 데다 폭력적인 성향 탓에 친구들이 모두 떠나버린 상태였다. 안 그래도 그에 관한 이야기를 자주 들었는데, 같이 사는 형과 누나가 그 문제로 나를 찾아와 간청했다.

"우리는 지금 친구 집에서 지내요. 라이문트가 제정신이 아니어서 집에 들어갈 엄두가 나지 않거든요. 동생이 이성을 찾도록 도와줄 수 있나요? 그냥 두면 결국 감옥에서 생을 마감하거나 자기 성에 못 이겨 누군가를 살해하고 말 거예요."

"그를 찾아가 보겠습니다. 마침 며칠 휴가를 받았거든요."
나는 두 사람에게 약속했다.

라이문트는 놀라울 정도로 붙임성이 좋아 보였다. 우리는 같이 숲 속을 거닐고 운동도 했는데, 그것이 라이문트의 신뢰를 얻는 데 도움이 많이 되었다. 그는 내가 말을 꺼내기도 전에 자기 문제에 대해 이야기를 했다. 그는 판결 때문에 대단히 격분해 있었고 후견인과 형, 누나를 심하게 비난했다. 사실상 그는 온 세상에 맞서 싸우고 있었다.

"아무도 나를 존중해주지 않고 쓰레기 취급 해."
그는 격분하며 수화를 했다.

"너는 잘못 생각하고 있어. 나는 너를 존중하고, 또 네 형과 누나도 마찬가지야. 청각장애인들 중에는 네가 생각하는 것보다 좋은 친구들이 많아."
나는 설명했다.

"그래? 그럼 그 친구들은 지금 어디 있지?"

"그들은 너를 두려워하고 있어. 네가 물건을 집어던진다는 게 정말이야?"

"가끔은 그래. 화가 나면 제정신이 아니라서······."

우리는 슈베비슈 그뮌트까지 갔다가 마침 서품식(서품은 안수에 의해 주교, 사제, 부제를 임명하는 것을 말한다—옮긴이)을 하고 있는 뮌스터까지 걸어갔다. 서품식을 잠시 지켜보다 라이문트가 지겨워해서 다시 발걸음을 옮겼다. 밖으로 나오자마자 그는, 사실 화가 난 게 아니라 자신이 내야 하는 거액의 벌금 때문에 절망스러운 거라고 수화를 했다.

"갚아야 할 빚이 산더미인데 벌금까지 내야 하다니! 벌금을 낼 수 있을지 모르겠어. 아마 수십 년은 걸릴걸!"

"그렇겠지. 하지만 너를 좋아하고 도와주려는 사람들을 대하는 네 태도부터 고치는 게 돈보다 더 중요한 것 같은데. 이런 상황에 빠진 게 그들 때문은 아니잖아."

그의 지나친 음주벽 탓이라는 것을 우리 둘 다 잘 알고 있었다. 하지만 그는 누군가 술을 줄이라고 간섭하는 것을 못 견디게 싫어했다. 그를 집까지 바래다주고 작별 인사를 했다.

"찾아와 줘서 고마워. 우리 형과 누나한테 집으로 돌아와도 된다고 말해줘. 나도 노력해볼게. 그리고 페터, 너는 신부가 되는 게 낫겠어. 너한테는 충분히 그럴 만한 재능이 있으니까."

나는 웃었다.

"네 충고 고마워. 한번 생각해볼게. 하지만 좋은 생각 같지는 않아. 그럼 나도 언젠가 긴 강론을 늘어놓아야 할 테니까. 강론은 딱 질색이야."

나는 다른 형태의 미사가 마음에 들었다. 가이슬링엔에서 필로메나 수녀님이 유치원 아이들을 데리고 미사드리는 모습을 본 적이 있는데, 수녀님은 간단한 상징을 이용했다. 보자기 위에 물이 담긴 그릇을 올려놓고 촛불을 켠 후 예수님에 관한 이야기를 들려주었다. 그 장면을 보고 깊은 감동을 받았다.

나더러 신부가 되라고 한 사람은 라이문트뿐만이 아니었다.

"너는 종교에 심취해 있으니 이왕이면 신부가 되지그래? 우리한테 수화로 복음을 전해줄 사람이 있으면 좋겠어."

청각장애인 몇 명이 말했다.

마음의 소리에 귀 기울여 보았으나 신부가 내 천직이라는 느낌은 들지 않았다.

"나는 사람들을 가르칠 마음이 없어. 그보다는 사람들을 도와주고 싶어."

"그러면 부제가 되는 건 어때?"(부제는 부제품을 받은 성직자로, 사제를 도와 강론, 성체 분배, 성체성사 등을 행한다. 사제가 되기 전에 보통 1년간 준비하는 단계에 있는 일시적 부제와 종신부제로 나뉜다. '이 글에서 말하는 부제는 모두 종신부제를 뜻한다.' 종신부제는 3년간의 수업 후에 서품을 받을 수 있으며 일생 동안 부제로 머무른다. 종신부제가 되려면 기혼자는 35세 이상으로 부인의 동의를 받아야 하며, 미혼자가 부제품을 받은 후에는 결혼할 수 없다. 우리나라에서는 종신부제직 제도를 시행하지 않고 있다 — 옮긴이)

교회에 대해 아는 게 많은 한 친구가 말했다.

"청각장애인을 위해 봉사하는 부제가 되는 거야. 부제란 미사를 집전하기도 하지만 무엇보다 신자들한테 문제가 생겼을 때 도와주는 일종의 성직자야. 신자들을 찾아가 그들의 말을 듣고 조언해주는데, 지금 네가 하는 것과 비슷하지."

부제라고! 나는 마침 부제로 사람들을 위해 봉사한 성 프란체스코에 대한 이야기를 읽던 참이었다. 기계를 만지는 대신에 사람들을 위해 봉사하는 것, 얼마나 멋진 생각인가!

어디서 무엇이 될꼬 하니

　　　　　　　　　　드디어 안개가 걷히기 시작했다! 하지만 내적으로는 미래가 점점 더 선명하게 보이는 반면, 외적으로는 모든 것이 갈수록 희미해졌다. 나는 햇볕이 내리쬐면 눈이 부셔서 아무것도 알아볼 수 없었고, 트랙터를 몰고 헛간 문으로 돌진했을 때처럼 시야 가장자리에 있는 장애물을 못 보는 일이 점점 잦아졌다.

"눈이 멀었어? 똑바로 좀 보고 다녀!"

휴게실에서 직장 동료가 화를 냈다. 바로 옆에 서 있는 그를 미처 보지 못하고 지나가다가 부딪쳤기 때문이다.

"조심해, 커피를 쏟을 뻔했잖아!"

"미안해. 딴생각하느라 미처 못 봤어."

나는 둘러댔다. 그것은 사소한 사고일 뿐이었으나, 그런 사고가 빈번해지자 시력이 더 나빠졌음을 알게 되었다. 나는 될 수 있는 대로 주의력을 더 높여서 결점을 보완하려고 애썼다.

그래서 원래 그렇게 하고 있었지만 더 천천히 조심해서 차를 몰았다. 그러다 결국 튀빙겐 안과 병원에서 검사를 받았다. 검사 결과가 기운 빠지긴 했지만 별로 충격을 받지 않았다. 시야가 예전보다 훨씬 더 좁아졌다면서 의사는 이렇게 덧붙였다.
"차를 운전하는 것은 위험하니 그만두십시오. 빠르면 빠를수록 좋습니다."
병원에서 나와 집으로 차를 몰고 가면서 혼잣말을 했다.
"마지막 운전이니까 맘껏 즐기라고."
하지만 도로에 차가 많지 않았는데도 운전하기가 힘들어 주차장에 잠시 차를 세웠다. 부모님에게 좋지 않은 소식을 전하기 전에 나만의 시간을 갖고 싶었다.
나는 우울하기도 했지만 비교적 덤덤했다. 힘들게 딴 면허증을 가지고 온 유럽을 누비며 여행을 다녔다. 어디를 가나 운전하는 것이 늘 즐거웠고 직접 차를 모는 게 좋았다.
'좋은 시절이었지만 두 번 다시 그리워하지는 않겠어. 이제 그 시절은 끝나고 인생의 새로운 장이 시작되었으니까. 그 뒤에 더 깊은 의미가 숨겨져 있는지도 몰라. 어떤 의미인지는 차차 밝혀지겠지.'
다시 출발하는 순간 배낭을 메고 열심히 숲 속을 걸어가는 사람이 눈에 들어와 미소를 지었다. 두 발로 걷는 것도 괜찮은 방법이겠군!
부모님은 내 눈에 문제가 있는 것을 전혀 몰랐기 때문에 검사 결과에 대해 얘기하자 깜짝 놀랐다. 나는 부모님을 안심시키려고 애썼다.

"그렇게 심각한 건 아니에요. 운전을 그만두라는 건 그냥 안전상의 이유일 뿐이에요. 저나 다른 사람에게 해를 입혀서는 안 되니까요. 미니버스도 팔아버릴 거예요."

"네 시력이 그렇게 나쁘다면 공장에서 기계를 만지는 것도 위험하지 않겠니?"

어머니가 걱정스러운 얼굴로 물었다.

"조심하고 있으니까 걱정 마세요. 그리고 더 이상 안 되겠다 싶으면 다른 일을 하면 돼요. 벌써 할 만한 일을 찾아보는 중이에요."

"의사가 또 무슨 말을 하던? 시력이 지금 상태를 유지할 거라고 하더냐, 아니면 더 나빠질 거라고 하더냐?"

아버지가 물었다.

"그건 뭐라고 말할 수 없대요."

"그럼 약도 처방해주지 않았어?"

나는 고개를 저었다.

약을 먹거나 수술을 하면 도움이 되지 않을까 싶어 의사에게 물어보았지만 의사의 대답은 아무 희망도 주지 못했다. 눈 내부의 세포가 죽었고 망막에 심하게 손상된 부분이 있다고 했다. 망막은 한 번 손상되면 그것으로 끝이고, 죽은 세포는 재생되지 않기 때문에 어떻게 해볼 방법이 없다는 것이었다.

친척을 비롯하여 그리징엔의 친구들과 청각장애인 친구들까지 나를 아는 사람이라면 누구나 그 사실을 알게 되었다. 그들이 안타까운 마음을 전해 왔고, 조언을 해주거나 도와주겠다고 나서는 사람들도 적지 않았다. 겉으로는 태연한 척했으나 사실은 그렇지 못한 나에게 그것은 꽤 큰 힘이 되었다. 무엇보다도 활동에 제약을 받게 된 것이 나에게는 치명적인 타격이었다. 얼마 전까지만 해도 기대감에 충만해 있었고 이제야 확실하게 내 길을 찾은 느낌에 행복해했다. 그런데 이제 그 길이 막다른 골목으로 허무하게 끝나버리려 하고 있다! 나는 남부 독일에 여기저기 흩어져 있는 청각장애인들을 찾아다니며 봉사할 작정이었는데, 이젠 더 이상 그렇게 할 수 없었다.

"도움이 필요하면 언제든지 얘기해. 네가 가고 싶어 하는 곳까지 차로 데려다 줄게."

몇몇 친구들은 그렇게 말하기도 했는데, 그중에는 내가 전혀 예상치 못한 친구들도 있었다. 부득이한 경우에는 친구들의 도움을 받을 수 있겠지만 계속 그렇게 할 수는 없는 노릇이었다. 그리고 부제가 되려는 계획은 시작도 하기 전에 포기해야만 했다. 그럼 이제 뭘 해야 하나?

나는 성 프란체스코의 가르침에서 답을 찾고자 했다. "인간의 내면에서 이기심이 줄어들수록 하느님 말씀에 순종하는 마음이 커진다." 그 구절의 의미가 무엇인지 이해되었다. 프란체스코는 죄를 짓거나 방종한 생활을 하는 사제에게도 절대적으로 순종하라고 요구했다. 그것이 나는 마음에 들지 않았다! 무조건적인 순종이 오늘날에도 과연 의미가 있는지 궁금했고, 순종이라는 말의 뜻을 내가 제대로 이해했는지 확신이 없었다. 어떤 모임에서 베네딕토 수도회 신부님과 그에 대한 이야기를 나누었다.

"성 프란체스코를 연구하고 있다고? 놀랍군!"

신부님은 감탄하며 내 질문에는 대답할 생각을 않고 나의 성장 과정과 장애에 대해 끝도 없이 질문을 해댔다.

"저는 순종이라는 말이 무슨 뜻인지 알고 싶을 뿐인데요…….."

나는 다시 시도해보았다. 신부님은 시계를 보더니 이렇게 말했다.

"자리로 돌아가야 할 시간이군! 그 얘기는 나중으로 미루지. 자네는 사제가 되면 좋을 것 같군. 자네처럼 종교에 관심이 많은 젊은 친구들은 보기 드물거든."

나는 실망해서 그곳을 떠났다. 그 신부님은 내 물음에 한마디도 대답하지 않았다. 그에게 영적인 가르침을 기대한 내가 순진한 걸까? 아니면 신부님은 그것이 나에게 얼마나 중요한 문제인지 이해하지 못한 것일까?

그 직후 방엔(Wangen)에 있는 수도원에서 프란체스코회 수사님들과 함께 생활할 수 있다는 것을 알게 되었다. 수사가 되고 싶은 것은 아니었지만 좋은 생각인 것 같았다. 수사는 내 천직이라는 느낌이 들지 않았다. 나는 그저 수사님들이 내 물음에 진지하게 답해주리라 기대했고, 한적한 곳에서 앞으로 가야 할 길에 대해 생각해보고 싶었다.

어느 일요일 나는 수도원을 살펴보려고 방엔으로 향했다. 그곳은 규모가 큰 수도원이 아니라 수사가 다섯 분 있는 작은 공동체였다. 그날 마침 그곳 수도원장이던 브루노 신부님이 청각장애인을 위한 미사를 집전했다. 프로젝터를 이용하여 큰 화면에 강론 내용을 보여주었기 때문에 나는 처음부터 끝까지 미사를 주의 깊게 지켜보았다. 강론하는 브루노 신부님의 입술을 보고 읽지 못한 것이 있을 때는 화면을 보면 무슨 내용인지 알 수 있었다. 밀알의 죽음에 대한 이야기였는데, 나는 지금도 그 내용을 기억한다.

"미사 시간에 기계 장비를 쓰는 건 처음 보았습니다. 대단히 감동적이었어요."

나는 미사가 끝난 후 브루노 신부님에게 말했다.

"저는 페터 헤프라고 합니다. 신부님께 편지를 보냈었는데요……."

"아, 자네의 편지를 읽었네. 우리와 함께 지내고 싶다고?"

브루노 신부님은 수사님들과 함께하는 점심식사에 나를 초대했다. 나는 그곳에서 지내려는 동기가 무엇인지 설명하려고 애썼으나, 수사님들이 내 음성언어를 잘 못 알아들었기 때문에 같은 말을 여러 번 되풀이해야 했다.

"여기가 아주 마음에 들어요. 몇 주 동안만 여기서 같이 지내도 될까요?"

식사를 마치고 나서 말했다. 브루노 신부님은 다른 수사님들의 생각을 물었고, 모두 동의하는 것 같았다.

"우선은 3주 동안 자네를 손님으로 받아들이겠네."

브루노 신부님이 말했다.

"그런데 자네와 수사들 사이에 의사소통의 문제가 있으니까, 먼저 조금 더 또렷하게 말하는 법을 배워올 수 있겠나?"

신부님은 나를 수사로 간주해서 그와 같은 바람을 이야기했을까? 그 순간에는 허락을 받은 것이 기뻐서 그런 생각을 해볼 겨를도 없이 음성언어로 더 잘 말할 수 있게 도와줄 수녀님이 있는지 슈베비슈 그뮌트 학교에 문의했다. 마침 게오르그라는 남자도 오래전부터 수사가 되고 싶어서 음성언어 보충수업을 부탁하던 참이었다. 그렇게 해서 게오르그와 나는 함께 하루에 서너 시간씩 수업을 받았다. 베라 수녀님과 로마나 수녀님이 독일어와 종교 과목을 가르쳤고, 우리는 중요한 성경 구절을 소리 내어 읽었다. 게오르그는 나에게 성경 구절을 수화로 번역해달라고 부탁할 때가 많았는데, 내 수화를 보고 무슨 말인지 이해하고 나면 기뻐서 얼굴이 환해졌다. 그는 글을 이해하는 데 어려움을 겪었다.

"내가 아는 사람들한테서도 비슷한 경우를 많이 봤어요. 아주 간단한 글인데 왜 이해를 못하는지 모르겠어요."

수업이 끝나고 교장을 맡고 있는 루트 수녀님에게 말했다.

"청각장애인들은 대부분 언어가 부족하기 때문이지요. 그들은 개별 단어를 말하거나 쓸 수는 있어도 단어 사이의 연관관계나 깊은 의미 등 언어의 본질을 파악하지 못하거든요."

수녀님이 설명했다.

"저는 할 수 있어요! 어떻게 그게 가능할까요? 제가 책을 많이 읽어서 그럴까요? 저는 언어가 부족한 것을 전혀 못 느끼겠어요."

"페터는 그렇지 않아요. 예외적인 경우죠. 페터는 비장애인의 언어 세계를 이해하는 능력도 뛰어난 것 같아요."

"그럼 저는 청각장애인의 언어 세계도 이해하니까 그들에게 비장애인의 언어 세계를 알기 쉽게 설명해줄 수 있겠네요. 이 세계에서 다른 세계로 왔다 갔다 하면서요······."
 그것이 바로 나에게 주어진 소명이다! 나는 청각장애인들에게 복음서를 이해하기 쉽게 설명해주리라! 그것을 깨닫는 순간 뺨 위로 눈물이 하염없이 흘러내렸다. 나는 교내 성당에서 기도를 하며 그날 밤을 지새웠다.

 1985년 여름은 중대한 결정을 내린 시기였다. 방엔의 수도원에서 3주를 지낸 후에 나는 청각장애인들 옆에 머물고 싶었기 때문에 프란체스코회의 수사가 될 수 없다는 것을 깨달았다. 그들 옆에서 봉사하자! 어떤 식으로 봉사해야 할지는 아직 알지 못했으나, 무슨 방도가 있을 거라고 확신했다. 그래서 그 확신에 따라 연말에 린덴마이어 회사를 그만두기로 결심했다.
 "이제 기계를 만지는 일은 끝이에요."
 나는 부모님에게 계획을 설명했다.
 "그렇다고 제 걱정은 하지 마세요. 하느님이 저를 바른 길로 인도해주실 테니까요."
 프란체스코 축제에 갔다가 하일리겐브론(Heiligenbronn) 수도원장인 파울 후버 신부님을 알았다. 나는 처음 만나는 순간부터 나를 이끌어줄 '내' 신부님이라는 것을 느꼈다. 그분의 몸가짐뿐 아니라 말하는 태도도 마음에 들었다. 신부님은 프랑스어로 되어 있는 장 바니에(Jean Vanier)의 글을 특별히 청각장애인들을 위해 명확하고 간단한 말로 통역해주었다. 그 글은 장애인과 비장애인이 복음의 정신 안에서 함께 사는 공동체를 형성하는 것이 목적인 '방주' 제도에 관한 내용이었다. 그것이 바로 내가 찾던 것일지도 모른다고 생각하면서 후버 신부님에게 말을 걸었다.

"신부님과 이야기하고 싶은데요."

"지금은 곤란하고, 청각장애인 축제 때 하일리겐브론으로 오게. 그러면 이야기할 기회가 있을 걸세."

신부님은 대답했다.

몇 주 후 아힘이라는 친구와 함께 하일리겐브론으로 갔다. 그 친구는 학창 시절을 그곳에서 보냈다. 후버 신부님은 무척 반가워했다. 나는 바로 본론으로 들어갔다.

"청각장애인들을 도와주고 싶고 부제가 되고 싶습니다."

후버 신부님은 고개를 끄덕였다.

"알겠네. 하지만 그게 가능할지는 나도 모르겠군. 성경 말씀에 장애인으로 태어난 사람은 서품을 받을 수 없다고 되어 있어서 말이야."

신부님은 레위기 21장 17절부터 23절까지를 인용했다. 정말로 그 성경 구절을 보니 신체적 결함이나 기형이 있는 자는 하느님께 양식을 바칠 수 없다고 적혀 있었다. 그러므로 귀가 안 들리는 나는 부제가 될 수 없다는 것이었다. 1년 전만 하더라도 말도 안 된다며 화를 냈을 테지만, 이제는 침착하게 받아들였다. 다만 교회가 그런 입장을 취한다는 것이 의아할 따름이었다. 예수님은 장애인들을 사랑했고 다른 사람들과 동등하게 대하지 않았던가?

"자네가 할 수 있는 일은 그것 말고도 얼마든지 있네. 재속 수사로 우리와 함께 생활하는 건 어떻겠나? 이곳에는 일반 장애인과 농아, 맹인 등 도움을 필요로 하는 사람들이 많아. 우리 총책임자 수녀님한테 자네가 할 만한 일이 있는지 물어봐 줄 수 있는데."

나는 망설이지 않고 그렇게 하겠다고 말했다. 하일리겐브론에는 유치원을 비롯하여 양로원 등 다양한 시설들이 있었고, 1991년까지 프란체스코회 수녀님들이 관리하던 작업장도 여러 군데 있었다. 일은 점점 많아지고 수녀님의 수는 점점 줄었기 때문에 수녀님들은 혼자 힘으로 갖가지 일을 감당하기가 힘들어 교육이나 직업훈련 등 몇 가지 일은 평신도에게 맡겨야 했다. 내 눈에 그곳은 신자들이 함께하는 대규모의 열린 공동체처럼 보였고, 수사로서 그들 틈에서 일하며 같이 생활한다고 생각하니 마음이 설렜다. 그날 나는 그곳의 총책임자인 베네딕타˙ 수녀님을 소개받았다. 수녀님은 등공예 일을 배울 의향이 있는지 물었다.

"기능상으로서 그 작업장을 책임지고 있는 수녀님이 연세가 많으셔서 곧 은퇴하실 때가 됐거든요. 마침 새로운 기능상이 필요하던 참이었는데, 그런 일에 관심이 있나요?"

"그런 일은 한 번도 생각해본 적이 없습니다만, 못할 것도 없지요."

나는 대답했다.

5년 동안 열심히 배우면 기능장이 될 수 있다고 했다. 그것은 정말로 장기적인 전망이었다. 1986년 1월 초에 그곳으로 이사해서 새 일을 시작하기로 한 나는 모든 일을 되어가는 대로 내맡기고 나서부터 운명이 저절로 형태를 갖추어가는 것이 기뺐다. 하지만 등공예 일은 수공업이고 내가 생각하던 일이 아니었다. 부제가 되고 싶다는 생각은 변함없이 내 마음을 사로잡고 있었다. 부제가 되는 것이 내 소명이라고 생각한다면 주제넘은 일일까?

'그것이 하느님의 뜻이라면 길을 보여주시겠지. 지금은 우선 후버 신부님과 베네딕타 수녀님이 제안한 일을 하는 거야.'

그와 같은 순종은 특별히 어렵지 않았다.

크리스마스가 코앞으로 다가온 어느 날 나는 두 통의 편지를 받았다. 한 통은 하일리겐브론에서 온 것이었는데, 당장은 내게 내어줄 방이 없어서 이사를 할 수 없으니 몇 주 정도 기다려야 할 것 같다는 소식이었다. 나머지 한 통의 편지는 글씨를 보자마자 누가 보내온 건지 금방 알 수 있었다. 조피가 보낸 편지였다.

나는 그녀를 거의 잊고 지냈다. 우리가 마지막으로 편지를 주고받은 지도 벌써 1년이 넘었다.

페터에게. 네가 최근 몇 달 사이에 완전히 다른 사람이 되었다는 얘기를 들었어. 네가 달라져서 너무 기뻐. 다시 만날 수 있으면 좋겠어.

나는 한숨을 내쉬었다. 그녀의 편지는 지난 몇 주 동안 내가 누려온 마음의 평화를 앗아갔다. 나는 조피에 대한 감정이 되살아나는 것을 느꼈고, 심지어는 우리가 결혼할 수도 있지 않을까 자문해보기도 했다. 하지만 나는 수사가 되어 금욕적이고 청빈한 생활을 하려 하지 않았던가? 나는 지체 없이 다시 만나고 싶다고 답장을 보냈다.

그렇게 해서 우리는 그녀의 어머니와 함께 셋이서 그해의 마지막 날을 보냈다. 그녀의 어머니는 나의 인생 역전을 환영했으나 프란체스코회 수사들처럼 자라게 놔둔 수염만은 탐탁지 않아 했다. 우리 세 사람은 자정까지 깨어 있다가 서로 새해 인사를 나누었다. 그녀의 어머니가 조피와 나를 벌써 부부라도 된 것처럼 동시에 껴안았을 때 우리는 당황해서 서로를 쳐다보았다.

1986년 1월 1일 나는 기차를 타고 집으로 돌아왔다. 어떻게 해야 할지 혼란스럽던 나는 사랑에 취해 하일리겐브론에서 조피와 함께 사는 미래를 그려보았다. 이른바 프란체스코 신자 가정을 꾸려서 나는 등공예 작업장에서 일하고 그녀는 우리 아이들을 기우는 것이다. 집에 도착하자마자 나는 그녀에게 청혼의 편지를 보냈다. 그로부터 며칠 뒤 삼촌이 예순도 채 안 된 나이에 갑자기 돌아가셨다. 그 슬픈 소식을 듣는 순간 나는 환상에서 깨어났다. 정말로 조피와 결혼을 해야 할까? 그것이 하느님께서 내게 정해준 운명일까? 나는 깊은 생각에 잠겨 밤을 꼬박 새웠다.

이튿날 아침 드디어 결정을 내리고 다시 편지를 썼다.

조피에게. 정말 미안해. 나를 용서해줘. 지난번 내가 보낸 편지는 잊어버리고 청혼도 없던 일로 해줘. 나는 너한테 어울리는 짝이 아니야. 난 혼자 사는 게 나을 것 같아.

조피는 상처를 입었지만 모든 일이 잘되기를 바란다는 내용의 편지를 적어 보냈다. 그 이후로 오늘날까지 우리 두 사람은 서로 연락을 끊고 지냈다.

내가 있어야 할 자리

내가 세례를 받은 곳은 성 레오데가르 성당('레오데가르'는 '레제르'와 같은 이름이다 — 옮긴이)이었다. 그곳은 양파 모양의 둥근 지붕이 있는 전형적인 남부 독일식 성당으로, 우리 마을 사람들이 다 들어가도 충분할 만큼 컸나. 수리를 해야 해서, 1980년대 초에 지붕이 헐리고 동판을 씌운 양파 모양의 새 지붕이 대형 트럭에 실려 왔다. 그레인을 이용해 지붕을 탑 위에 얹어야 했다. 그것은 그리징엔 사람들에게 큰 사건이었다.

나는 마을 사람들 틈에 끼어서 지붕을 제자리에 올려놓기 위해 다른 남자들과 함께 탑 위에 올라가 있는 아버지를 자랑스럽게 바라보았다. 조금도 어지러워하지 않고 아무리 높은 지붕 위에서도 침착하게 일할 수 있는 아버지가 조금 부럽기도 했다. 그날은 나도 지붕 꼭대기로 올라가고 싶은 마음이 간절했다. 고소공포증은 전혀 없었지만 평형감각장애 때문에 높은 곳에 올라가는 것은 꿈도 꾸지 못했다.

대형 크레인이 강철 로프에 새 지붕을 매달고 천천히 끌어올리는 모습을 모두들 숨죽이고 구경했다. 곧 붉은색의 지붕이 공중에 높이 뜨자 크레인의 팔이 옆으로 움직이면서 탑 위에 올라가 대기하던 남자들의 손에 닿을 때까지 지붕을 조금씩 내렸다. 나는 아버지와 다른 남자들이 능숙한 솜씨로 지붕을 완벽하게 올려놓는 모습을 보고 감탄했다. 무사히 작업을 마치고 나서 온 마을에 잔치가 벌어졌다.

수년 동안 나는 성 레오데가르 성당의 일반 미사에 한 번도 참석하지 않았고 결혼식이나 세례식, 장례식 등이 있을 때만 들어가 보았을 뿐이었다. 종교에 귀의한 후로도 항상 다른 곳에 있는 성당까지 차를 몰고 다녔고, 더 이상 운전을 못하게 되자 비로소 우리 마을의 그 성당에 매주 다녔다.

1980년대 중반까지만 하더라도 우리 성당에서는 신자들이 나이와 성별에 따라 나뉘어 앉는 것이 보통이었다. 늘 자리가 꽉 차는 왼쪽에는 여자들이 앉았는데, 맨 앞에 청년층, 그 뒤에 중장년층, 그리고 맨 뒤에 노년층이 앉았다. 한편 오른쪽 자리는 앞쪽에 열다섯 살 이하의 남자 아이들이 앉고 중간과 뒷줄에 다리가 불편한 노인 몇 명만 앉아 있을 뿐, 거의 텅 비어서 상당히 대조적인 모습이었다. 다른 신자들은 2층에 늘 앉는 자리가 있었고, 나도 그들 틈에 끼어 앉았다. 하지만 2층에 앉는 신자들 가운데 나만 성체를 모시기 위해 아래로 내려갔다. 자리에 줄지어 앉아 있는 신자들 옆을 지날 때마다 매번 수많은 시선이 나한테 쏟아지는 느낌이 들었다. 집중을 해야 할 그 성스러운 순간에 그런 기분이 드는 것은 불유쾌했다. 기도를 할 때 다른 것에는 신경 쓰고 싶지 않았기 때문에 나를 아는 사람이 아무도 없는 성당이 사실 더 편했다.

에잉엔에 있는 바로크식으로 지은 성 블라지우스 성당('블라지우스'는 '블라시오'와 같은 이름이다 — 옮긴이)이 마음에 들었다. 일요일 아침에는 그곳으로 가는 버스가 없기 때문에 걸어서 가기로 했다. 나는 날씨가 어떻든 개의치 않고 에잉엔까지 걸어가서 미사를 보았으며 집까지 한 시간이 넘는 길을 마다하지 않고 다시 걸어왔다.

이미 2월이 지났는데도 하일리겐브론에서는 아무 연락도 오지 않았다. 생각을 다른 데로 돌릴 만한 일거리가 아무것도 없어 서서히 초조해졌다. 나는 참을성이 없었지만 자꾸 물어보거나 귀찮게 조르고 싶지는 않았다. 그래서 있는 힘을 다해 조급한 마음을 누르려고 애썼는데, 꾸준히 걷는 것이 초조함을 가라앉히는 데 도움이 많이 되었다. 자연 속을 걷다 보면 피조물의 일부라는 것이 느껴졌고 곧 모든 일이 잘 풀려 하일리센브론으로 가게 되리라는 확신이 생겼다. 3월이 되자 나는 더 이상 참지 못하고 베네딕타 수녀님에게 부활절 때 며칠 동안 손님으로 가서 지내도 되는지 물어보았다. 수녀님은 나를 진심으로 환영한다는 답장을 즉시 보내왔다.

나는 하일리겐브론까지 가는 길의 일부를 걸어서 가기로 결심하고, 어느 목요일에 기차를 타고 보이론(Beuron)까지 갔다. 그해는 부활절이 다른 때보다 일러서 3월 말경이었다. 그래서 산 위나 해가 내리쬐지 않는 곳에는 아직 눈이 쌓여 있었다.

나는 배낭을 짊어지고 상쾌한 기분으로 일단 로트바일(Rottweil) 쪽으로 걸어가다가 천막을 치고 첫날 밤을 보냈다. 아직은 밤공기가 상당히 차가웠지만 잠은 푹 잘 잤다. 나는 혼자서 길을 가고 또 가면서 목적지에 가까워지는 것이 마음에 들었다.

하일리겐브론에 시각장애인과 청각장애인을 위한 복지시설이 설립된 것은 100여 년 전에 불과하지만, 그곳은 훨씬 오래 전부터 순례지로 유명했다. 1350년 성모상이 놓여 있는 샘물이 발견되어 하일리겐브론('성스러운 샘'이라는 뜻이다 — 옮긴이)이라고 불리게 되었다. 성모상은 성당 안으로 옮겨졌고 그때부터 사람들은 위안과 구원을 얻기 위해 순례를 오기 시작했다. 지금도 성모 마리아의 탄생일에 맞춰 매년 9월 8일에 성대한 순례 축제가 거행된다. 수백 년 전부터 수없이 많은 사람들이 하일리겐브론으로 걸어서 순례를 왔고, 그해는 나도 그 무리에 합류한 셈이었다.

이틀 후 목적지에 도착했다. 부활절 직전 일요일을 하루 앞둔 토요일이었다. 수도원 입구를 지키던 수녀님이 미심쩍은 눈으로 나를 훑어보았다. 먼 길을 걸어온 내 꼴이 말이 아니라 그랬을 것이다. 신발은 먼지투성이였고 발에 생긴 물집이 터져 신발에 피가 배어 나와 있었다. 수녀님에게 말했다.

"저는 페터 헤프라고 합니다."

"아, 네. 그럼 됐어요."

그녀는 다른 수녀님을 불러 남자 청각장애인들이 생활하는 건물로 나를 데리고 가게 했다. 내가 앞으로 2주 동안 지내게 될 방은 건물 아래층에 있는 손님방이었다.

이튿날 나는 샤워를 하고 머리를 빗어 넘긴 다음 배낭에 넣어 온 정장을 말쑥하게 차려입고 부활절 직전 일요일의 미사에 참석했다. 수녀님들에게 인사를 하자 나를 금방 알아보지 못한 듯 깜짝 놀란 눈빛으로 쳐다보았다. 나는 기분이 좋았다. 하일리겐브론에 있으면 내 집처럼 편안했다. 그리고 베네딕타 수녀님이 나를 만나고 싶어 한다는 말을 전해 듣는 순간 더욱더 기뻤다. 나는 그 수녀님에게 편지를 써서 2주 동안 이곳에서 수녀님들처럼 생활하며 일하고 싶다는 뜻을 밝혔다.

"손님으로 와서 그렇게 하기를 원하는 건 이례적인 일이에요."

수녀님은 말했다.

"할 일 없이 빈둥거리는 것보다 무슨 일이든 하고 싶어요. 원래는 등공예 작업장에서 일할 수 있을 거라고 기대했지만요."

"그 자리는 이미 충원되었어요. 농아학교 교사 한 분이 그 일을 맡아 지금 등공예 기술을 전수받고 있거든요."

그것이 바로 더 이상 나를 필요로 하지 않게 된 이유였나. 나는 내 특기를 발휘하여 끈질기게 물고 늘어졌다.

"유익한 일을 하고 싶다는 제 생각에는 변함이 없습니다. 저 같은 사람을 필요로 하는 자리가 어디 없을까요?"

베네딕타 수녀님은 곰곰이 생각하며 나를 쳐다보았다.

"시각장애인 작업장에 일손이 필요하기는 해요. 교육을 담당하던 복지사가 아파서요."

청각장애인을 시각장애인들에게 보내려는 것은 대담한 생각이었다. 어쨌든 수녀님이 나를 믿고 그 일을 맡긴 거라면 기대에 어긋나지 않게 잘해내겠다고 다짐했다. 월요일 아침에 시각장애인 작업장으로 갔다. 그곳 책임자인 우테 수녀님은 의아해하는 표정을 짓더니 곧 작업장을 안내해주고 해야 할 일에 대해 설명해주었다.

그곳은 여러 작업 부서로 나뉘어 있었는데, 솔 만드는 곳과 조립하는 곳도 있었다. 주문을 받아 부품을 조립하는 일인데, 꼼꼼한 일은 여자들이 하고, 힘을 써야 하는 일은 남자들이 맡아 했다. 교육을 담당할 인력이 많이 부족했다. 지금까지는 수녀님들이 교대로 병이 난 복지사를 대신했으나, 수녀님들은 그 밖에도 할 일이 많았다. 내 눈에는 그곳에서 해야 하는 일들이 그다지 복잡하거나 어려워 보이지 않았다.

나는 바로 일을 시작했고, 며칠도 안 되어 능숙한 솜씨로 일을 해냈다. 모르는 게 있으면 우테 수녀님에게 물어보았고, 수녀님은 기꺼이 대답해주었다. 여자 시각장애인들은 나를 좋아해서 내 이야기를 하곤 했다. 그들의 말을 들을 수는 없었지만, 그들의 표정을 보거나 가끔씩 입술을 읽어보면 나에 대해 얘기하고 있다는 것을 알 수 있었다. 나는 크고 또렷한 목소리로 그들에게 말했다. 물론 누구나 내 말을 알아듣는 것은 아니었지만, 그래도 의사소통이 훌륭하게 되어 모두들 신기해했다. 그리고 일을 하지 않을 때는 성당에서 많은 시간 기도를 하곤 했다. 시간은 쏜살같이 지나갔다. 2주가 지난 후 나는 베네딕타 수녀님을 찾았다.

"이제 집에 가야겠어요."

나는 말했다.

"그렇군요. 언제 다시 올 수 있지요? 우리는 페터가 필요해요. 우테 수녀님이 매우 만족해한다는 얘기를 들었어요. 페터가 이곳에 계속 머물 수 있으면 좋겠네요."

그것은 내가 간절히 바라던 바이기도 했다. 마음 같아서는 머물고 싶었지만 일단 그리징엔으로 돌아가야 했다. 나는 베네딕타 수녀님에게 서둘러서 다시 오겠다고 약속하고 집으로 왔다. 수사처럼 청빈한 생활을 하겠다고 결심한 터라 짐을 많이 쌀 필요도 없었다. 속세의 삶을 남겨두고 떠나기 위해 옷가지 몇 개와 세면도구, 내게 중요한 종교 서적들 정도만 챙기는 것으로 충분했다.

"아주 영영 가는 거냐, 아니면 잠시 가 있는 거냐?"

아버지가 물었다.

"영영 가는 거예요."

나는 대답했다.

아버지가 눈물을 흘리자 나는 적잖이 당황했다. 내가 차에 오르자 어머니도 울었다. 하지만 나는 슬프기는커녕 마음속으로 환호성을 질렀다. 스물다섯이라는 나이에 이제야 부모님의 집을 떠나게 된 나는 수도원에 들어가는 예비 수사가 된 기분으로 아끼던 사람들과 조용히 작별 인사를 했다.

그런데 모니카 누나처럼 내 결심에 거부 반응을 보이는 사람들도 꽤 있었다.

"요즘 세상에 누가 수사가 되겠어? 종교를 반대하는 건 아니지만 세상과 관계를 끊고 산다는 건 도가 지나쳐."

내 결심이 확고하다고 거듭 말하면 그들은 그런 일을 하려고 하다니 제정신이 아니라는 듯 머리를 절레절레 흔들기만 했다.

하지만 나도 내 결심이 옳은지 확신이 없었다. 하일리겐브론으로 돌아가서 어떤 역할을 맡을지도 불확실했고 고용계약을 한 상태도 아니었다. 나는 보수를 받지 않는 수녀님들처럼 교육 담당 복지사로 일하겠다고 약속해놓았다. 용돈이나 건강보험료, 연금보험료 같은 것은 수도원이 지불해주겠지. 그런데 더 이상 손님이 아닌데도 손님방에서 지내야 했다. 나는 프란체스코 수도회의 계율을 따르며 수사와 수도원이라는 공동체의 일원이 된 기분을 느끼겠지만, 수녀님들이나 다른 직원들도 그렇게 여길지 의문이었다. 그러다 어느 날 더 이상 내가 필요 없다고 하면 어떡하지? 다시 처음부터 시작해야 하나? 그건 안 돼!

하일리겐브론으로 가는 길에 방엔에 잠시 들러 수도원의 원장 신부님과 상담해보기로 했다. 브루노 신부님이 반갑게 맞아주었고, 프란체스코 수도회에 받아들여 달라고 청하자 더 반가워했다. 나는 하일리겐브론에서 청각장애인들과 함께 있으면 집에 온 것처럼 마음이 편안하다는 얘기도 털어놓았다.

"정말 프란체스코회 수사가 되어 그곳에서 청각장애인들을 위해 봉사하는 것이 자네의 소명이라면 하느님께서 하일리겐브론으로 인도하시겠지."

신부님이 말했다.

그날 신부님은 풀다(Fulda)에 있는 남부 독일 수도회 관구장 레오 신부님에게 나를 추천하는 편지를 써주었다.

하일리겐브론으로 다시 온 나는 여자 시각장애인들을 도와주는 복지사로 일하고 틈틈이 성당으로 가서 묵주기도를 드리는가 하면, 남자 청각장애인들과 담소를 나누면서 풀다에서 답장이 오기를 기다렸다. 그러다 보니 다시 불만족스러운 상태에 빠지게 되었다. 기다림이 마음을 무겁게 했고 내 자리가 어디인지 알지 못해 하일리겐브론에 정을 붙이기가 힘들었다. 또한 프란체스코 수도회에 입회하는 것이 과연 옳은지 점점 자신이 없어졌다. 견디다 못해 여름휴가 때 리지외로 여행을 가서 성녀 테레사가 아기 예수를 의지하며 살던 곳에서 명상을 하기로 했다. 리지외의 성녀 테레사와 그녀가 걸은 겸허와 소박한 사랑의 길에 관한 책은 1년 전 방엔의 수도원에서 찾아낸 뒤로 줄곧 나의 동반자가 되었다.

　작정한 대로 나는 기차를 타고 파리로 가 유스호스텔에서 하룻밤을 묵었다. 마음 같아서는 파리에서부터 리지외까지 걸어가고 싶었지만, 걸어서 그 대도시를 빠져나가는 것은 도저히 불가능해 보였다. 그래서 일단 기차를 타고 가다가 어느 소노시에서 내려 걸어갔다.

　저녁때 이름이 생각나지 않는 어느 마을에 도착한 나는 그곳 사제관의 벨을 눌렀다. 문을 열어준 여인에게 파리 몽마르트르 언덕에서 만난 어떤 친절한 남자가 프랑스어로 "저는 청각장애인이고 리지외의 성녀 테레사를 찾아 순례 중입니다. 하룻밤 재워주시겠습니까?"라고 적어준 쪽지를 내밀었다. 그녀는 밖에서 기다리라는 손짓을 하고 문을 반쯤 열어둔 채 안으로 사라졌다. 고급스럽게 꾸며진 내부를 보니 돈이 많은 사제관인 듯했다. 넓은 복도에는 성자들과 동정녀 마리아를 새긴 큰 조각상들이 세워져 있었다. 정말 호화롭네. 과연 나를 안으로 들여보내 줄까? 남부 독일을 도보로 여행할 때 어느 사제관에 들러 하룻밤 묵고 갈 수 있는지 물어봐서 흔쾌히 받아들여진 적이 있었다. 그곳은 검소한 사제관이었다.

그때 갑자기 내 앞에 신부님이 나타났는데, 전혀 달갑지 않은 기색이었다.

"여기는 당신 같은 사람이 올 곳이 아니니 어서 가시오!"

그는 매정하게 문을 닫아버렸다.

텐트를 가지고 왔기 때문에 문전박대를 당해도 그다지 낭패스럽지는 않았다. 하지만 어둠이 내리기 전에 시외로 나가 잠잘 만한 곳을 찾으려면 서둘러야 했다. 어스름할 무렵 산 위로 올라간 나는 앞을 분간하기가 힘들어 헤매다가 마침 과수원 비슷한 곳에 다다랐다. 나무 사이에 텐트를 치고 나자 갑자기 완전히 녹초가 된 느낌이 들어 손으로 더듬으면서 텐트 안으로 기어 들어갔다.

그런데 막상 자리에 눕자 언제 그랬냐는 듯 피로가 싹 사라졌다. 초라하고 좁은 텐트 안에서 바람에 몸을 실은 한 마리 새처럼 하늘을 떠다니는 기분이었다. 나는 그 순간 한 번도 경험해보지 못한 엄청난 힘과 깊은 내면의 자유를 느꼈다.

얼마나 그렇게 누워 있었는지 모르겠다. 단 몇 분에 불과했을지도 모르고 15분 정도 그러고 있었을지도 모르는데, 그러다가 단잠에 빠져 들었다. 다음 날 계획한 대로 여행을 계속했고, 리지외에서는 돈이 다 떨어질 때까지 순례자를 위한 숙소에서 묵었다. 10일 만에 하일리겐브론으로 돌아온 나는 그 후로도 내내 텐트 안에서의 체험이 영향을 미치는 느낌이 들었다.

나는 요즘 젊은 남자들이 많이 하듯 머리를 아주 짧게 잘랐다. 당시에는 그 헤어스타일이 유행에 전혀 맞지 않았다. 고행자처럼 보이는 그 헤어스타일은 작업장에서 일하는 젊은 여자들과 거리를 유지하기 위한 일종의 자기 방어 수단이었다. 내가 멋져 보인다고 말하는 여자들도 여럿 있었다. 나는 그들과 대화하는 것을 좋아했지만 연애나 진지한 관계에는 전혀 관심이 없었고 언제나 수사처럼 금욕 생활을 하고 싶다는 의지를 분명히 밝혔다.

여름휴가에서 돌아와 처음으로 작업장에 나타난 나를 보고, 시각장애가 있지만 아직은 눈이 잘 보이는 어느 여자가 말하기를, 달그락거리는 나무샌들 소리가 나지 않았으면 나를 못 알아볼 뻔했다고 했다. 그 정도로 내 모습은 달라졌다.

"목소리는 여전하잖아요."

나는 말했다.

"그래요. 하지만 나머지는 완전히 달라졌어요. 완전히 딴 사람이 된 것 같아요. 무슨 일이 있었나요?"

그녀가 물었다. 나는 무슨 일이 있었는지 그녀에게 설명할 수 없었다.

가을이 되었는데도 레오 신부님한테서는 여전히 답장이 오지 않았다. 마음이 불안해진 나는 그사이 나의 정신적 지주이자 친구가 된 후버 신부님을 찾아갔다.

"자네가 원하면 내가 직접 그분께 편지를 보내보지."
신부님이 제안했다.
"하지만 나는 성직자가 되는 것이 자네의 소명이라고 확신할 수 없네. 내 생각에 자네의 능력은 평신도로서 청각장애인들에게 복음을 전하는 데 있는 것 같은데……."
계시라도 받은 듯한 신부님의 말을 듣는 순간 온몸에 긴장이 풀리는 것 같았다. 감히 말하지 못하고 마음속에 묻어둔 욕구를 후버 신부님이 알아줘서 너무나 행복했고 용기가 났다. 나는 그날 당장 수염을 밀어버렸다. 얼굴에 수염이 덥수룩하면 청각장애인들이 내 표정이나 입술을 읽기 어려웠고, 이제 그들에게 내 말을 이해시키는 것이 가장 중요했기 때문이다. 나는 후버 신부님의 동의를 얻어 일주일에 한 번씩 성경반과 기도반을 지도했다.
1987년 봄 수도회 관구장인 레오 신부님이 직접 하일리겐브론으로 찾아왔다. 우리가 대화를 나눌 때 베네딕타 수녀님도 자리를 함께했다.
"수도회 법은 원칙적으로 장애를 가지고 태어난 사람들의 입회를 금하고 있네."
레오 신부님이 말을 꺼냈다.
"매정하게 들리겠지만, 우리가 장애인을 받아들인다면 그것은 곧 그를 돌볼 각오가 되어 있어야 한다는 뜻이지. 그런데 자네의 경우는 좀 다른 것 같군. 자네는 모든 일을 알아서 하고 일을 할 수도 있으니 말일세. 자네 같은 경우라면 전체 수도회의 결정에 따라 받아들일 수 있을지도 모르겠네. 자네의 소명에 대해 얘기해줄 수 있나?"

나는 지난 몇 년 사이에 내게 일어난 변화와 나의 구도에 대해, 그리고 읽은 책들에 대해 얘기했다. 신부님은 정신을 집중해서 내 말에 귀를 기울였고, 내 말을 알아듣지 못할 때는 가끔씩 베네딕타 수녀님을 쳐다보았다. 그러면 수녀님은 내가 무슨 말을 했는지 되풀이해주었다.

"저는 수년 전부터 프란체스코 수도회의 영성에 감화를 받은 느낌입니다."

신부님에게 말했다.

"그렇다면 풀다에 있는 프란체스코 수도회에 입회 신청서를 보내보게."

신부님이 조언했다.

즉시 입회 신청서를 작성해 보냈다. 일주일쯤 후에 풀다에서 신부님 한 분이 나를 방문할 거라는 답장이 도착했다. 전날 밤 마음이 불안해서 잠을 이룰 수 없었다. 그 신부님은 단지 내가 수사로 적합한지 또 한 번 시험해보기 위해 오는 것일까? 아니면 수도회가 이미 결정을 내렸을까? 그렇다면 그 결정은 긍정적인 것일까, 부정적인 것일까? 그 신부님이 단지 수도회가 나를 원하지 않는다는 소식을 전하기 위해 일부러 하일리겐브론까지 먼 길을 오는 건 아니겠지? 그럴 가능성은 없어 보였다. 수도회가 나를 받아들이기로 결정해서 당장 하일리겐브론을 떠나야 한다면 어떡하지? 그 생각을 하자 갑자기 슬퍼졌다. 하지만 마음속에서 불안감은 서서히 사라지고 평온이 깃들었다. 마음의 소리가 '프란체스코회 수사가 되어서는 안 돼!'라고 말하는 듯하더니 '왜 안 되지?' 하고 반발하다가 곧 다시 잠잠해졌다. '그것이 하느님의 뜻이니까!'라고 대답하고 잠이 들었다.

이튿날 아침 나는 신부님에게 내 뜻을 밝혔다.

"입회 신청을 취소하고 싶습니다. 어젯밤에 저는 수사가 되는 것이 제 소명이 아님을 분명하게 깨달았습니다."

도끼를 들고 마음의 고통을 끊으려 해도

몇 년 전 나는 비베라흐에서 열린 청각장애인협회 총회에 갔다가 세 사람을 알았다. 제일 처음 눈에 띈 사람은 시청각 중복 장애인인데도 협회의 회계 일을 맡고 있는 한 중년 여인이었다. 그런 처지에서도 어떻게 그 일을 할 수 있는지 궁금해서 다른 사람들에게 그녀에 대해 물어보았다.

"저 사람은 내 아내 테레사의 동생인 안나라네. 우리는 셋이서 같이 살고 있지."

베른하르트라는 사람이 설명해주었다.

"안나는 어렸을 때 청각장애만 있었는데 처녀 시절에 시력까지 잃고 말았어. 그녀는 기꺼이 자네가 알고 싶어 하는 것을 직접 얘기해줄 걸세. 촉각문자를 할 줄 아나?"

할 줄 모른다고 말하고, 문득 그것을 배워보기로 결심했다. 얼마 후 촉각문자표를 구했다.

손바닥을 이용하는 촉각문자는 오늘날 시청각 중복 장애인과 의사소통할 때 주로 사용되는데, 시각장애인이던 히로니무스 로름이 창안했다. 촉각문자표를 보고 몇 분만 연습하면 누구나 쉽게 자기 이름이나 짧은 문장을 구사할 수 있다. 각각의 알파벳은 손바닥 위 어느 지점에 점을 찍거나 줄을 긋는 동작으로 표현한다. 모음은 손가락 끝 지점을 두드리고, 자음은 손가락을 따라 줄을 긋거나 손바닥 위의 어느 지점을 두드린다.

집에서 꾸준히 연습한 결과 다음에 비베라흐를 찾았을 때는 안나와 대화할 수 있는 수준이 되었다. 그녀는 다른 청각장애인들과 접촉이 별로 없었기 때문에 나를 보고 대단히 반가워했다. 그녀와 제대로 대화를 나누려고 노력하는 사람은 찾아보기 힘들었다. 단어의 자음과 모음을 분해해서 하나하나 표시하는 것이 대부분 사람들에게 너무 번거로워 보이는 데다가 청각장애인들은 언어를 시각적으로 인지하는 데 익숙해 있다는 것이 또 다른 방해 요인이었기 때문이다. 청각장애인들은 멀리 떨어져 있어도 대화를 나누는 데 아무 지장이 없고, 한 사람은 고속전철 안에 앉아 있고 다른 사람은 플랫폼에 서 있는 경우에도 차창을 사이에 두고 이야기를 나눌 수 있다. 반면 촉각문자를 구사하려면 장애인의 손을 자기 손 위에 올려놓고 시간 여유를 두어야 하며 접촉을 꺼려서는 안 된다.

나는 '접촉공포증'이 없었고, 오히려 새로운 것을 배우게 되어 신이 났다. 안나와 촉각문자로 대화하는 게 처음에는 좀 서툴러서 정신을 집중해야 했지만 곧 속도도 빨라지고 서로의 말을 잘 이해하게 되었다.

"저녁 내내 안나와 무슨 얘기를 한 거야?"

집으로 돌아오는 길에 한 친구가 물었다.

"이런저런 얘기를 했지. 그녀가 제2차세계대전에 대해서 얘기하기도 했어."

나는 대답했다. 그 친구는 안나의 나이가 너무 많았기 때문에 그녀가 무슨 얘기를 했든 관심이 없었다.

"안나의 나이가 많은 건 사실이지만 난 그녀가 좋아! 베른하르트와 테레사도 좋고!"

나는 말했다.

안나가 어떤 복지시설에서 생활하고 있을 때 베른하르트와 테레사 부부는 둘이서만 살았다. 하지만 그 시설에서는 안나에게 말을 건네는 사람이 아무도 없었고 그녀가 속해 있는 그룹을 돌보는 복지사도 촉각문자를 할 줄 몰랐기 때문에 잘 지낼 수가 없었다. 심지어 언니 테레사가 소포를 보내온 것도 전혀 몰라서, 테레사와 베른하르트가 그녀를 찾아왔을 때 뜯지도 않은 소포 꾸러미가 구석에 쌓여 있었다. 그것을 본 순산 부부는 안나를 자기네 집으로 데려가기로 결심했다. 그들은 안나에게 편리하도록 집 안 구조를 바꿨고 그녀에게 작업 공간을 마련해주었다. 그곳에서 안나는 날마다 벽화를 짜서 돈을 벌었다.

낯선 곳에 갔을 때 그녀는 테레사나 베른하르트가 없으면 아무것도 할 수 없었고 주위에서 어떤 일이 벌어지는지도 전혀 몰랐다. 두 사람은 그녀에게 촉각문자로 지금 어떤 얘기가 오가며 무슨 일이 있었는지 요약해주거나 그 자리에 어떤 사람들이 와 있는지 설명해주기도 했다. 처음 볼 때부터 베른하르트가 예의 바르고 배려 깊게 안나를 대하는 모습이 눈에 띄었다. 그는 그만 집에 갔으면 좋겠다고 말하고 싶을 때, 할 말이 있다는 신호로 그녀의 어깨를 가볍게 두드렸다. 나와 얘기 중이던 그녀가 아직 할 말이 남았다며 30분쯤 더 있고 싶다고 말했을 때도 그의 반응은 친절하고 너그러웠다. 완벽하게 베른하르트와 테레사에게 의존하고 있는데도 그녀에게 결정권이 있는 것이다! 그 부부는 자기보다 약한 사람을 존경과 사랑으로 대할 수 있음을 보여주는 산 증인이었다.

촉각문자를 배운 것이 하일리겐브론에서 일을 하는 데 큰 도움이 되었다. 여자 시각장애인들 가운데 내가 자기 말을 잘못 이해하면 촉각문자를 사용하는 사람들이 있었기 때문이다. 그리고 그곳에도 시청각 중복 장애인들이 있어서 나는 가끔씩 그들과 대화를 나누기도 했다. 그곳에서 여러 가지로 잘 보살펴줘서 편하게 지낼 수는 있었지만 그들은 많이 외로워했다. 그들 중에는 기꺼이 나서서 도와줄 만한 친척이나 친구가 없는 사람도 있었다. 나는 그것이 너무나 안타깝고 슬펐다.

그리스도는 인류를 사랑하고 존중한다. 그리스도의 이웃 사랑을 실천하기가 말처럼 쉽지 않더라도 특히 약자일수록 사랑받고 존중받아야 마땅하다.

시각장애인 작업장에서 일하는 사람 가운데 암에 걸린 여인이 있었는데, 그녀는 다른 사람들한테 심하게 따돌림을 당했다. 그녀의 몸에서 악취가 풍겼기 때문에 다들 그녀 주위를 멀리 빙 돌아서 지나갔고, 아무도 그녀 옆에 앉거나 말을 건네려

하지 않았다. 나도 물론 그 냄새가 불쾌했지만 측은한 마음이 들어서 어떻게 하면 불쾌감을 이겨낼 수 있을까 곰곰이 생각해 보았다. 그 순간 어린 시절 우리 집에서 키우던 소와 돼지한테서 역겨운 냄새가 난다고 투덜거리던 펠릭스가 생각났다. 나는 그 동물을 사랑했기 때문에 냄새가 전혀 역겹지 않았다.

'그 여인을 좋아하고 자매처럼 사랑할 수만 있다면 그녀의 몸에서 나는 악취가 더 이상 불쾌하지 않을 거야.'

나는 이렇게 생각하기로 마음먹고 그녀에게 조금씩 말을 건네면서 절대 혼자가 아니라고 얘기해주었다. 얼마 후 그녀는 세상을 떠났고, 나는 그녀를 잠시나마 보살필 수 있던 것이 감사할 따름이었다. 그녀는 그런 상황에 좀 더 쉽게 대처하는 법을 가르쳐주고 간 것이다.

"전에는 작업장에서 툭하면 싸움이 벌어졌는데, 페터가 오고 나서부터 분위기가 훨씬 좋아졌어요."

몇 달 후 우테 수녀님이 신기한 듯 말했다. 조금이나마 도움이 된다니 다행이라고 생각하면서, 내가 다른 복지사들보다 시각장애인이나 청각장애인의 처지를 더 잘 공감할 수 있고 또 다른 사람에게 도움을 받을 때 기분이 어떤지 잘 알기 때문에 그와 같은 변화를 가져올 수 있었다고 혼자 해석했다.

나는 많은 시각장애인과 청각장애인들이 느끼는 분노를 이해하고 있었다. 그 분노는 내게 낯선 것이 아니었고, 나는 다만 그것을 억누르는 법을 터득한 것뿐이었다. 물론 하일리겐브론에서 나는 장애인이 아니라 복지사였기 때문에 능동적으로 행동할 수 있었고 수동적으로 당하고만 있을 필요가 없었다. 그것은 엄청난 차이였다.

열여덟 살의 중증 시각장애인인 에바는 거의 매일 분노를 이기지 못하여 마구 날뛰었다. 그녀는 작업장 안을 뛰어다니면서 사람들을 밀치고 닥치는 대로 상자를 집어던져 상처를 입는 일도 허다했다.

"좀 천천히 걷지그래."

내가 말하면 그녀는 성질을 좀 누그러뜨리기도 했다. 어쨌든 내 앞에서 그녀는 다른 복지사가 그녀에게 훈계를 늘어놓다가 "이제 좀 장애를 순순히 받아들여!"라는 말로 마무리할 때처럼 폭발하지는 않았다.

나는 자신과 세상을 향해 싸우고 있는 에바를 지켜보았다. 청각장애인 복지사로서 나는 적어도 '정상인' 편에 한쪽 발을 딛고 서 있었으며 '장애'라는 말에 더 태연하게 반응했다. 다른 한쪽 발을 차별당하는 장애인 편에 딛고 서 있으면서 사소한 차별 대우에 벌컥 화를 내는 일은 더 이상 없었다. 그런 모순을 분명하게 의식했지만 나는 스스로를 정상인과 장애인 사이의 중재자로 생각했다.

하일리겐브론에 와서 처음 몇 년간은 비장애인의 세계에서 한자리를 차지하고 있었기 때문에 장애인이라는 느낌을 가져 보지 않았다. 게다가 시력까지 약하다는 사실도 거의 무시하고 지냈다. 내가 에바보다 장애를 더 잘 감당해내고 있는 것은 사실이었으나, 마음속에 아직 분노의 불씨가 남아 있다는 것을 부인할 수는 없었다.

어느 날 한 여자 시각장애인이 자기 앞으로 온 편지를 복지사에게 소리 내어 읽어달라고 부탁했을 때 나는 우연히 그 자리에 있었다. 작업장 안에 있는 사람들 모두 그 편지 내용에 귀를 기울였는데, 나는 그 모습을 차마 지켜볼 수가 없었다. 편지는 사적인 것이 아니던가! 만약 시각장애인에게 글로 무슨 말을 전하고 싶으면 점자로 적어 보내리라. 그날 당장 자습서를 구한 나는 점자의 기초를 공부하기 시작했다. 내가 얼마 안 있어 점자판을 이용하여 간단한 편지를 쓸 수 있게 되자 여자 시각장애인들은 기뻐했다. 분노를 긍정으로 바꾸는 것이 내 방식이기는 했으나, 나를 여전히 화나게 만드는 것이 한 가지 있었다. 어째서 복지사나 비장애인들은 촉각문자나 점자, 수화 같은 것을 배울 생각조차 하지 않는 걸까?

2년쯤 지나서 여자 작업장을 담당할 전문 복지사가 구해졌다. 여자 시각장애인들은 나를 붙잡고 싶어서 새 복지사가 오는 것을 반대했지만, 나는 우테 수녀님에게 남자 장애인의 조립 부서로 가서 일하고 싶다는 뜻을 밝혔다. 그곳은 일손이 많이 모자랐고 주문이 잔뜩 밀려 있었다. 수녀님은 내가 나서서 거들기를 좋아하고 신뢰할 수 있는 사람이라는 것을 잘 알고 있었기 때문에 두말없이 승낙했다. 그 무렵 그 부서를 담당하던 사람은 로베르트라는 복지사였는데, 그는 이상에 치우쳐 현실을 보지 못하는 타입이었다.

"시간이 얼마나 오래 걸리든 시각장애인들이 모든 작업 공정을 스스로 처리하는 게 가장 중요해. 주문 상황은 이차적인 문제라고."

그는 설명했다.

"그래, 하지만 제때 납품을 못 하면 고객을 잃고 말 거야."

나는 대꾸했다.

공장에서 일해봐서 수도원의 재정이 좋지 않다는 것을 아는 나는 주문받은 것을 제때 납품해야 한다는 입장을 고수했다. 그래서 급할 때는, 작은 부품의 수를 세는 것처럼 남자 시각장애인들에게 성가시고 귀한 시간을 빼앗는 일들을 내가 대신 맡아 했으며 더 빨리 일을 마치도록 그들에게 필요한 재료를 갖다 주기도 했다. 로베르트는 도와주는 것이 좋지 않다고 생각했으나 내 뜻대로 밀고 나가는 경우가 대부분이었다.

우리는 탄력 근무 시간제로 일했기 때문에 내가 로베르트보다 더 늦게 출근하고 대신 더 늦게까지 근무했다. 어느 날 아침 출근해서 보니 그가 잔뜩 흥분해 있었다.

"무슨 일이야?"

나는 물었다. 그는 대답 대신 나를 뒤쪽으로 데리고 가 길을 가로막고 있는 상자를 가리켰다.

"누가 상자를 저기다 내팽개치고 가버렸는지 알아? 얼마나 위험한데!"

그의 말이 맞았다. 남자 시각장애인들은 길을 가로막고 있는 것이 아무것도 없다고 생각했을 텐데, 거기에 걸려 넘어진 사람이 아무도 없는 게 신기할 따름이었다. 그런데 왜 로베르트는 이 상자를 당장 치우지 않고 놔두었을까? 상자 치우는 것을 거들어줄 남자들이 많이 있었는데도 말이다.

"누군가 걸려 넘어지기 전에 같이 상자를 치우자."

그에게 말했다.

"그러기 전에 누가 이런 짓을 했는지 알아야겠어."

그가 말했다.

나는 어깨를 으쓱하고 혼자 상자를 들어 벽 쪽으로 갖다 붙였다. 벽에 있는 콘센트가 상자에 가려지는 것을 본 순간 누군가 콘센트를 이용하려고 상자를 치운 것임을 알았다. 누가 그랬는지 짐작이 갔지만, 범인이라고 자백해서 로베르트에게 화풀이를 당할 마음이 없는 그 사람의 입장이 충분히 이해가 되어 아무 말도 하지 않았다.

"자, 일합시다!"

나는 일을 시작했다.

점심시간에 로베르트에게 내 입장을 설명하려고 애썼으나, 그는 어깨를 으쓱하고 "넌 모르는 게 없으니까!"라고 말했다. 그 표정으로 봐서 칭찬이 아니라는 것을 분명히 알 수 있었다.

하일리겐브론에서 나를 못마땅해하는 사람은 로베르트만이 아니었는데, 나 자신보다는 내 지위가 마음에 들지 않은 것이었다. 그래서 조립 부서로 오고 나서부터는 내가 복지사라는 것을 인정하려 하지 않는 청각장애인과 다투는 일이 많았다. 하지만 솔직하게 드러내놓고 싸웠기 때문에 싸움이 오래가지 않고 금세 해결되었다. 그보다 더 괴로운 것은 나를 못마땅해 하면서도 솔직하게 드러내지 않고 마음속에 품고 있는 것이었다. 일부 복지사들은 장애인이 복지사로 일하는 것에 반감을 가졌고, 몇몇 수녀님들도 그것을 받아들이기 힘들어했다. 그러니까 모든 사람이 나를 좋아한 것은 아니었다. 나를 독선적이고 고집이 세며 대화가 잘 안 되는 사람으로 간주하는 사람이 많았다. 내가 가끔씩 유쾌하게 지내지 못할 때도 있는 건 사실이었다. 나는 나름대로 생각하는 바가 있었고 그것에서 멀어지는 것이 달갑지 않았다. 또한 아는 것은 물론 읽은 게 많았고 생각과 관찰을 지나치게 많이 했다. 사실 나도 모르게 지나치게 비판적인 입장을 취할 때가 많았지만, 나하고는 대화가 안 된다고 생각하는 것은 옳지 않다. 나는 사람들이 나와 대화로 문제를 해결했으면 하고 늘 바라지 않았던가! 그래서 내가 먼저 나서서 대화할 기회를 찾곤 했다. 물론 상대방이 언제나 천천히 또박또박 말을 해야 했으니 나와 대화하는 것이 결코 쉽지는 않았을 것이다. 하지만 청각장애인한테는 어쩔 수 없는 일이 아닌가!

그러던 어느 날 나를 매우 슬프게 한 일이 일어났다. 나를 찾아오는 방문객이 성 울리히 건물에 있는 수녀님들 방의 벨을 누를 필요가 없도록 후버 신부님이 조명 벨 장치를 나에게 선물했다. 나는 직접 복도 벽에 전선을 연결하여 장치를 달고 벨이 제대로 작동하는지 시험해보았다. 사흘 뒤 책을 읽고 있는데 갑자기 방 안의 불이 꺼졌다. 정전인가 보다 생각하고 복도를 내다보는 순간 다시 불이 들어왔다. 나는 수녀님 한 분이 먼지 닦는 천과 가위를 들고 두꺼비집 옆에 서 있는 것을 보고 인사했다. 그녀는 말없이 미소만 짓더니 가버렸다. 문득 그녀가 가위를 가지고 뭘 했을까 궁금했지만 더 이상 신경 쓰지 않았다. 이튿날 아침에 조명 벨 장치의 전선이 잘려 있는 것을 발견했다. 그녀는 왜 이런 짓을 했을까? 화가 나서 내가 신임

하는 한 분인 모데스타 수녀님을 찾아가 조언을 구했다.
"저는 단지 다른 사람의 도움 없이 손님을 맞이하고 싶었을 뿐인데! 그 수녀님은 청각장애인이나 시각장애인이 저를 찾아오는 게 싫은가 봐요? 제가 자기보다 그 사람들과 더 잘 지내서 시기하는 건가요?"

나는 흥분해서 물었다. 안 그래도 나는 다른 복지사들에게 시기의 대상이 되고 있음을 은연중에 느끼고 있었다. 어떤 이들은 내가 유독 말이 없고 폐쇄적인 장애인들의 신뢰를 어떻게 그토록 쉽게 얻어내는지 궁금해하기도 했다. 그럴 때마다 나는 그들과 처지가 같기 때문일 뿐이라고 대답하곤 했다.

"그렇지 않아요."

모데스타 수녀님이 말했다.

"내가 그 수녀님하고 얘기해봤거든요. 그 수녀님은 페터가 손님을 맞이하는 게 싫어서가 아니라 단지 전선이 보기 싫어서 그렇게 했을 뿐이라고 했어요."

"그렇더라도 저한테 먼저 말을 했어야 하는 거 아닌가요?"

분노를 억누르지 못하고 나는 다시 따져 물었다. 그녀의 독단적인 행동보다도 나에게 아무 말도 하지 않은 것에 더 마음이 상했다. 그날 저녁 그 수녀님이 침대 시트를 모아 정리하는 세탁실로 가서 문을 두드렸다. 그사이 화가 풀린 나는 그냥 그녀와 얘기를 좀 하고 싶었다. 조심스럽게 문을 열어보니 텔레비전은 켜져 있는데 아무도 없는 것 같았다. 돌아서서 나오려다가 문 뒤에 숨어 있는 수녀님을 발견했다. 그녀는 내게 겁이 나는 듯 어쩔 줄 몰라 하며 겸연쩍게 미소를 지었다. 그 모습을 본 순간 갑자기 슬픈 생각이 들었다. 이 수녀님은 왜 나를 겁내는 걸까? 벨 장치가 거슬린다고 나에게 직접 얘기하는 것이 그녀에게는 불가능한 일이었을까? 어째서 그녀는 나를 보통 성인처럼 대해주지 않는 것인가?

그런 일이 있고 나서 얼마 뒤 어떤 수녀님이 막 숨을 거둔 남자 시각장애인의 돈지갑을 찾기 위해 그의 방을 뒤졌다는 얘기를 들었을 때 또다시 화가 치밀어 견딜 수가 없었다. 이곳에서는 왜 장애인의 사적인 영역이 존중받지 못할까? 그 수녀님은 어떤 선교사에게 그 돈을 주려고 한 것이다. 나는 고인이 된 그 남자를 잘 알았고 또 좋아했는데, 주말이 되면 그를 데리고 외출도 자주 했다. 같이 숲 속으로 산책을 가면 그는 작은 접의자에 앉아 두 눈을 감고 새소리에 귀를 기울이곤 했는데, 그 모습이 너무나 평화롭고 행복해 보였다. 마음대로 그의 물건을 뒤진 것에 대한 분노가 끓어오르는 순간 내 안에서 소리가 들렸다.

'너무 흥분하지 마. 너도 그녀보다 조금도 더 나을 게 없으니까. 언제 어디서든 그런 문제는 늘 생기게 마련이지. 그래도 너는 이곳에 만족하고 있잖아.'

나는 그곳에 만족하는 것 그 이상이었다. 하일리겐브론에서 보낸 초기는 더할 나위 없이 행복했다. 주중에는 매일 아침 5시 반부터 6시까지 후버 신부님을 만나 복음서를 묵상하면서 말씀을 가슴 깊이 새기곤 했다. 함께 성경 말씀을 읽고 나누는 순간이 너무나 소중했고, 그러면서 성경 말씀의 여운을 마음속에 오래 간직하는 법을 깨우쳤다. 어린 시절 무심코 외운 말씀들이 이제 예기치 못한 다양한 모습으로 내 앞에 펼쳐져 나를 구속하는 동시에 자유롭게 했다. 성경 묵상은 예전의 신앙 수준을 넘어서는 깊이를 나의 믿음에 더해주었다. 그리고 틈틈이 성당 밖으로 나와 주위를 둘러보면 건물이나 나무, 하늘, 그리고 사람들까지 예전과는 달라 보이는 것 같아 신기하기도 했다. 모든 것이 더 힘차고 더 구체적으로 다가왔으며 마음도 더 가벼워지는 느낌이었다. 가끔씩 온종일 기분이 유쾌할 때도 있었다. 그리고 후버 신부님이 복음서의 내용을 되물어보고 내 안에서 그 대답을 찾는 법을 가르쳐주었기 때문에 오래전부터 궁금해하던 문제에 몰두할 때도 있었다.

일주일에 두 번씩 또 다른 성경 공부 시간을 가졌는데, 한 번은 모데스타 수녀님이 지도하는 시간으로, 나도 배우는 입장으로 참관하여 다른 사람들의 입술을 읽었고, 또 한 번은 성인 청각장애인들을 위해 내가 주관하는 시간이었다. 나는 장애인들을 위해 복음서의 메시지를 단순화해서 핵심적인 내용을 전달하려고 나름대로 애썼는데, 정작 사려 깊고 다양한 질문으로 내게 새로운 시각을 선사해주는 쪽은 그들이었다. 성경과 마찬가지로 나에게 끊임없이 영감을 주는 것은 매일같이 침잠하는 미사 기도문이었다. 나는 그날 하루와 사람의 노동을 거룩하게 만드는 기도 시간을 좋아했다. 수도원에서는 수녀님들이 함께 모여 미사 기도문을 읽었으나, 나는 내 방이나 야외에서 혼자 읽곤 했다. 일이 끝나자마자 아무도 없는 곳으로 가서 여가 시간의 대부분을 독서나 명상으로 보내는 것이 나에게는 가장 큰 즐거움이었다. 그리고 성 프란체스코나 아기 예수의 성녀 소화 테레사의 작품은 나의 영적인 구도에서 큰 도움이 되었다.

"아직 부족한 느낌이 드는데, 그것이 뭔지 모르겠습니다."

어느 날 두 성인과 나의 특별한 관계에 대해 후버 신부님과 얘기하다가 불쑥 말했다.

다음 날 아침 후버 신부님은 아드리엔네 폰 스파이어(Adrienne von Speyr)에 관한 책을 한 권 갖다 주었다. 나는 그녀에 대해 한 번도 들어본 적이 없었다.

"자네가 찾고 있는 것을 이 책에서 찾을지도 모르겠네."

후버 신부님이 말했다.

신부님이 옳았다. 몇 줄도 채 읽어 내려가지 않았는데 마음이 기쁨으로 충만해지는 느낌이었다. 아드리엔네 폰 스파이어는 1902년 스위스에서 태어나 의사가 되었다. 그녀는 신비한 은총에 의해 영감을 받아 어린아이도 이해할 수 있을 만큼 쉬운 말로 성경을 재해석하여 60권도 넘게 책을 펴냈다. 쉽게 써진 그녀의 문장은 오늘날까지도 나를 매료하고 있고, 그녀가 중병을 앓으면서도 결코 포기하지 않고 유머 감각을 잃지 않았을 뿐 아니라 생을 마치는 날까지도 도움을 필요로 하는 사람들 편에 서 있었다는 사실은 나에게 깊은 감명을 주었다.

하느님을 대할 때는 일종의 방어 내지 모든 열쇠를 넘겨주는 완전한 항복만이 있을 뿐이다.

그녀가 적어놓은 이 문장을 처음 읽었을 때 나는 항복하려면 아직 먼 상태였다.

　나는 내게 주어진 본연의 소명과 그리스도를 따르는 나름의 방식을 찾아냈다고 확신했으며, 복지사로 일하는 것을 좋아했고 많은 장애인들과 접촉했다. 성경공부반에 속하지 않은 청각장애인들이 나를 찾아와 고민을 솔직하게 털어놓고 조언을 구하는 일이 많았다. 나로서는 그 상태가 영원히 지속되기를 바랄 정도로 만족스러웠다. 내가 비록 귀머거리에다 야맹증, 시력 이상까지 있다고는 해도 수화를 볼 수 있고 어디든 마음대로 갈 수 있는 한, 아무 문제가 없었다. 하지만 1989년 가을부터 상황은 달라지기 시작했다.

　오래전부터 내 눈은 정상이 아니었다. 하지만 결과가 두려워 그 사실을 인정하지 않았다. 그냥 문제가 저절로 해결되기를 바라면서 내 시력이 얼마나 많이 나빠졌는지 다른 사람들이 눈치 채지 못하게 애써 숨기려고만 했다. 청각장애인들과 같이 있을 때 누군가 손짓으로 주목해달라고 하는데도 그것을 알아보지 못하는 일이 점점 더 빈번해졌다. 그룹 모임에서도 더 이상 사람들의 이야기를 좇을 수가 없어 내 방으로 가서 혼자 있는 시간이 갈수록 많아졌다. 그러다 눈이 떨리기 시작하자 견딜 수 없이 불안해졌다.

　"며칠 전부터 눈이 떨려서 불안해 미치겠어요."

　나는 모데스타 수녀님에게 털어놓았다.

　"게다가 옆이 더 잘 안 보이는 것 같아요. 눈이 떨려서 책을 읽기가 힘들 정도예요. 그리고 누가 멀리서 수화를 하면 잘 보이지 않아서 무슨 말인지 통 모르겠어요."

내 말을 듣고 걱정이 된 모데스타 수녀님은 곧장 베네딕타 수녀님과 의논했다. 베네딕타 수녀님은 하이델베르크에 있는 안과 병원의 전문의인 친구 블랑케나겔 교수에게 진료를 받을 수 있도록 시간을 잡아주었고, 직접 하이델베르크까지 데려다 주었다. 왠지 느낌이 좋지 않았다. 시력이 더 이상 가망이 없을 정도로 나빠진 것 같아 하이델베르크에 도착했을 때 나는 많이 침울했다.

"눈이 떨리는 증세는 안구진탕이라고 합니다."

블랑케나겔 교수는 나를 진찰하고 내 임상 기록을 읽은 다음 설명했다.

"사실 어셔 증후군에는 잘 나타나지 않는 증세지요. 지금 시야가 심하게 좁아져 있는 상태입니다. 아직 읽을 수는 있나요?"

"글씨가 잘 안 보여요."

나는 대답했다.

어셔 증후군이라고 진단한 것은 그때가 처음이었다. 블랑케나겔 교수는 그것이 어떤 병인지 자세하게 설명해주었다. 어셔 증후군이란 청각장애나 청력 손상에 망막색소변성증에 의한 시력장애가 수반되어 나타나는 것이다. 내 관심사는 하나뿐이었으므로 단도직입적으로 물어보았다.

"그러면 완전히 눈이 멀게 되나요?"

"아닙니다. 잔존 시력은 있을 거예요. 하지만 그게 어느 정도일지는 알 수 없군요."

잔존 시력이라니! 이게 대체 무슨 말이야? 나는 앞으로 얼마나 더 일할 수 있을까? 수화로 의사소통은 할 수 있을까? 책은 읽을 수 있을까? 그 진단은 내게 사형선고나 다름없었다. 절망에 빠져 귀머거리에 장님으로 외롭게 사느니 차라리 죽는 게 낫겠다고 생각했다. 이 병을 치료할 방법은 왜 없는 거지? 나를 좀 그냥 내버려 두란 말이야!

'어째서 제 눈을 가져가려 하십니까? 이건 부당합니다. 제게 무슨 잘못이 있습니까?'

나는 분노로 가득해서 하느님께 기도했다.

1990년 초가 되자 급속도로 나빠져 더 이상 책을 읽을 수 없을 정도로 눈이 심하게 떨렸다. 그리고 일을 할 때 쥐고 있는 연필 끝이 보이지 않았을 뿐 아니라 내가 쓴 숫자도 흐릿하게 보였다.

"복지사로 일할 수 있는 날이 얼마 안 남은 것 같군요. 다른 사람을 찾아보셔야겠어요."

우테 수녀님에게 말했다.

"페터가 많이 왔다 갔다 하지 않아도 되는 일을 찾아볼게요."

수녀님은 어떻게든 나를 붙잡고 싶어서 위로하려고 애썼지만 아무 소용이 없었다. 내게 확신을 준 모든 것을 잃어버린 채 다시는 헤어 나오지 못할 수렁 속에 빠진 기분이었고 삶 전체가 무의미해 보였다. 더 살아서 무엇 하나? 나는 곧 다른 사람의 도움에 전적으로 의지하면서 살아가게 될 가치 없는 인간이다. 그렇게 살아야 한다고 생각하니 끔찍하고 두렵기만 했다. 나는 성당 안에서 대부분의 시간을 보냈으나 더 이상 기도

할 수 없을 정도로 마음의 고통이 컸다. 마침내 목숨을 끊을 결심을 했다.

추운 한겨울의 어느 날 아침 도끼를 집어 들고 숲 속으로 갔다. 쌓여 있는 눈을 밟으며 외진 곳에 이른 나는 도끼로 몸에 상처를 내어 출혈 과다로 죽을 작정이었다. 몸이 얼어붙을 만큼 추운 날씨였다. 마음속으로 기도하며 세상과 작별을 고하려는 순간, 날이 너무 추워서 피를 흘려 죽기 전에 얼어 죽겠다는 생각이 들었다. 그리고 갑자기 자살은 해결책이 아니라는 것을 느끼고 다시 수도원으로 돌아왔다. 나는 계속 살아야 한다. 하지만 무엇을 위해 살아야 하나?

그날 오후 모데스타 수녀님이 와서 눈물을 흘리며 말했다.
"오늘 아침 미사를 드리는 데 느낌이 영 안 좋아서 페터 생각을 했어요. 무슨 일이 있었나요?"
"숲 속으로 가서 죽으려고 했어요. 이 도끼로 말이에요."
"이리 줘요."
수녀님이 깜짝 놀라서 말했다.
"다행이에요. 하느님이 페터의 목숨을 구해주셨어요. 아직 맡길 일이 많으신가 봐요. 앞으로 두 번 다시 그러지 마요!"
모데스타 수녀님과 후버 신부님은 그 무렵 나와 가장 가까운 사이였다. 다른 사람들한테는 거의 마음의 문을 닫아버린 채 접촉을 끊고 완전히 외톨이가 되었다.

어느 날 부모님과 이름가르트 고모, 디터 고모부가 찾아왔다.
"너무 야위었구나. 너한테 무슨 일이 있는지 걱정돼."

어머니가 말했다.

나는 이제 입술을 읽는 것조차 힘이 들었다.

"어머니, 눈 때문에 그래요. 시력이 아주 나빠졌어요. 곧 눈이 안 보이게 될 거래요."

나는 말하면서 울었다. 어머니도 나 때문에 우는 것 같았고 그리징엔으로 당장 데려가고 싶어 했다.

폐허에 닿아 아우성치다

'저에게 무얼 원하십니까? 당신을 따르기 위해 속세의 삶을 포기했습니다. 그런데 무엇 때문인가요? 제가 무엇 하러 수년 동안 당신께 기도했는지 알고 싶습니다. 설명해보세요! 무엇 때문에 순종을 배우고 날마다 이 신앙 수련을 한 것입니까? 말씀해주세요! 왜 저에게서 수화를 앗아가십니까? 무엇 때문에 저는 줄곧 다른 사람들을 위해 봉사해 온 것인가요? 남은 삶을 어둠 속에서 쓸쓸하고 무가치하게 보내는 게 당신의 뜻인가요?'

나는 하느님과 싸웠다. 욕을 퍼부어대고 분노로 미쳐 날뛰면서 대답을 해달라고 요구했다. 쓸쓸한 마음으로 하일리겐브론에서 그동안 하느님과 도움을 필요로 하는 사람들에게 얼마나 많은 시간을 쏟았는지 생각해보았다. 이제 나는 빈손으로 완전한 무(無) 앞에 서 있다.

'이것이 바로 내 미래와 친구들, 그리고 어쩌면 꾸렸을지도

모를 내 가정 등 모든 것을 당신께 바친 대가입니까?'
나는 분노에 차서 하느님을 비난했다.
시력을 잃는 것은 내가 여전히 사적인 욕구를 지닌 인간에 불과하다는 사실을 깨닫게 해주어서 더욱 고통스러웠다. 나는 끈질기게 옳은 길을 찾아다니면서 내가 처한 현실로부터 멀어졌다고 생각했다. 귀머거리로 태어나 수화가 모국어인 나는 비장애인처럼 예수 그리스도를 따르기 위해 갖은 노력을 다했다. 비장애인처럼 기도했고, 그들이 그들을 위해 쓴 책을 읽었으며, 그들의 어려운 신학 서적도 이해했을 뿐 아니라 청각장애인을 위해 복음서를 통역할 수 있다는 데 자부심을 느꼈다. 모든 면에서 비장애인 흉내를 냈고 청각장애인으로 태어난 나의 진짜 모습을 부인했다.

'벌을 받아 눈이 멀게 된 것인가?'
나는 스스로에게 물었다.
'이제 귀머거리이자 장님으로 살아가는 법을 겸허한 자세로 배우도록? 그것이 내 불행 뒤에 감춰진 의미일까?'
휴가가 시작되었다. 후버 신부님을 찾아간 나는 신부님이 수도원의 직원들에게 도보 침묵 피정[피정(避靜)은 가톨릭에서 일상생활을 떠나 묵상, 기도 등 수련을 할 수 있는 고요한 곳으로 물러나는 것을 말한다—옮긴이]을 지도하고 있다는 것을 알게 되었다. 심적으로 힘들어 앞뒤 생각 없이 동참하려고 했을 때는 이미 침묵 피정이 시작된 뒤였다.
"나만 따돌리다니!"
나는 큰 소리를 지르고 바로 그곳을 나와버렸다. 그렇게 어이없는 반응을 보일 정도로 혼란에 빠져 있었다.

모데스타 수녀님이 찾아왔다. 수녀님과 얘기하고 싶지 않았으나 수녀님은 내 앞에 버티고 서서 내가 자기 입술을 잘 보도록 신경 쓰며 말했다.

"후버 신부님이 페터한테 침묵 피정에 참가해도 좋다고 승낙해주셨어요. 어서 와요, 페터. 우리는 지금 페터가 얼마나 힘든지 잘 알고 있고 옆에 함께 있어주고 싶어요. 이렇게 우울할 때는 혼자 있으면 안 돼요."

나는 수녀님을 따라갔다. 모든 활동을 접어두고 자신의 내면으로 침잠하는 묵상과 토론, 그리고 특히 오랜 시간 걷는 것이 내게 많은 도움이 되었다. 그러는 동안 마음이 가라앉았고 예전보다 더 결연해졌다.

피정 마지막 날 후버 신부님에게 말했다.

"더 이상 이 길을 가지 않겠어요. 더 이상 수사처럼 살지 않을 거예요. 귀머거리이자 장님인 제 모습 그대로 다시 세상에 나가겠어요."

"이제부터 어떤 일을 할 수 있을지 생각해보는 게 중요하네."

신부님이 대꾸했다.

우리는 그때 우물가에 서 있었다. 앞도 안 보이고 귀도 안 들리는 내가 무엇을 할 수 있을까? 그 생각을 하자 마음속에 커다란 슬픔이 밀려드는 느낌이었다. 우리의 대화를 옆에서 가만히 듣고 있던 베르타 수녀님이 물었다.

"등공예에 대해 생각해본 적 있어요?"

4년 전 베네딕타 수녀님이 등공예 기능장이 되는 건 어떻겠냐고 물어보았다. 그 작업장에 자주 가서 봤지만 바구니 같은 것을 짜는 일이 특별히 어려워 보이지는 않았다. 그리고 쓸데없는 생각을 그만두기 위해서라도 손을 쉬지 않고 놀릴 수 있는 일이 필요하던 참이었다.
"못할 것도 없지요."
나는 대꾸했다.

여름휴가가 끝난 뒤 하루는 직업훈련 책임자가 나를 불렀다. 나는 등공예 일을 하고 싶지만 정식으로 직업훈련을 받거나 그 일을 기초부터 배울 마음은 전혀 없다는 의사를 밝혔다.
"전 이미 기계조립공으로 일해봐서 손으로 하는 일은 잘할 자신이 있습니다. 어떻게 짜는 건지 보여주기만 하면 됩니다."
"등공예로 재교육 지원을 받을 수 있도록 우리가 알아서 노동청에 신청할 테니 아무 걱정 마세요."
그게 바로 내가 원치 않는 것인데! 위기에 빠져 있던 나는 이제 조금씩 내가 처한 상황을 더 이상 사형선고로 받아들이지 않고 힘든 도전 과제로 생각하기 시작했다. 내 장래에 대해 더 확실한 결정을 내리기 전에 단지 마음의 안정을 찾고 싶을 뿐이었다.
더욱이 아직 명확히 형태를 갖춘 것은 아니었지만 어떤 생각이 마음속에서 싹트고 있던 참이었다. 그것은 나중에 전혀 다른 일을 하게 될 것 같은 예감과도 같았다. 어쩌면 대학에 가서 공부를 하게 되지 않을까? 그런 얘기는 아무하고도 해본 적이 없었고 그러기에는 아직 시기가 일렀다. 나는 그런 생각을 더 구체적으로 해볼 엄두조차 못 내고 있었다.

직업훈련 책임자는 서류를 한 장 내밀었다. 재교육 신청서였는데 이미 내 이름이 적혀 있었다. 책임자는 노동청의 담당 직원과 벌써 이야기를 끝낸 상태였다. 나는 그 책임자가 내 동의 없이 마음대로 행동한 것이 분해서 서명하기를 거부했다. 그걸로 해결이 되었거니 생각하고 월요일이 되어 약속한 시간에 맞춰 등공예 작업장에 가보니, 가브리엘라 수녀님이 나를 기다리고 있었다. 그 수녀님은 내게 일거리를 주었고 바로 일을 시작했다. 그렇게 시작은 좋았으나 사흘도 채 안 되어 그녀는 내 앞에 종이 한 장을 내밀며 손에 볼펜을 쥐어주었다.

"여기에 서명을 해야 해요."

그녀는 서명해야 할 곳을 가리켰다.

"이게 뭔데요?"

나는 의심스러운 표정을 지으며 물었다.

몇 달 전만 하더라도 처음부터 끝까지 아무 문제 없이 혼자 읽을 수 있었는데, 이제는 밝은 장소를 찾아서 종이를 눈앞에 갖다 대야 간신히 보였다. 진하게 인쇄된 글씨를 보고 재교육 신청서라는 것을 바로 알았다. 나는 그것을 찢어버리고 싶었으나 가브리엘라 수녀님과 싸우고 싶지 않아서 돌려주었다.

"재교육 받고 싶지 않아요. 교육을 받지 않아도 이 일을 할 수 있다는 거 아시잖아요."

나는 수도원에 있는 상점에서 잘 팔리는 모델로 간단한 모양의 바구니를 짜던 중이었다. 쉬운 일이었지만 유익한 일을 한다는 느낌이 들었기 때문에 그런대로 마음에 들었다. 바구니를 짜면서 미래의 주인이 내 바구니 안에 무엇을 넣을까 상상해보았고 다시 생기를 찾아갔다.

"서명해야 해요. 안 그러면 더 이상 여기서 일할 수 없어요."
가브리엘라 수녀님이 말했다.

"제가 왜 그래야 하는지 이유를 모르겠어요."
수녀님은 화가 났고 나도 마찬가지였다. 나는 분노를 억누르려고 애쓰면서 그럴 기분이 싹 사라졌는데도 계속 바구니를 짰다. 사람들이 나를 미숙한 아이나 불쌍한 장애인처럼 취급하는 듯한 기분이 들었다.

'그들은 네가 더 이상 복지사가 아니란 걸 실감하게 만들고 있어. 너는 더 이상 복지사가 아니라 도움을 필요로 하는 사람이야.'

나는 가만히 스스로에게 말하며 깊이 심호흡을 했다.
'하지만 넌 불쌍한 장애인이 아니야! 너는 언제나 너 자신일 뿐이야, 페터 헤프, 그리고 너 자신과 네 삶을 위해 스스로 결정을 내릴 수 있어!'

나는 직업훈련 책임자와 가브리엘라 수녀님이 아직 나를 잘 몰라서 내 말에 귀 기울이지 않는다고 생각했다. 그래서 나를 지원해줄 사람을 찾아가 말해보기로 작정했다.

"후버 신부님과 얘기해보겠습니다."
나는 점심시간에 가브리엘라 수녀님에게 통보했다.
하일리겐브론의 수도원장인 후버 신부님은 최고 권한자였다. 그분이 직업교육을 받을 필요가 없다고 말하면 다들 나를 가만 놔둘 것이다. 그러기 위해서는 내가 생각하는 게 옳다는 것을 신부님에게 확신시켜드려야 한다! 나는 신중하게 후버 신부님과의 면담에 대비했다.

"저는 이곳에서 잠시 생계를 이어가고 싶습니다. 물론 등공예가도 좋은 직업이지요. 하지만 저는 그 일을 계속할 생각이 없습니다. 저한테는 아주 단순한 일이거든요. 저는 머리와 가슴으로 할 수 있는 일을 원하고 계속 공부하고 싶어요……."

신앙 문제나 나의 계획에 대해 얘기를 많이 나누어왔기 때문에 신부님이 여느 때와 다름없이 내 말에 귀 기울여주고 최소한 내 입장을 이해한다는 태도를 보여주리라 기대했다. 그런데 예상이 빗나갔다.

"자네한테는 적당한 직업이 필요해. 신청서에 서명하게."

후버 신부님이 말했다. 내가 기계공이 되려고 노동청을 찾았을 때 창구 직원은 분명히 말했었다. 이미 직업이 있기 때문에 더 수준 높은 교육을 받는 것은 불가능하다고.

"그렇게 하면 국비 지원을 받아 또 다른 교육을 받을 수 있는 기회를 영영 놓쳐버릴 텐데요……."

나는 반론을 제기했다.

"어떤 종류의 교육을 생각하고 있나?"

"아직은 잘 모르겠어요. 어쩌면 나중에 철학 공부를 하고 싶어질지도 모르죠."

"공부는 비현실적인 것 같은데."

후버 신부님은 단호하게 말했다.

나중에 다른 공부를 할 수도 있다는 생각은 어둠 속의 희미한 한 줄기 빛과도 같았다. 그런데 신부님이 한마디로 풍전등

화 같은 그 빛을 꺼버린 것만 같아 슬프기도 하고 화가 나기도 했다. 내가 정신적인 지주로 떠받든 '나의' 신부님한테 배신을 당한 기분이었다. 그렇게 믿었건만 신부님은 왜 내가 절실하게 도움을 필요로 하는 순간 거부하는 걸까? 어째서 신부님은 내가 간신히 붙잡고 있는 마지막 지푸라기를 뽑아버리려 하는가? 그렇게는 절대로 못 하실 겁니다! 나는 노여움이 가득해서 그렇게 생각했다. 결국 언쟁이 벌어졌고, 나는 주먹을 불끈 쥐고 분노에 몸을 떨면서 방을 나왔다.

그때부터 성경 공부를 멀리했다. 청각장애인들과 함께하던 기도 모임도 그만둔 지 오래였고, 사람들을 피해 다녔다. 바구니를 짤 때도 계속 언짢은 얼굴을 하면서 사람들에게 나를 피해 가는 게 낫다는 암시를 주었다.

가브리엘라 수녀님은 내게 작업 지시를 했으나, 그녀가 신청서 이야기를 꺼내려고 할 때마다 나는 화를 내며 고개를 저었다. 그냥 어디론가 달아나 버리고 싶은 마음이 간절했지만 어디로 가야 할지 알 수 없었다. 아무것도 듣지 못하고 거의 아무것도 보지 못하는 자가 어디로 가겠는가? 나는 아무런 가망이 없는 상황에 빠져 있었다. 어째서 아무도 나를 도와주지 않을까? 나는 절망에 빠져 그렇게 생각했고, 많은 사람들이 도움의 손길을 내밀고 있다는 사실을 미처 깨닫지 못했다. 도움을 허락하지 않는 쪽은 바로 나 자신임을 전혀 모르고 있었다.

10월 말경 모데스타 수녀님이 내 방을 찾아오자 수녀님이 그냥 잡담을 하러 온 것이 아님을 직감했다.

"성경 공부 시간에 오지 않아서 얼마나 섭섭한지 몰라요."

수녀님이 말했다.

"거기 가서 뭘 하겠어요? 다른 사람들이 무슨 말을 하는지 전혀 알 수가 없는데요. 이제는 입술을 읽는 것조차 힘들어요."

"나하고 마주 보고 앉으면 되잖아요?"

나는 고개를 저었다. 성경 공부 시간에는 커다란 테이블 주위에 빙 둘러앉기 때문에 가까이 앉는 것이 불가능했다.

"지금처럼 가까이 앉아야 수녀님의 입술을 읽을 수 있어요."

"그럼 청각장애인들하고는 어때요? 그들의 수화를 아직 알아볼 수 있나요?"

나는 울기 시작했다. 수녀님은 용기를 주려는 듯 내 손을 꼭 잡았고, 한참을 말없이 있다가 손을 놓았다.

"페터에게 지금 이 순간이 얼마나 힘든지 느껴져요. 또 지금 얼마나 불행하고 외로운지 알아요."

모데스타 수녀님이 말했다.

"하지만 다들 저를 싫어해요."

나는 이의를 제기했다.

"모두들 제가 바구니 짜는 사람이 되길 바라요. 심지어 후버 신부님까지! 그분은 예전에 늘 제 편이 돼주셨는데 말이에요. 모두들 제가 무능력하다고 생각하나요?"

"페터, 그건 말도 안 돼요. 이곳에서 페터를 무능력하다고 생각하는 사람은 아무도 없어요. 그건 페터 자신도 잘 알잖아요. 제발 이성을 찾아서……."

"이성요? 이성이 저를 막다른 골목으로 몰아가는걸요! 저한테서 뭘 원하시나요? 제 목숨이 다하는 날까지 바구니 짜는 사람으로 저를 장애인 작업장에 가두어놓는 거요?"

"다른 곳에서 그 일을 할 수도 있잖아요. 여기서 일을 배워 자유업으로 등공예 일을 하는 사람들이 꽤 많아요."

"자유업으로 등공예 일을 하라고요? 귀도 멀고 눈도 멀어서 손님이 가게 문을 열고 들어와도 모를 테고 뭘 원하는지도 모를 텐데요. 그리고 대학에 가서 공부하고 싶은 소망은 어떡하고요?"

"페터가 공부하는 것이 하느님의 뜻이라면 소망을 이루어주실 거예요."

모데스타 수녀님이 말했다.

11월 첫 주에 가브리엘라 수녀님이 한 남자를 데리고 등공예 작업장에 나타나 소개했다.

"이쪽은 페터 헤프라고 합니다. 페터, 이분은 노동청 상담원이신데, 페터와 얘기하고 싶으시대요."

그가 나를 찾아올 거라고 미리 연락을 해왔기 때문에 무슨 일이 벌어질지 잘 알고 있었다. 가브리엘라 수녀님도 상담원이 내 말을 알아듣지 못할 경우 도움을 주기 위해 같이 자리를 했으나 대화에 끼어들지는 않았다. 이름이 뭔지 잊어버려서 모르겠지만, 그 남자는 내가 짜고 있던 바구니를 관심 있게 살펴보았다.

"헤프 씨, 손재주가 좋으시군요."

그가 말을 꺼냈다.

"노동청은 이미 등공예 일을 재교육 받도록 지원해주겠다는 입장을 밝혔습니다. 하지만 계약서에 서명을 하지 않으시면 저희는 모든 재정적 지원을 취소할 수밖에 없습니다."

"다른 직업을 선택할 수는 없나요?"

"유감이지만 그건 안 됩니다. 당신과 같은 장애가 있는 사람한테는 선택할 만한 직업이 몇 가지 없습니다. 안마사도 있긴 합니다만, 예전에 기계조립공으로 일하셨기 때문에 해당이 안 되고······."

그는 계속 떠들어댔지만 나는 더 이상 그의 말을 납득할 수가 없었다. 그 사람도 그것을 눈치 채고 입을 다물더니 묻는 듯한 표정으로 나를 쳐다보았다. 나는 방금 뭐라고 했는지 다시 한 번 말해달라고 부탁했다.

"지금 결정하셔야 합니다. 저희는 더 기다릴 수가 없습니다."

나는 한숨을 쉬었다. 그리고 몇 가지 사소한 사항을— 결코 사소한 것이라고는 할 수 없지만— 고쳐준다면 서명하겠노라고 말했다.

"첫째, 3년이 아니고 2년 동안 교육을 받고 싶습니다. 이미 직업교육을 마친 경험이 있어서요. 둘째, 재교육 보상금을 수도원으로 보내지 말고 저한테 직접 지불해주셨으면 합니다."

그는 최선을 다해보겠다고 약속했다. 내가 요구한 첫째 조건은 아무 문제가 없었으나 둘째 조건은 수도원 사람들을 어리둥절하게 만들었다. 모데스타 수녀님이 그 이유를 물었다.

"예전에는 수도원 공동체의 일원이라는 느낌이 들어 보수 같은 건 원하지 않았지만 이제는 생각이 달라졌어요. 전 이제 복지사가 아니라 장애인일 뿐이에요. 그리고 언젠가 이곳을 떠나게 되겠죠. 그때를 위해 돈이 필요해요. 이곳에서 제가 만드는 상품은 잘 팔리고 있으니 제가 하는 일도 꽤 가치가 있습니다. 저는 단지 제 권리를 요구하는 것뿐이에요!"

나는 설명했다.

계약서는 내가 요구한 대로 변경되었고, 계약서에 서명을 하자 모두들 안도의 숨을 내쉬었다. 나도 오히려 마음이 편했다. 비록 모든 면에서는 아니지만 어쨌든 내가 패배한 셈이었다. 하지만 나는 무의미한 싸움에 질렸고 마음속에서 벌어지는 훨씬 더 중요한 싸움을 위해 힘을 아껴두어야 했다. 자살 충동을 막기 위한 생존 투쟁에 전념해야 했다. 그 위기의 시절은 끊임없이 절벽 끝으로 내몰리는 지옥과도 같은 나날이었다. 우울증이 엄습했고, 조금씩 죽어가는 느낌이었다.

혼자서는 그 위기를 감당해낼 수 없을 것 같았다. 곧 다른 사람의 도움에 의존하게 될 텐데, 누가 나를 도와줄까? 재교육을 받기 시작한 무렵 하일리겐브론은 이미 내게 과거가 되었다. 장애인으로서는 그곳에 머물 마음이 추호도 없었는데, 나한테는 그것이 당연했으나 다른 사람들한테는 그렇지 않은 것 같았다.

'너는 다시 외부로 방향을 돌려야 해.'

스스로 다짐하면서 세상과 다시 접촉을 했다. 잡지를 구독하고 텔레비전을 사들였다. 사정이 허락하는 한 되도록 많은 것을 봐둘 작정이었다. 또한 내 증세에 대해 열심히 알아보고 그에 대한 정보를 모으기 시작했다.

어셔 증후군은 열성으로 유전된다. 이 말은 부모 모두 이 질환을 유발하는 유전자를 가지고 있어야 한다는 뜻이다. 우리 부모님의 경우도 이론적으로는 그 유전자를 가지고 있어야 옳다. 하지만 나를 제외하고 우리 집안에 그 증세가 나타난 사람이 하나도 없기 때문에 의학에서는 내 유전자에 돌연변이가 나타난 것으로 본다. 어셔 증후군은 발병 빈도가 남녀 모두 같으며 극히 드물게 나타나는 질환이어서 10만 명 중에 4명 내지 6명이 환자다. 1914년에 처음으로 안과 전문의이며 유전학자인 어셔(Charles Howard Usher)라는 사람에 의해 밝혀졌으며, 농아학교 학생들 가운데서 약 5퍼센트가 앓고 있다. 하지만 내가 학교에 다니던 시절에 내 병이 어셔 증후군이라고 말한 사람은 아무도 없었다. 아마도 나를 진찰한 안과 의사들은 어른이 되어서 내 시력이 그토록 심하게 약해지리라고는 예상하지 못했고, 그것이 나의 청각장애와 관련이 있다는 사실을 몰랐거나, 알면서도 우리 부모님에게 얘기하지 않았을 것이다.

지금은 이 질환에 대해 많이 알려져서 농아학교에서도 학생들에게 첫 징후가 나타나지 않는지 주의를 기울이고 민감하게 대응한다. 어셔 증후군은 조기 진단이 가능해 청소년기에 발견되면 시각장애가 심해지고 나서도 할 수 있는 일을 배울 수 있다는 이점이 있다.

어셔 증후군에는 세 가지 유형이 있다. 제3형은 사실상 핀란드에서만 찾아볼 수 있는 것으로, 선천적인 난청이 성인기에 나타나 점점 심해져서 청력을 잃게 된다. 이 유형에서 시력 약화는 제2형과 비슷한 양상을 보인다. 제2형은 가장 흔한 유형으로, 선천적이며 처음부터 정도가 심한 난청이지만 보청기로 보정할 수 있는 경우가 대부분이고 일반적으로 더 이상 나빠지지 않는다는 특징이 있다. 제2형의 경우 시각장애는 나중에 나타나고, 나에게 해당되는 제1형처럼 극적으로 진행되지는 않는다. 한편 제1형은 선천적인 청력 상실과 평형감각장애, 그리고 어릴 때부터 발견되는 시력 이상이 있는 경우를 말한다.

이 질환의 진행 과정은 내 경우가 아주 전형적이다. 나는 제일 먼저 야맹 증세가 나타났고, 그 다음에 시야가 좁아지는 증세가 더 생겨 점차적으로 나빠졌다. 또한 갈수록 명암 조절에 문제가 생겨서 광도 변화에 적응하는 능력이 점점 떨어졌다. 스물아홉 살 때 고도의 시각장애로 판명되었고 시력의 대부분을 잃어버렸다. 정상적인 시야의 넓이가 180도라면, 나는 6도 범위 안에 있는 것만 볼 수 있었고 상태가 더 나빠지리라는 것을 알고 있었다. 완전한 시력 상실은 어셔 증후군 제1형인 경우 드물게 나타나며 잔존 시력이 계속 남아 있게 된다. 현재 나는 완전히 실명한 것으로 간주되지만, 아직 흐릿한 윤곽을 볼 수 있고 1도에서 2도 정도 범위 안에 있는 것은 비교적 선명하게 보이는 편이다. 그리고 글씨 크기를 확대하고 검은 바탕에 흰색으로 글씨를 두드러져 보이게 하는 판독기를 이용하면 비록 느리기는 하지만 글도 어느 정도 읽을 수 있다.

1990년 무렵부터는 옆이 전혀 보이지 않았다. 이처럼 시야가 좁아진 불규칙한 범위를 가리켜 터널시각 또는 관상시각이라고 한다. 나는 마치 안대를 쓰고 돌아다니는 기분이었고, 바로 코앞에 있거나 이미 걸려 넘어지고 난 뒤에야 장애물이 있다는 것을 알았다. 그때까지는 아직 맹인용 지팡이를 가지고 다니지 않았지만, 시각장애인이라는 표시로 검은 점 세 개가 그려진 노란색 단추를 옷에 달고 다녔다. 야외에서는 주위에 뭐가 있는지 식별하기 위해 계속 고개를 이리저리 돌려대야 했는데 어지러워서 속이 울렁거릴 지경이었다. 그해 늦여름의 밝은 햇빛 아래 있으면 눈이 부셔서 견디기 힘들었고, 울창한 활엽수 밑에 있으면 한밤중처럼 캄캄했다. 하지만 내 방에서는 너무 밝지도 너무 어둡지도 않도록 적당하게 광도를 조절할 수 있었다. 적당한 조명에서 책을 바로 앞에 갖다 놓거나 텔레비전 앞에 바짝 붙어 앉으면 충분히 볼 만했다.

그리고 텔레비전에 있는 원격 텍스트지원 기능을 이용하여 글씨를 크게 확대해서 날마다 뉴스 내용을 읽었다. 또 ≪포쿠스(Focus)≫ 같은 잡지를 읽으면서 문체가 바뀐 것을 알 수 있었고 외부 세계, 특히 정치에 대한 관심이 되살아났다.

지난 몇 년 동안 나는 모든 것으로부터 완전히 동떨어져 은둔 생활을 한 것과 다름없었다. 1987년에 성 요제프 학교의 반 모임에 참석하려고 슈베비슈 그뮌트에 다녀온 것 빼고는 하일리겐브론을 벗어난 적이 거의 없었고, 있다고 하더라도 혼자 도보 여행을 하거나 다른 수도원을 찾아가는 것이 전부였다. 그래서 친척이나 친구들을 만나는 일도 아주 드물었다. 가끔씩 부모님과 이름가르트 고모, 디터 고모부가 하일리겐브론으로 나를 만나러 왔고, 한스-페터나 율리아, 외르크, 멜라니 같은 그리징엔의 친구들이 한 해에 한 번씩 들르곤 했다. 때때로 펠릭스와 다니엘, 그리고 아드리안이 찾아와서 친구들이 나를 그리워한다는 소식을 전해주기도 했다. 나의 과장된 신앙심과 금욕적인 생활방식 때문에 함께 어울릴 여지가 거의 남아 있지 않았는데도 우리는 여전히 친구였다.

내가 서서히 시력을 잃고 있다는 사실을 알게 된 청각장애인 친구들은 충격을 받은 듯한 반응을 보이며 도움이 필요하면 언제든 말하라고 당부했다.

"우리 사이엔 아무것도 달라지지 않았어."

친구들은 말했다.

나도 그러기를 바랐으나 불안한 생각이 들었다. 친구들이 나와 더 이상 대화할 수 없어지면 어떻게 될까? 내가 더 이상 수화를 볼 수 없게 된다면? 촉각문자를 배워서 나와 의사소통할 만큼 인내심 있는 친구가 과연 있을까? 그런 생각을 하면 앞이 더 캄캄해지는 것 같았다.

무대 장식이 되다

 등공예가가 되기 위한 중간시험은 슈투트가르트에 있는 니콜라우스 진흥원에서 시행되었다. 청각장애인과 시각장애인을 위한 대규모 시설로, 다양한 직업교육을 받을 수 있는 그곳에는 등공예 작업장도 있었다. 시험 문제를 받아든 나는 깜짝 놀랐다. 실기와 이론 부분에서 전혀 모르는 문제들이 많았다.
 "이건 모르는 부분인데요! 아무도 가르쳐주지 않았습니다."
 나는 항의했다.
 "교육계획안에 포함되어 있는 내용인데요. 교육계획안에는 견습생들이 무엇을 알아야 하는지 자세히 나와 있습니다."
 시험관이 설명했다.
 "교육계획안을 좀 볼 수 있을까요?"
 "그건 당신을 지도한 등공예 기능장이 가지고 있으니 그 사람한테 물어보십시오. 그리고 지금은 시간이 별로 없으니까 최선을 다해 문제를 푸세요. 그러다 보면 이미 배운 것이었다는 생각이 날지도 모르고……."

하일리겐브론에서 나를 가르친 사람들과 내가 수업 시간에 한눈을 팔았다고 생각하는 것 같은 그 시험관에게 화가 났다. 하일리겐브론으로 돌아와 항의를 하자 가브리엘라 수녀님은 교육계획안에는 나에게 필요하지 않은 것들이 많아서 그런 것까지 다 배우는 건 쓸데없는 짓이라고 대답했다.

"그래도 페터는 좋은 성적으로 합격했잖아요."

그녀는 나를 칭찬했다.

이 수녀님은 내 말을 진지하게 받아들이지 않는구나! 성이 나서 모데스타 수녀님에게 말했다.

"이곳에서는 아무도 제가 꼭 알아야 할 것을 가르쳐주지 않아요! 기만당하는 느낌이고, 만날 똑같은 바구니를 만들어야 하니, 재교육 계약을 취소해야겠어요!"

"그러지 마요, 페터. 1년을 잘 버텼으니까 1년만 더 참으면 되잖아요. 1년은 금방 지나가요!"

수녀님이 나를 달랬다.

"가브리엘라 수녀님하고 얘기해봤어요?"

"예. 하지만 아무 소용 없어요."

모데스타 수녀님은 나를 설득하여 교육 받는 것을 중간에 그만두지 못하게 했다. 그녀가 나서서 가브리엘라 수녀님과 얘기하고 나서야 가브리엘라 수녀님은 시간이 날 때 새로운 등공예 방식을 한 가지씩 가르쳐주었다. 나는 기계조립공 견습생으로 있을 때 훨씬 더 많은 것을 배웠다는 생각이 들었다. 그런데 지금은 그 시절의 펠릭스처럼 만날 똑같은 것만 만들고 있다니!

1년 뒤 드디어 수료 시험을 치렀는데, 필기시험 때 여러 가지 당황스러운 일을 겪었다. 우선 틀린 시험지를 받았는데도 그것을 모르고 문제를 풀다가 시험지를 뒤집은 다음에야 잘못된 것을 알았다.

처음부터 다시 문제를 풀어야 했는데 그것을 거부하고 완강하게 끝까지 풀었다. 그 다음에 도안 시험을 볼 때는 말도 안 되는 과제가 출제되어 어이가 없었다. 나눠준 종이에 그리기에는 그림의 치수가 너무나 컸다. 나는 시험 감독을 맡은 수녀님에게 말했다.

"한번 보세요, 이건 불가능한 과제인데요!"

"그렇군요. 치수가 맞지 않네요. 잠깐만 기다리세요!"

그녀는 잔뜩 흥분해서 다른 교사와 의논하더니 나에게 시험을 다시 보라고 말했다.

"실수는 당신들이 해놓고 저더러 시험을 다시 보라고요? 절대 그럴 수 없습니다."

나는 분노에 가득 차서 말했다.

예전에 린덴마이어 회사에서 직업훈련을 받을 때는 모든 일이 여유 있고 체계적으로 잘 진행되었다. 그때는 나도 여유가 있었고 우리를 지도하던 기능장이나 교사를 좋아했으며, 그들에게 아낌없이 지원을 받는 느낌이었다. 그에 반해 등공예 교육을 받을 때는 처음부터 모든 일이 안 풀리는 것 같았고, 나는 욕구불만에 싸였다.

"평균 1.6점(독일에서는 A 학점이 1점, B 학점이 2점이며 점수가 낮을수록 우수한 성적이다 — 옮긴이)으로 합격했군요. 축하해요, 정말 잘했어요!"

가브리엘라 수녀님이 말했다.

다른 사람들도 축하해주었으나 나는 전혀 관심이 없었고 좋은 성적을 받은 것에 기뻐할 수 없었다. 정식으로 등공예가가 되었는데도 분노로 가득 차 있었다. 마음의 평화를 찾지 못한 나는 의지할 곳을 찾았으나 내 주변에 있는 모든 것이 허물어지는 느낌이었다.

그 무렵 수도원 전체를 당황스럽게 하고 나에게도 깊은 충격을 준 일이 일어났다. 몇 년 전부터 수녀회는 수녀가 되려는 사람이 없어 후진 인력 부족으로 고민해오고 있었다. 기존의 수녀님들도 나이가 많아서 더 이상 일을 감당하기 힘들었기 때문에 주교 소속인 성 프란체스코 재단이 설립되어 작업장과 학교 등 수도원의 모든 시설을 넘겨받았다. 그 재단은 새로운 관리 체계를 도입해 그곳에서 생활하던 장애인들의 노동 및 주거 환경에 큰 변화를 가져왔는데 나도 그 영향을 받았다. 수도원 직원이던 나를 성 프란체스코 재단은 다른 장애인들과 마찬가지로 보호를 받아야 하는 장애인으로만 간주했다.

"이곳에서 계속 지내고 싶다면 가입 신청서를 제출해야 합니다."

담당 사무원이 설명하고는, 또다시 신청서를 내밀며 서명하라고 했다. 나는 처음부터 끝까지 한 글자도 빠뜨리지 않고 꼼꼼하게 신청서를 읽었다.

"이건 제가 생활보호 대상자 신청을 해야 한다는 뜻이네요."

나는 확인하고 싶었다.

"그러니까 제가 혼자서 생계를 이어갈 수 없는 처지라는 뜻이군요."

그는 고개를 끄덕였다. 신청서에 내 이름을 적는 순간 죽고 싶을 만큼 비참한 기분이 들었다. 그것으로 나는 이제 '복지시설에서 생활하는 장애인'이 된 것이다. 앞으로 얼마나 더 비참한 신세가 될까? 나는 궁금했다.

감정의 기복이 심해서 때로는 자기 연민으로 크게 울부짖고 싶은 심정이었고, 때로는 깊은 우울증에 빠지거나 화가 나서 미칠 것 같았다. 내가 화를 내는 것이 주위 사람들한테는 불유쾌한 일이겠지만, 나로서는 그럴 때 안에서 힘이 솟는 것을 느꼈기 때문에 긍정적인 면도 있었다. 나는 장애인 복지시설에서 장애인으로 계속 지내고 싶지 않았기 때문에, 그렇게 하면 남에게 의존하는 생활에서 벗어나는 데 도움이 될 것만 같았다.

1992년 봄에 모데스타 수녀님이 오버슈바벤(Oberschwaben)으로 옮겨 갔다. 그 수녀님을 잃는 것은 너무나 큰 충격이었다. 내가 힘들어할 때마다 수녀님은 늘 옆에 있어주었고 눈과 귀가 되어주었으며, 마음속이든 주위든 온통 더 답답해지고 어두워지는 느낌이 들었을 때 밖을 향해 내 마음을 열어주었다. 나를 믿어주는 것만으로도 그녀는 감옥이나 다름없는 내 삶에 빛을 던져주었다. 수녀님은 내가 시청각 중복 장애인이라는 처지에서도 다른 사람들을 도와줄 수 있을 거라고 확신했다. 나는 더 이상 그것을 믿지 않았지만, 그녀는 나에게 아직 중요한 임무가 있을 거라는 말을 지치지도 않는 듯 계속 되풀이하면서 다른 사람들을 돌보라고 권했다. 그 수녀님과 나눈 대화는 언제나 내 마음을 달래주었다.

모데스타 수녀님이 떠난 후 그동안 해오던 봉사 활동을 모두 그만두었다. 연로하거나 아픈 사람들을 더 이상 찾아다니지도 않고 모든 것과 관계를 끊어버린 나는 누군가 내 변화에 대해 말을 꺼내면 공격적인 반응을 보였다. 수년 전부터 알고 지내온 청각장애인들과 시각장애인들은 나의 달라진 모습에 혼란스러워했다. 특히 나와 비슷한 시기에 하일리겐브론으로 와서 솔 만드는 일을 하고 있던 마르틴이라는 중복 장애인은 견디기 힘들어했다. 나에게서 아버지 같은 자상함을 느낀 그는 자주 나를 찾아와 속마음을 털어놓곤 했기에, 내가 왜 더 이상 자기한테 마음을 써주지 않는지 알 수 없었다.

"이제 내가 귀찮아진 거야? 왜 나하고 말하지 않으려는 건데?"

그는 물었다.

"날 그냥 내버려 둬! 그냥 내버려 두란 말이야! 나는 장애인 등공예가일 뿐이야!"

나는 대꾸하고는 마음의 문을 닫고 빗장을 걸었다.

하일리겐브론으로 찾아와서 우리가 일하는 작업장을 구경하는 사람들은 많았다. 장애인들은 그런 사람들에게 익숙해져서 누가 질문을 하거나 우리 일에 관심을 보이면 기꺼이 설명을 해주었다. 1993년 어느 여름날 자유민주당의 여성 정치가가 속해 있는 어느 단체가 와서 전체 시설을 구경할 거라는 소식이 왔다.

성 프란체스코 재단의 임원들과 함께 그 단체 사람들이 등공예 작업장을 둘러보고 있을 때 나는 각이 진 병 모양 바구니를 짜고 있었다. 한 바퀴 돌아본 여성 정치가는 내 뒤에 서서 연설을 하기 시작했다. 그녀는 내 머리 위에서 사람들에게 뭐라고 떠들어댔으며, 그 주위에 빙 둘러선 사람들은 얌전하게 경청하면서 자꾸 나를 뚫어지게 쳐다보았다. 나는 동물원의 원숭이가 된 기분이 들었고, 내 인격을 무시하는 그 태도에 화가 나서 애써 마음을 가라앉혀야 했다. 이 여자와 다른 방문객들은 이른바 무대 장식으로 이용당하는 기분이 얼마나 모욕적인지 모르는 걸까? 이들은 감수성이라고는 전혀 없는 사람들인가? 미안하지만 나는 그 정도로 둔감하지 못하다! 나는 다른 감각들이 남보다 더 발달해서 내 주위에서 무슨 일이 일어나며 어떤 분위기인지 아주 예민하게 감지할 수 있었다. 그 일이 있고 난 후 바구니 짜는 일에 완전히 흥미를 잃어버렸다.

3년 전부터 장바구니, 세탁 바구니, 자전거 바구니 등 똑같은 것만 짰다. 바구니를 300개 이상 짜는 동안 단 한 개도 망쳐서 내버린 적이 없던 나는 어느 날 가브리엘라 수녀님에게 내 마음대로 바구니를 짤 수 있게 해달라고 청했다.

"그렇게 해요. 그럴 시간이 있다면 말이에요."

그녀는 대답했다.

하지만 그녀는 나에게 너무 많은 일을 맡겨서 내 아이디어를 시험해볼 수 있는 짬을 주지 않았다. 그것이 나를 견딜 수 없이 화나게 만들었다. 우리 둘 사이의 분위기는 갈수록 험악해졌다. 어느 날 아침 그녀는 인사하며 나에게 특별히 맡길 일이 있다고 했다.

"어떤 부부가 3면으로 된 스페인식 파티션을 주문했어요. 그것은 페터가 바라는 대로 예술성이 요구되는 작업이지요. 할 수 있겠어요?"

"네, 물론입니다."

드디어 새로운 일을 하는구나! 나는 치수를 재고 바로 작업에 착수했다. 재료가 어느 정도 필요할지 계산하고 어떤 재료가 가장 적합할지 생각해보는 등 각 작업 과정에 따른 계획을 꼼꼼하게 세웠다. 계획을 다 세우고 본격적으로 일을 시작하려는 순간 시간제로 바구니 짜는 일을 거드는 보조 한 명이 옆자리에 이미 다듬어놓은 나무틀을 갖다 놓았다.

"이게 뭡니까?"

나는 물었다.

"스페인식 파티션을 짤 나무틀인데요."

"그건 제 일인데요! 왜 제 일을 당신이 하려는 겁니까?"

나는 나무틀을 만져보고 내가 계획한 디자인에 전혀 맞지 않는 것을 알아차렸다. 길이와 너비의 비례가 맞지 않아서 볼품 없을 것 같았고, 내가 준비해놓은 나무틀과는 전혀 달랐다. 나는 그 나무틀을 들고 가브리엘라 수녀님에게 갔다.

"이건 뭐죠? 저는 다른 계획이 있는데……."

가브리엘라 수녀님은 내 아이디어 따위에는 전혀 관심이 없었고 자기가 생각한 대로 작업할 심산이었다. 그녀는 내 말을 들어보려고도 하지 않았다.

"페터, 어서 가서 짜기 시작해요!"

아무 말 없이 나무틀을 바닥에 내려놓고 작업장을 나와버렸다. 화가 머리끝까지 치밀어 오른 나는 어린애 취급당하는 것을 참을 수 없었다. 얼마든지 혼자 힘으로 그 파티션을 짤 수 있는데! 언제나 복종해야 하고 혼자 힘으로 일할 수 없는 것이 내게 깊은 상처를 주었다. 나는 모든 작업장을 총괄하고 가브리엘라 수녀님과 나 사이의 갈등을 알고 있는 우테 수녀님에게 달려갔다.

"이제 정말 정나미가 떨어졌어요. 등공예 일은 두 번 다시 하지 않겠어요!"

나는 성나서 소리쳤다. 우테 수녀님은 가만히 고개를 끄덕이며, 나중에 찾아갈 테니 그때 얘기하자고 했다.

"그렇게 하세요. 하지만 제 생각은 달라지지 않을 거예요!"

우테 수녀님을 신뢰하는 나는 두 사람이 나누는 대화의 결과를 초조하게 기다렸다. 결국 우테 수녀님은 등공예 일을 더 이상 하지 않아도 된다고 말했다.

"대신 솔 만드는 일을 해보는 건 어떻겠어요? 그 작업장에서 시각장애인들이 만들기에는 훨씬 복잡한 솔을 만들 수도 있고 틈틈이 좀 더 어려운 조립 일을 맡아서 할 수도 있을 거예요."

마음이 홀가분해진 나는 그렇게 하겠다고 대답했다.

"페터는 변화를 원하죠."

그녀는 얘기를 계속했다.

"직조를 배울 마음은 없어요?"

"제가 항상 새로운 것을 배우고 싶어 한다는 것을 알아주셔서 감사합니다!"

얼마 후 나는 커다란 나무틀이 달린 구식 직조 기계 앞에 앉아 헝겊 조각으로 내 첫 작품인 매트를 짰다. 코르둘라 수녀님은 간혹 시간이 날 때마다 작업의 기초를 가르쳐주었다. 그녀는 점토 일을 하는 중증 장애인들을 돌봐야 했는데, 그들은 나보다 더 절실하게 그녀의 도움을 필요로 했다. 나는 대부분 솔 만드는 작업장에서 일하거나 원하는 모양대로 매트를 짜기도 했다. 색깔도 직접 골랐고 마음에 드는 무늬를 고안해냈다.

직조를 시작한 지 반년이 지났을 무렵 코르둘라 수녀님이 인피섬유로 엮어 짜는 카펫을 마저 완성해달라고 했다. 누군가 네 가지 색으로 그 카펫을 짜기 시작했는데 작업이 너무 고돼 15센티미터쯤 짜다가 포기했다고 했다.

"이 카펫은 장애가 심한 어떤 어린이한테 줄 거예요. 그 아이의 부모님이 카펫을 짜달라고 주문했어요. 걷지 못해서 바닥에 누워만 있는 아이한테 뭔가 특별한 것을 주고 싶데요."

코르둘라 수녀님이 설명했다. 그 말을 듣자 의욕이 솟았다. 하지만 카펫을 보니 어떤 무늬가 들어갔는지 알 수가 없었다.

"본이나 도안 같은 거 없나요?"

나는 물었다.

"페터 마음대로 짜봐요. 치수만 맞으면 되니까."

카펫은 1.5미터가 되어야 했다. 나는 기존의 색으로 이것저것 시험하다가 종이 위에 멋진 기하학 무늬를 그려 본을 완성한 다음 카펫을 이어서 짜기 시작했다. 그 일은 그야말로 중노동이었다. 아침부터 저녁까지 구부린 자세로 앉아 있으려니 등과 배가 심하게 아팠고, 결국 병이 나서 한동안 일을 중단해야 했다. 드디어 카펫이 완성되자 나는 힘들게 작업한 결과에 대단히 만족했다. 양쪽 끝에 길게 술이 붙어 있는 그 카펫은 아주 근사해 보였고 촉감이 굉장히 부드러웠다. 몇 주 후 우테 수녀님이 작은 사진을 한 장 가지고 작업장으로 와서 말했다.

"페터가 짠 카펫 위에 아이가 누워 있는 모습이에요. 아이의 부모가 편지를 보내왔는데, 색 배합이 아주 마음에 든다는군요. 그들은 아이가 카펫 위에서 잘 놀아서 행복해하고 있어요. 정말 멋지고 의미 있는 작품이었어요."

만족해한다는 말을 들으니 나도 기뻤다. 하지만 수녀님이 그와 비슷한 카펫을 한 번 더 내가 하고 싶은 대로 짜달라고 부탁하자 거절할 수밖에 없었다.

"죄송합니다, 우테 수녀님. 더 이상은 할 수 없어요. 카펫을 하나 완성하려면 두 달이나 세 달 정도 걸리는데, 그때까지 이곳에 머물 수 없거든요. 부활절이 지나면 떠날 거예요."

2년 전, 그러니까 재교육이 끝나기 직전인 1992년 봄에 나는 하일리겐브론을 떠날 궁리를 한 적이 있었다. 그때 그리징엔에서 바구니를 만들어 파는 자영업을 해볼 생각이었던 나는 부모님 집에 가서 그곳 여건을 자세하게 살펴보았으나 곧 계획을 접고 말았다. 우리 농장에는 작업실을 차릴 공간이 충분했고 아버지도 작업실 차리는 일을 기꺼이 도와주려 했다. 하지만 그 다음에는? 그토록 외진 곳으로 어떻게 손님을 끌어들일 수 있겠는가? 게다가 나와 의사소통을 할 수 있는 사람들이 없어서 완전히 고립될 생각을 하니 두렵기만 했다. 아직은 다른 사람들의 입술을 읽을 수 있지만 머지않아 촉각문자로만 의사소통을 해야 할 날이 올 것이다. 어머니가 촉각문자를 배운다고 하더라도 그것으로는 부족했다. 하지만 1994년 초에 이르자 그런 것은 더 이상 상관이 없었고 오로지 하일리겐브론을 떠나야 한다는 생각뿐이었다.

연초에 나는 부활절 때 완전히 그곳을 떠날 작정임을 재단 측에 알렸다. 하지만 재단 측 사람들은 내 말을 진지하게 받아들이지 않았다. 화가 나서 당장 하일리겐브론을 떠나겠다고 통고하는 장애인이 많았으나, 그들이 얼마 후에는 더 이상 그런 말을 꺼내지 않고 그럴 마음이 없는 것으로 드러나는 경우가 대부분이었기 때문이다. 한동안 종적을 감추어버리는 장애인들도 더러 있었지만 어김없이 다시 돌아오곤 했다.

"제 경우는 달라요."

나는 말했다.

"지금 가면 두 번 다시 저를 보지 못할 테니까요. 3월이면 제가 여기 온 지 딱 8년이 됩니다. 떠날 때도 됐지요."

사실 나는 12월부터 내적인 분열을 느꼈다. 비장애인의 세계에 속하는 기관인 교회와 관계를 끊고 크리스마스 때조차 미사에 참석하지 않았다. 삶 전체가 교회에 의해 정해지는 곳에 계속 머문다는 것이 내게는 불가능하게 여겨졌다.

"저는 경건한 마음으로 이곳에 와 수사나 다름없이 생활했습니다."

후버 신부님에게 말했다.

"그런데 지금은 그것이 위선이었다고 여겨집니다. 저는 청각장애인이고 제 형제들에게 돌아가고 싶습니다."

신부님은 내 말을 주의 깊게 들었고, 교회에 등을 돌렸다는 이유로 나를 비난하지도 않았으며 억지로 하일리겐브론에 붙잡아두려 하지도 않았다. 늘 그랬듯이 얘기하고 싶으면 언제든 찾아오라는 말만 되풀이했다. 나는 어깨를 으쓱했다. 왜 그래야 하지? 내가 하고 싶은 말은 그게 전부라고 신부님에게 말했다. 내 마음과 영혼은 완전히 닫혀버렸고 유일한 생각은 '이곳에서 나가자!'라는 것뿐이었다.

1994년 3월까지 몇 주밖에 안 남은 어느 날 아침 자리에서 일어나 욕실로 향하려는 순간, 귀가 멀고 눈이 안 보여도 장애인에게 복음을 전하겠다는 내 계획을 고수할 수 있을 거라는 생각이 문득 들었다. 그것은 나를 따뜻하게 데워주는 절대적인 확신으로서 내 몸과 마음, 그리고 영혼 속에서 느껴졌다.

그와 같은 책임을 떠맡으려면 우선 당당한 남자가 되어야 했다. 보호시설에 있으면 나는 영원히 아이로 남게 될 것이다. 이곳을 떠나 내 인생을 스스로 책임지는 것이 옳다. 나는 옳은 길을 가고 있으며 옳은 결정을 내렸다고 확신했다. 반항심이나 분노 때문이 아니라 하일리겐브론에서의 내 시간이 정말로 끝났기 때문에 떠나려는 것이었다.

내가 바깥세상에서 어떻게 지내게 될지는 아무도 몰랐고 나 자신도 몰랐다. 아무 계획도 없고 아무 생각도 없었지만 나는 어떻게든 되어갈 거라고 굳게 믿었다. 하느님께서 나를 지켜주는 느낌이 들었고, 나를 반겨줄 가족과 친구들이 생각났다.
"이사할 때 우리가 도와줄게."
매형 하인츠와 한스-페터가 소식을 전해 왔고, 모두들 앞 다투어 도와주겠다고 나섰다.
"필요한 게 있으면 말만 해. 너한테는 우리가 있잖아."
친구들과 친척들은 벌써부터 그렇게 말하곤 했지만, 그 당시만 하더라도 도움을 받고 싶은 마음이 없었다. 하지만 이제는 달라졌다. 사람들이 단지 의무감 때문이 아니라 진정에서 우러나와 도움의 손길을 내민다는 느낌이 들면 기꺼이 받아들였다.
"헤프 씨, 우리 이렇게 해요."
하일리겐브론에서 나를 담당하던 사회복지사가 제안했다.
"임시로 휴가를 받아 두 달 동안 떠나 있다가 다시 돌아오는 거예요. 동의하시죠?"
"저는 돌아오지 않습니다."
나는 거듭 말했다.
"잠깐 들르기 위해 다시 올 수는 있겠지만요."
내 마음은 평온하고 홀가분했다. 떠나기 직전에 우테 수녀님이 멍청이 같다고 말했을 때도 나는 그냥 웃기만 했다. 모두들 곧 내가 후회하면서 하일리겐브론으로 돌아오는 모습을 보리라 생각했기 때문에 송별회 같은 것은 없었다. 나는 짐을 싸놓고 마지막이라고 생각하면서 후버 신부님을 찾았다.
"저는 지금 제 인생의 출발점으로 되돌아온 셈입니다."
신부님에게 말했다.
"우리가 나눈 대화는 너무나 귀한 것이고, 이곳에서 체험한 것에 대해 신부님께 감사드립니다. 하지만 경건한 수사 생활은 이제 끝입니다."

"자네의 신앙심이 깊어지기를 바라네!"

신부님은 나를 축복해주었다.

고요한 암흑 속에서도 사랑은 빛을 부르고

하일리겐브론을 떠나기 전인 1990년 초에 시력이 걷잡을 수 없이 나빠졌을 때, 하이델베르크의 안과 전문의 블랑케나겔 교수와 상담한 적이 있다. 그녀는 와우이식술을 받아보라고 권하면서, 그 수술을 전문으로 하는 동료 의사들에게 보여줄 추천서를 써주겠다고 말했다. 다른 청각장애인들과 마찬가지로 나도 그것이 무슨 수술인지 잘 알고 있었다. 그것은 내이(內耳)의 달팽이관을 일컫는 의학 용어인 와우(Cochlea)라는 전자 청각 보정기를 이식하는 수술이었다. 이도(耳道)의 달팽이관에 있는 미세한 털세포는 음파를 전기신호로 바꿔 청각신경에 전달하는 역할을 한다. 그러면 뇌는 그 신호를 분류하여 음향 정보로 해석한다. 선천성 청각장애인이 대부분 그런 것처럼 나도 그 털세포가 심하게 손상되어 있어 음파를 변환해서 전달하는 역할을 할 수가 없다. 와우이식술은 그와 같은 기능을 기계 장치로 대신하기 위한 것이다.

전자 청각 보정기가 처음 등장한 것은 1980년대 초였다. 보정기는 여러 부분으로 되어 있는데, 마이크와 언어처리기(speech processor), 머리장치(head set)가 외부에 착용하는 부분이다. 이 부분이 음향 정보를 받아들여 변환해 피부 밑 두개골에 삽입되는 수용기로 보내면, 그곳에서 전극 다발이 자극을 와우 또는 달팽이관에 전달한다. 이 이식술은 청각장애 영유아를 비롯하여 나이가 들어서 청력을 잃은 사람들에게도 적합하다는 것이 대부분 의학자들의 견해다. 수술 후 갑자기 쏟아져 들어오는 다양한 음향 정보 가운데 뇌가 의미 있는 메시지를 걸러내기까지는 시간이 한참 걸리므로 소리를 제대로 해석하는 법을 습득하려면 최소 2, 3년은 예상해야 한다. 본인의 의사를 물어볼 수 없는 영유아들은 부모가 의료진과 상의해서 수술 여부를 결정한다. 청력을 회복하는 기간은 오래 걸릴 뿐 아니라 견디기가 무척 힘들어 부모의 적극적인 협조가 반드시 요구된다. 그리고 성인 환자들한테는 음성언어로 의사소통하고 싶은 욕구가 이식술을 하는 데 가장 중요한 전제 조건이다.

하지만 나는 그런 욕구가 없었다. 내가 원하는 것은 수화로 계속 얘기하면서 의사소통하는 게 전부였다. 아마도 눈 수술이 가능하다면 기꺼이 응했을 테지만, 귀는 눈보다 덜 아쉬웠기 때문에 와우이식술을 거절했다. 그것이 이식술을 원치 않는 가장 중요한 이유였지만 하나가 더 있었다. 위험 부담이 전혀 없다고 장담할 수는 없는 수술인 데다 여러 가지 부작용의 가능성을 각오해야 했으며, 더욱이 나는 '적합하다'고 판단되는 수술 후보에 속하지도 않았다. 그런데도 그 뒤 몇 달 동안 베네딕타 수녀님은 계속 수술 이야기를 꺼냈다.

"블랑케나겔 교수님은 페터가 수술을 받으면 좋을 거 같다고 말씀하세요. 내가 페터라면 용기를 내서 수술을 받아보겠어요. 손해 볼 게 없잖아요."

"저는 지금 시력을 잃어가고 있습니다. 시력을 되찾을 수만 있다면……."

하지만 망막이 너무 심하게 손상되어서 회복이 불가능하다는 것은 나도 잘 알고 있었다.

"수녀님, 저는 한 번도 귀로 들어본 적이 없어서 듣는다는 게 어떤 건지 전혀 모릅니다. 와우이식술을 받더라도 어차피 음성 언어를 이해하는 건 제게 불가능해요. 제 나이가 너무 많고 너무 늦었거든요!"

"페터, 그래도 주변에서 나는 소리는 인지할 수 있잖아요."
베네딕타 수녀님은 말했다.

"그렇게만 돼도 밖에 나갔을 때 방향을 찾을 수 있으니 얼마나 좋아요. 또 누가 알아요, 기적이 일어날지! 페터는 머리가 좋으니까 시간이 지날수록 더 많은 소리를 알아들을 수 있을 텐데……."

귀로 듣고 싶은 마음이 전혀 없다는 것을 수녀님에게 설명해야 했다. 그것은 매번 비장애인과 청각장애인의 생각이 근본적으로 얼마나 다른지를 여실히 보여주는 주제였다. 부모님을 비롯하여 친척들, 슈베비슈 그뮌트 학교의 선생님들, 그리고 비장애인 친구들은 모두 나를 동정했지만, 나는 그다지 아쉽지 않은 것이 결여되어 있다고 생각했고, 또 나에게는 수화라는 언어가 있었다. 하지만 수화로 이야기하는 것이 얼마나 근사하고, 그 언어가 얼마나 시적이며 섬세하고 구체적인지 그들에게 아무리 설명해봤자 소용없었다. 그럴 때마다 비장애인들은 마치 자기네들이 포르셰 스포츠카를 주겠다고 하는데 내가 괜찮다면서 녹슨 고물 자전거에 만족한다고 대꾸하기라도 한 것처럼 설레설레 고개를 저으며 나를 쳐다보곤 했다.

"저는 비장애인의 언어를 읽고 이해할 수 있어서 기쁘지만, 근본적으로, 듣지 못하는 것을 장애라고 생각하지 않습니다."

"음악을 듣고 싶은 동경심이 없나요?"

"네, 없어요."

나는 서슴없이 대답했다.

전혀 모르는 것에 어떻게 동경심이 생길 수 있단 말인가? 물고기가 과연 백리향이 풍기고 햇볕에 따뜻하게 데워진 산의 공기를 동경할까? 겨울을 좋아하고 즐기는 사람이 보온병이나 따뜻한 차 한 잔을 그리워하겠는가? 아니다! 동경심이란 감각 인지에 의해 생기는 감정이므로 뭔가를 일단 경험하고 나야 동경하든 말든 할 수 있는 것이다. 그러니까 청각이 완전히 결여되어 있는 나에게는 소리에 대한 동경심이 없을 수밖에 없다. 옛날에는 음악을 들으면서 눈을 감고 행복해하는 사람들을 볼 때마다 막연한 호기심이 생겼으나 그것도 잠시뿐이었다. 리듬은 진동을 통해 인지할 수 있어서 꽤 흥미를 돋우기는 했지만, 그보다 훨씬 더 흥미로운 것은 내가 보고, 냄새 맡고, 맛보고, 만져보고, 느낄 수 있는 것들이었다.

베네딕타 수녀님은 포기하지 않았고, 결국 나는 모데스타 수녀님과 함께 하이델베르크로 가서 검사를 받고 상담을 했다. 수술을 받을 마음이 별로 없다고 솔직하게 말했는데도 의료진이 이식술을 이상적인 방법이라고 권하자 의아했다.

"저는 그 이식술에 대한 확신이 없어서 수술을 받고 싶지 않습니다."

최종적으로 내 의사를 밝혔다.

1993년 나는 또다시 의료 상담을 요청받았다. 그새 거의 실명에 가까운 상태로 시력이 나빠진 나는 깊은 좌절감에 빠져 있었다.

"얻는 게 있으면 있지 전혀 손해 볼 게 없잖아요!"

베네딕타 수녀님은 또 나를 설득했다.

더 이상 아무런 희망도 기대도 없던 나는 수술을 받겠다고 대답했다. 될 대로 되라는 심정이었다. 이번에는 촉각문자로 능숙하게 의사소통을 할 수 있는 크리스티네라는 복지사가 동행했다. 의료진과 나 사이의 대화를 통역해줄 수 있는 누군가가 필요했다. 수년 전부터 알고 지내온 크리스티네는 하일리겐브론에서 나와 함께 여자 시각장애인들을 돌보면서, 봉사하는 일의 의미에 대해 이야기를 많이 나누었다. 그녀는 나에게 여동생이나 다름없었고, 그녀가 수작을 거는 남자들이나 남아메리카에서 살고 싶은 꿈에 대해 이야기하는 것을 들으면 재미있었다. 하일리겐브론을 떠난 그녀는 이런저런 일을 전전하다가 얼마 전에 직업교육 담당 복지사가 되어 다시 돌아왔다. 그동안 내내 우리는 편지를 주고받으며 계속 연락을 해왔다.

하이델베르크로 갈 때와 검사를 받기 위해 기다릴 때 그녀와 나는 우리의 투쟁과 구도의 길에 대해 얘기를 많이 했다. 그녀는 장애인들과 함께 생활하면서 그들의 삶을 공유하는 것이 자기가 가야 할 길이라고 생각했다.

"나는 그렇게 살고 싶지 않아."

나는 말했다.

"복지시설에서도 살고 싶지 않다, 나처럼 살고 싶지도 않다, 그러면 어떻게 살 건데? 혼자 사는 건 장애인한테 너무 힘들잖아!"

그때 간호사가 불러서, 나는 대답할 필요가 없었다. 사실 그녀에게 뭐라고 해야 할지 몰라서 난감해하던 참이었다. 진료실에서 심리학자가 끝도 없이 질문을 해대면서 내가 충분히 수술을 받을 마음의 준비가 되어 있는지 시험했다.

"저는 혼자 힘으로 살고 싶습니다."

나는 그 말만 되풀이했다.

최종 면담 시간에 크리스티네는 촉각문자로 물었다.

"11월에 수술 날짜를 잡는 것에 동의해?"

"그래."

나는 대답했다. 와우이식술이 도움이 될까? 여전히 회의적이었지만 더 이상 수술을 안 받겠다고 버틸 마음이 없었고, 그들이 나를 가지고 무엇을 하든 개의치 않기로 했다. 그 뒤 의료보험사 측의 승인이 나지 않아서 수술 날짜가 1994년 3월 말로 연기되었을 때도 신경 쓰지 않았다. 내 운명은 하느님의 손에 달려 있으니까.

하일리겐브론을 떠나고 열흘 뒤 나는 혼자서 기차를 타고 하이델베르크까지 가서 택시를 타고 병원으로 향했다. 다음 날 수술을 받기로 되어 있었다.
"보호자는 어디 있어요?"
접수처 여직원이 물었다.
"저 혼자 왔는데요."
나는 대답했다.
"염려 마세요. 저는 도움이 필요 없으니까요."
병원 측은 10일 동안 내 옆에 있어줄 보호자를 데리고 오라고 누누이 강조했다. 내가 좋아하는 이름가르트 고모가 기꺼이 간호를 해주겠다고 나섰는데도 일부러 병원 측의 말을 무시해 버렸다.
"고모가 종일토록 제 침대 옆에 앉아 있는다는 건 멍청한 짓이에요."
고모한테 말했다.
"제 몸은 제가 얼마든지 챙길 수 있으니까 걱정 마세요!"
"보호자가 없으면 안 되는데요."
여직원은 순순히 물러나지 않았다.
"여기서 기다려보세요!"
의사와 간호사들은 나 때문에 약간 심기가 불편한 것 같았다. 나는 침착하고 여유 있는 태도를 유지하면서 그들이 두꺼운 펜으로 글씨를 또렷하게 적기만 한다면 나와 의사소통할 수 있다고 설명했다. 마침내 병실로 안내된 나는 검사를 받고 점심식사를 마친 뒤에 잠시 누워 있다가 잠이 들었다. 얼마 후 누군가 내 어깨에 손을 얹는 것을 느끼고 잠이 깨었다. 커피 냄새가 났고 눈앞에 받침이 있는 커피잔이 보였다. 그리고 미소 짓는 젊은 여자의 소녀 같고 부드러운 얼굴이 눈에 들어왔다. 그녀는 검은 곱슬머리에 검은 눈과 짙으면서도 선이 고운 검은 눈썹을 지니고 있었다. 그녀의 눈빛은 상냥하고 정직해 보였으나, 지나치게 가까이 접근하는 느낌이 들기도 했다. 이 여자는 부담스러울 정도로 다정하군! 나는 조심스럽게 몸을 일으켰다.

내가 일어나 앉자 그녀는 커피잔을 건네주고 쪽지에 뭐라고 적었다. 나는 커피를 한 모금 마시고 가냘픈 체구에 흰 가운을 입은 그 여자를 관찰했다. 눈에 띄게 검은 머리와 검은 눈으로 보아 독일인이 아닌 것 같았고, 자태가 남유럽 쪽 여자처럼 기품 있고 단아했다.

"내 이름은 마이타예요."

쪽지를 보니 그렇게 적혀 있었다.

나는 그녀가 자기소개를 해서 기뻤고 그녀에게 미소를 지어 보였다. 그녀는 형식적인 것이 아니라 진심으로 인간적인 관심을 내보였으며, 잠시 후 빈 커피잔을 들고 병실을 나갔다.

그리고 조금 뒤 간호사가 와서 촬영 스튜디오와 비슷한 방으로 나를 데리고 갔다. 삼각대와 카메라, TV 모니터, 조명 등 온갖 장비들이 여기저기 놓여 있었다. 한 여자가 다가와 나를 촬영할 거라고 적은 메모를 보여주더니 어디에 앉아야 할지 가르쳐주었다. 나는 얌전히 그곳에 앉아 그녀가 삼각대 위에 비디오카메라를 설치하는 모습을 지켜보았다. 한참을 기다리고 있자니 나를 수술하기로 되어 있는 이비인후과 전문의가 나타나 그녀에게 촬영을 시작하라는 신호를 보냈다. 그는 급한 발걸음으로 다가와 손을 내밀어 악수를 하고는 옆에 앉아 말하기 시작했다. 의사가 계속 뭐라고 떠들어대서 나는 중간 중간에 손짓을 하며 그에게 아무 말도 못 알아듣겠다는 것을 설명하려 했으나 소용없었다. 이 자는 내가 귀머거리란 걸 모르는 거야 뭐야? 의아해하던 나는 곧 그가 나에게 듣고 싶어 하는 말이 바로 그것임을 알아차리고 이렇게 말했다.

"저는 귀가 안 들립니다!"

1분 후 그는 비디오 촬영실에서 나갔다. 나는 카메라를 들고 있는 여자에게 어리둥절한 시선을 던지며 의사의 태도가 마음에 안 든다는 표정을 지었다.

"방금 촬영한 장면은 당신이 정말로 듣지 못한다는 것을 기록으로 남겨두기 위한 거예요."

"수술 장면도 찍을 건가요?"

나는 궁금했다.

"네."

그녀가 대답했다.

"뭐 하러 이런 걸 찍는 거죠? 의과대 학생들을 위해서? 아니면 방송에 내보내려고?"

그녀는 더 이상 아는 게 없는 것 같았다.

"저도 촬영한 것을 보고 싶어요. 나중에 비디오카세트에 복사해서 보내주시겠어요?"

나는 물었다.

그녀는 먼저 담당 의사한테 허락을 받아야 한다고 대답했다. 그녀가 정말로 의사에게 물어봤는지 아니면 잊어버렸는지 모르겠지만, 어쨌든 나는 복사본을 받아보지 못했다. 나중에 생각해보니 이상할 것도 없었다. 내 수술 경과가 와우이식술을 선전하기에 적당하지 못했기 때문에 보내줄 수 없었을 것이다.

그날 저녁 수술을 앞두고 신경이 예민해진 나는 일찍 잠자리에 들 생각이었다. 잠옷으로 갈아입고 침대에 누워 있는데, 방 안이 갑자기 밝아졌다. 문 쪽을 쳐다보니까 흰 가운을 입지 않은 평상복 차림의 마이타가 서 있었다. 그녀는 메모지를 손에 들고 다가왔다.

"오늘 저녁에는 근무가 없어요. 나하고 얘기할래요?"

나는 메모지에 적힌 것을 읽었다.

잠시 후 우리는 테이블을 사이에 두고 마주 앉아서 이야기를 주고받았다. 그녀가 종이에 질문을 적으면 나는 큰 소리로 대답했다. 그녀는 좀 희한한 내 말투에 금방 익숙해진 듯했다.

"나는 언어치료사가 되고 싶어요. 지금은 그 교육과정 1년 차이고 이 병동에서 실습하고 있어요."

그녀가 적었다.

마이타는 부모님이 이탈리아인이라 독일어와 이탈리아어를 같이 쓰면서 자랐다.

"마이타에게는 어느 게 모국어인가요?"

나는 물었다.

"두 나라 말을 똑같이 잘해요. 당신은 어떻죠?"

"수화가 내 모국어예요."

"수화에 대해 얘기해줘요."

청각장애인의 세계에 관심이 있는 언어치료사라! 그녀는 부정적인 선입견을 전혀 가지고 있지 않은 듯 주의 깊게 귀를 기울이며 끊임없이 질문을 해댔다. 그처럼 호기심을 숨김없이 드러내는 사람은 처음이었다. 내가 서서히 시력을 잃어간다고 하자 그녀는 만하임(Mannheim) 부근의 일베스하임(Ilvesheim)이라는 곳에 있는 시각장애인 연구소에서 자원 봉사를 한 적이 있다고 말했다.

"그곳에 시청각 중복 장애인도 있어요?"

내가 물었다.

"아니요."

그녀는 대답했다.

"그들하고는 어떻게 의사소통하죠?"

"촉각문자라는 게 있는데 가르쳐줄까요?"

그녀는 촉각문자를 금세 익혔고, 배우는 내내 재미있어했다. 나도 그녀를 가르치는 것이 즐거웠다. 두 시간 후에 그녀는 촉각문자로 "수술 잘 받아요."라고 쓰면서 작별 인사를 했다. 그녀와 함께한 시간은 눈 깜짝할 사이에 지나갔다.

이튿날 오후 늦게 눈을 떴는데 그때까지 마취가 풀리지 않았다. 얼굴이 화끈거리며 열이 나는 느낌이었다. 조심스럽게 머리를 더듬어보니 두껍게 감긴 붕대가 만져졌다. 나는 호스나 튜브 같은 것이 내 몸에 연결되어 있지 않은지 확인하려고 팔과 몸을 만져보았다. 누운 상태에서 팔다리를 마음대로 움직일 수 있었고 아무 데도 이상이 없는 것 같아서 조심스럽게 한 발씩 디디며 욕실로 갔다. 거울을 들여다본 순간 나는 소스라치게 놀랐다. 내 꼴이 마치 부상병처럼 처참해 보였다. 찬물로 얼굴을 식히려는 순간 누군가 내 팔을 잡아끌었다. 마이타였다.

나는 그녀가 왜 그러는지 알고 있었다. 수술을 받은 직후에 혼자서 일어나 돌아다니는 것은 금지되어 있었기 때문에 나는 간호사가 올 때까지 기다려야 했다. 그녀가 나를 침대로 데리고 갈 때 두려운 일이 일어났다. 나는 마이타의 부드러운 손길을 느꼈고 그녀가 내 옆에 바짝 붙어 있어서 가슴이 두근거렸다. 그녀의 몸이 닿는 순간 사랑에 빠져버렸다.

나는 순순히 침대에 누웠다. 그녀가 내 눈앞에 뭐라고 적은 메모지를 갖다 댔다.

"흐릿하게 보여서 읽을 수 없어요."

나는 말했다.

그녀는 내 손을 잡고 천천히 촉각문자로 뭔가를 적기 시작했다. 그새 그녀의 촉각문자 구사 실력은 내가 무슨 단어든 다 이해할 정도로 많이 늘어 있었다. 그녀가 뭐라고 했는지 잘 기억나지 않지만, 아마도 절대적으로 안정을 취해야 한다는 내용이었을 것이다. 여하튼 수술을 받느라 지친 데다 아직 마취 기운이 남아 있어서 나는 곧 잠이 들었다.

저녁때 마이타는 나를 깨우려고 어깨를 살며시 건드렸다. 그녀는 흰 가운을 벗고 청바지와 스웨터를 입고 있었다.

"근무가 끝났어요?"

나는 물었다.

"네."

그녀는 촉각문자로 대답했다.

"그리고 이곳에서의 실습도 오늘로 끝이에요."

갑자기 정신이 번쩍 든 나는 급하게 몸을 일으켰다.

"정말 가는 거예요? 오늘 당장?"

나는 놀라서 물었다. 미처 예상치 못한 일이었다. 그렇게 갑자기 내 앞에 나타난 그녀가 하루 만에 내 삶에서 사라지려 하다니 말도 안 돼! 나는 그녀를 옆에 두고 싶었고 그녀에 대해 뭐든 알고 싶었다.

"네. 다른 곳에서 근무해야 하거든요."

"나는 아직 한참 더 있어야 할 거예요. 병문안 와줄 거죠?"

세상에서 가장 당연한 일인 듯이 물었다.

"가야겠어요."

그녀가 다시 촉각문자로 말했다.

"집 주소를 가르쳐줄래요? 페터와 계속 연락하고 싶어요."

나는 놀랐다. 청각장애인들은 만나면 거의 예외 없이 주소를 교환한다. 하지만 비장애인이, 게다가 이렇게 예쁜 여자가 대놓고 주소를 묻다니! 그런 일은 그때까지 한 번도 없었다. 나는 메모지에 주소를 적어주었다.

"그리징엔이 어디에요?"

그녀가 물었다.

"여기서 기차로 두 시간 반쯤 걸려요."

그녀는 너무 멀어 실망하는 눈치였다. 그건 그녀도 나를 다시 만나고 싶어 한다는 뜻이었다.

"얼마 안 있으면 나도 퇴원할 텐데, 어디로 연락하면 되죠? 다음에 만나면 마이타를 나무꾼 식사에 초대하고 싶어요."
나는 말했다.
"왜 하필 나무꾼이에요?"
그녀가 물었다.
"마이타는 작고 연약하니까 힘이 나게 그런 식사를 해야죠! 아니, 농담이에요. 마이타가 촉각문자를 아주 잘해서 상을 주고 싶어요."
나는 어떻게 해서든 그녀를 붙잡아두고 싶었다.
"전혀 어렵지 않은걸요. 미안해요, 이제 가야겠어요. 존이라는 남자 간호사한테 촉각문자를 가르쳐주었으니까 이제 페터와 이야기할 수 있을 거예요."
존은 영국인이었고, 그곳에서 나와 촉각문자로 대화를 나누려고 노력하는 유일한 사람이었다. 다른 사람들은 언제나 글로 적거나 아예 아무 말도 하지 않았다. 그래서 사람들 사이에 의사소통이 제대로 되지 않으면 으레 그렇듯이 문제가 생길 수밖에 없었다. 그로 인해 피해를 입은 사람은 내가 아니라 나와 같은 병실을 쓰는 옆 침대 환자였지만 말이다.
머리의 수술 부위가 아파서 잠을 제대로 자지 못하던 나는 밤마다 벨을 울려서 간호사를 불러댔고, 그러면 잠시 후 간호사가 수면제를 갖다 주곤 했다. 그런데 벨을 울릴 때마다 간호사가 마이크를 켜고 무슨 일이냐고 묻는 것을 나는 전혀 몰랐다. 그 소리에 잠을 깬 옆 침대 환자는 벨을 울린 사람이 나라고 대신 대답했다. 그 환자는 심각한 청력 저하로 절대 안정이 필요한 사람이었다. 왜 아무도 벨을 누르는 것이 그를 괴롭히는 일이라고 얘기해주지 않았을까? 그것을 알았더라면 다른 방법을 생각해보았을 텐데. 내가 퇴원할 때야 비로소 존이 촉각 문자로 그 이야기를 해주었지만, 이미 너무 늦었다.

"수술이 잘돼서 우리는 만족합니다."

마지막 회진 때 이비인후과 전문의가 말했다.

몇 가지 후유증이 있었지만 미리 예상한 터라 혀의 반쪽이 마비되었을 때도 나는 놀라지 않고 정상으로 움직이려면 얼마나 걸릴지 물어보기만 했다.

"걱정 마요. 몇 주만 지나면 다 괜찮아질 겁니다."

전문의는 메모지에 적었다.

나는 아무 걱정도 하지 않았다. 의사의 말대로 혀의 마비 증세가 풀리기는 했지만 두 번 다시 예전 상태로 돌아오지는 못했다. 수술을 받을 때 혀의 미세 운동신경이 손상된 것이다. 그 후부터 나는 쩝쩝거리는 소리를 더 많이 냈고 소리를 내서 말하기가 예전보다 더 어려워졌다. 뿐만 아니라 코 부위에도 문제가 생겨서 식사할 때 계속 코를 풀어야 했다. 머리의 미세 신경이 아주 조금 손상되어서 그렇다고 했지만, 나는 매일같이 불편을 겪었다.

전문의는 부활절 연휴를 잘 지내라고 하면서 5월이 되면 체내에 이식한 부분과 외부에 착용하는 부분을 조율해야 하니까 다시 오라고 말했다.

이식기는 수용기와 송화기가 정확하게 일치하도록 음향전문가가 세심하게 조율해야 한다. 시간이 오래 걸리고 복잡한 그

과정은 이식 수술을 받고 나서 상처가 완전히 아물어야 시작할 수 있다. 성(聖)목요일(부활절 바로 전의 목요일로, 예수가 성체성사를 제정한 날― 옮긴이)에 혼자 기차를 타고 집으로 향했다. 아는 길은 아직 혼자서도 다닐 만했다. 이름가르트 고모와 디터 고모부가 에잉엔에서 마중 나와 그리징엔까지 동행했다. 애타는 마음으로 나를 기다리던 부모님은 내가 조금도 달라진 것이 없어서 조금 실망한 것 같았으나, 수술 받기 전부터 기적을 바라서는 안 된다는 것을 알고 있었다.

부활절 때 한스-페터와 율리아가 찾아왔다. 나와 부모님, 그리고 두 친구, 이렇게 다섯이서 식탁에 둘러앉아 있는 동안 분위기가 무거웠다.

"무슨 일이야? 왜 그렇게 슬픈 표정이야?"

나는 물었다.

"네 앞날이 걱정돼서 그래!"

율리아가 말했다.

"이제 뭘 할 거야?"

그녀는 항상 신경 써서 또박또박 발음했다. 예전에는 그녀의 입술을 읽는 데 문제가 없었는데, 이제는 단어를 낱낱이 구별하기가 힘들어서 어림짐작으로 뜻을 이해해야 했다.

"앞으로 뭘 해야 할지 모르겠지만 기분은 좋아."

나는 말했다.

"낙천적이구나!"

맞는 말이었다. 그럴 만한 이유가 있었지만 아직은 밝히고 싶지 않았다. 일주일 후 부모님과 함께 오붓하게 앉아 커피를 마셨다. 아버지는 상당히 불안해 보였다. 나는 아버지도 내 미래를 걱정한다는 것을 잘 알고 있었다. 그런 아버지가 갑자기 안쓰러워 이제 부모님을 안심시킬 말을 해야겠다고 생각했다.

"여자가 생겼어요."

마이타를 만나고 난 후로 그녀가 바로 내 인연이라는 느낌이 들었다. 그녀가 아직 소식을 전해 오지는 않았지만, 마음속 깊이 기쁨과 묘한 확신 같은 것을 느꼈다. 부모님은 어리둥절한 표정으로 나를 쳐다보면서 그녀를 어디서 알게 됐는지 물었다.

"하이델베르크에서요."

나는 차분하게 말했다. 하지만 부모님은 믿기지 않는 듯했다.

얼마 후 마이타에게 처음으로 편지를 보내서, 이식기를 조율받기 위해 곧 하이델베르크에 갈 거라고 소식을 전했다.

우리가 다시 만날 수 있도록 마이타가 시간을 낼 수 있으면 좋겠네요.

나는 편지에 이렇게 썼다. 오래지 않아 그녀는 나를 만날 시간이 있고 다시 만나게 되어 기쁘다는 답장을 보내왔다. 그뿐만이 아니었다. 조심스러운 말로 우리의 만남이 결코 우연이 아님을 느꼈다고 암시했다. 나는 마음속으로 환호성을 질렀다. 나도 운명이 우리를 위해 최상의 조건을 준비해준 것 같은 생각이 들었다.

수술을 처음 예정한 대로 반년 전에 받았더라면 마이타는 그

병원에 없었을 테고, 나도 고집스럽게 혼자서 하이델베르크에 가지 않았을 것이며, 그녀와 깊이 있는 대화를 나누지도 못했을 것이다! 그녀가 실습 기간의 마지막 이틀을 하필 우리 병동에서 근무하게 된 건 단순한 우연일 수가 없다. 우리 두 사람이 만날 수 있도록 작은 기적이 일어난 것이다. 내가 사랑에 빠진 것이 하느님의 뜻일까? 이번에는 하이델베르크까지 차로 데려다 주겠다는 디터 고모부와 이름가르트 고모의 제안을 순순히 받아들였다. 마이타와 그녀의 온화한 모습, 그리고 우리의 재회를 생각하면 너무 행복해 음향전문가와 어떤 일을 겪을지 거의 잊어버릴 정도였다.

나는 전반적으로 긍정적인 느낌이었다. 내 머리에 들어 있는 이물질, 그러니까 귀 윗부분에 이식한 보정기와 내이 안의 전극에 곧 익숙해질 거라고 생각했다. 그리고 보청기를 학창 시절에 끼어본 일이 있어서 별문제 없을 것 같았다. 하지만 나는 의사가 아니라 엔지니어인 전문가가 보정기를 작동하게 될 그 순간이 두려웠다. 처음에는 혼란스러운 소음만 느낄 수 있으리라 각오했지만 과연 그 소음이라는 게 어떤 것일지 겁이 났다. 내가 들어간 방은 책상이 있고 그 위에 컴퓨터가 놓여 있는 일반 사무실과 다름없어 보였다. 귀 밖으로 나와 있는 이식기 부분이 컴퓨터와 연결되었고, 엔지니어가 이름가르트 고모에게 뭐라고 말하자 고모가 촉각문자로 설명해주었다.

"프로그래밍을 해야 하니까 시간이 좀 걸린대."

마침내 그는 고모를 통해서 나에게 마음의 준비가 되었는지 물어보았다.

"예."

나는 대답하고 숨을 멈추었다. 모두 숨을 죽이고 긴장한 얼굴로 나를 응시했다.

"자, 들립니까?"

엔지니어가 물었다. 나는 고개를 끄덕였다. 머리 속에서 강한 울림이 느껴졌다. 이게 소리를 듣는다는 것인가?

"기분이 좋지 않아요."

나는 말했다.

그는 컴퓨터 앞에 앉아 뭔가를 새로 입력하더니 물었다.

"나아졌어요?"

귀울림[耳鳴]은 좀 약해졌지만 여전히 기분이 좋지 않았다. 귀뿐 아니라 머리 전체가 울리는 것 같았다. 다시 뭔가를 변경해서 조율하고 또 변경하는 과정을 한 시간 넘게 계속하다가 마침내 엔지니어는 이제 됐다고 말했다. 하지만 귀울림은 없어지지 않았다.

"처음에는 익숙하지 않아서 그래요."

그는 나를 안심시키려 했다.

"누구나 다 그렇습니다. 이제 언어치료사에게 가서 청력 트레이닝을 받으세요. 시간이 지나면 소리를 구별하게 됩니다. 연습하고 또 연습하세요. 그게 가장 중요하니까!"

디터 고모부와 이름가르트 고모와 함께 언어치료과로 가서 대기실 의자에 앉았다. 머리 속에서 느껴지는 귀울림 때문에 불안하고 당황스러웠다. 고모 내외가 걱정스럽게 쳐다봐서 시선을 돌리는 순간 문이 열리더니 흰 가운을 입은 사람이 다가

오는 모습이 눈에 들어왔다. 바로 마이타였다. 이런 행운이 또 있을까! 자리에서 일어나 행복한 미소를 짓자 그녀는 내 손을 잡고 촉각문자로 말하기 시작했는데, 이름가르트 고모가 말을 걸자 손을 멈추고 웃었다.

"고모님이 나보고 청각장애인이냐고 물으셨어요."

그녀는 촉각문자로 얘기했다. 그 말을 듣고 나도 웃었다.

"마이타가 나하고 같이 청력 트레이닝을 하는 거예요?"

"아니에요. 난 아직 그런 거 못해요. 접수실에서 방금 페터 이름을 듣고 빨리 인사하고 싶어서 온 거예요. 나중에 봐요!"

언어치료사가 우리를 들어오라고 불렀다. 그녀는 트레이닝 과정을 비디오로 촬영하는 데 동의하느냐는 질문이 담긴 용지를 내밀었다. 나는 '예'에 표시하고 그 밑에 서명한 다음 용지를 다시 건네주었다.

"여러 가지 소리를 들려줄 테니 몇 번 들었는지 말씀하세요."

그녀가 종이에 적었다.

머리 속에서 귀울림이 두 번 높아졌다. 이것이 소리라는 것일까?

"두 번요."

나는 말했다. 그녀는 고개를 끄덕였다. 또다시 네 번의 귀울림이 감지되었다.

"네 번요."

기분이 좋지 않았다. 그러고 있으려니 옛 생각이 났다. "북소리가 몇 번 들리지, 페터?" 리오바 수녀님은 그렇게 다그치곤 했다. 그때는 머리 속이 아니라 귓불에서 느껴지는 진동수를 세어 대답했지만.

"못 견디겠어요."

나는 이식기가 전해주는 불쾌한 느낌을 설명하려고 애썼다.

"당신이 소리나 소음이라고 부르는 것이 저한테는 두통처럼 느껴져요. 실제로 머리가 아프지는 않지만 뇌 속에 기계가 들어 있는 기분이에요. 정말 힘들어서 미칠 거 같아요. 두통약을 먹으면 괜찮아질까요?"

옆에서 지켜보던 이름가르트 고모는 울기 시작했다.

"참으세요!"

언어치료사는 종이에 적었다.

"처음부터 잘되는 경우는 없어요. 앞으로 조금씩 나아질 거예요. 곧 이식 수술을 받은 보람을 느낄 테니 용기를 내세요."

적응 기간에는 트레이닝이 끝난 다음 이식기를 꺼도 되었는데 귀울림이 사라지면 안도의 한숨을 내쉬었다.

오후에 나는 마이타와 만나기로 약속한 장소인 병원 뒤로 갔다. 우리는 잔디 위에 앉아 꽤 심각한 표정을 지었다.

"지금은 촉각문자보다 글로 쓰고 싶은데, 괜찮겠어요?"

그녀는 물었다.

"나한테는 중요한 일이거든요."

그녀는 우리의 장래에 대해 진지하게 생각하고 있다는 내용의 글을 적었다.

"페터하고 같이 살면 어떨까 생각해보고 있어요."

마이타와 같이 산다고 상상만 해도 나는 너무나 행복해서 하늘을 날 것 같았지만 현실을 생각하지 않을 수 없었다. 그녀에게 무엇을 해줄 수 있는가? 마이타는 스물한 살밖에 안 되었고 언어치료사가 되고 싶어 하는 예쁘고 재능 있는 비장애인 처녀인데, 나는 서른세 살에 직업도 돈도 없는 중증 장애인이다. 객관적으로 볼 때 나한테는 우리 두 사람의 미래를 계획할 만한 것이 하나도 없지 않은가? 내가 유일하게 가지고 있는 건 확신뿐이었다. 나는 우리의 만남에 반드시 이유가 있을 거라고 굳게 믿고 있었다.

"당신은 마치 나를 기다려온 것처럼 새로운 내 인생의 출발점에 서 있어요."

그녀에게 내 입장을 설명했다.

"나도 앞으로의 일은 모르기 때문에 확실한 건 하나도 없어요. 다만 한 가지 분명한 건 우리가 같이 살면 마이타한테는 삶이 모험이 되리라는 거예요. 우리의 삶은……."

"좋아요."

그녀는 말했다.

"자, 가요."

이렇게 간단할 수가! 우리는 전차를 타고 구시가지로 가서 손을 잡고 시내를 돌아다니다 저녁이 되어서야 내가 묵는 호텔 앞에서 헤어졌다.

"내일은 나도 페터가 청력 트레이닝을 받을 때 옆에 있을 거예요."

그녀는 헤어질 때 촉각문자로 말했다.

청력 트레이닝은 순조롭지 않았다. 이식기를 켜자마자 다시 귀울림이 생기면서 머리가 지끈거렸는데, 언어치료사의 질문을 제대로 알아듣지 못하고 실수를 연발했다.
"귀울림 때문에 그래요. 왜 이런 거죠?"
나는 신경질적으로 물었다.
"그런 건 없어요. 긴장을 해서 그렇게 느끼는 거죠!"
언어치료사는 말했다.
"긴장을 좀 푸세요. 숨을 멈추지 말고 깊이 심호흡하세요!"
와우이식기가 신경을 날카롭게 만들어 기분이 더 나빠졌고, 옆에 있는 마이타도 점점 더 불안해하는 것이 느껴졌다. 트레이닝이 끝나고 나서 그녀는 앞으로 며칠 동안 나를 만날 수 없다고 말했다.
"시험이 있어서 공부할 시간이 필요해요."
그녀는 설명했다. 그녀의 태도에서 거리를 두고 싶어 하는 것을 읽은 나는 그녀를 그냥 가게 놔두었다. 하지만 그녀가 못 견디게 보고 싶었다.
어느 날 저녁 그녀가 호텔로 나를 찾아왔다. 우리는 청력 트레이닝을 받을 때 그녀가 나한테서 받은 느낌과 좀 더 인내심을 가지고 더 느긋하게 와우이식기를 다루어야 한다는 그녀의 견해에 대해 오랜 시간 이야기를 나누었다. 그녀를 그토록 애타게 보고 싶어 한 나는 그녀와 대화를 나눌수록 점점 더 슬퍼졌다. 우리가 알게 된 지 얼마 되지도 않았는데 벌써 이렇게 서로를 이해하지 못하면 앞으로 어떻게 될까? 그녀가 집에 가려고 일어섰을 때 나는 그녀와 완전히 끝낼 준비가 되어 있었다. 서로 잘 모르는 사람처럼 우리는 악수를 하면서 서로에게 행운을 빌어주고 잠시 망설였다. 그렇게 서로를 바라보다가 호텔 복도에서 갑자기 껴안고 키스를 했다.

우리의 감정이 그 어떤 장애물보다 더 강했다. 우리 두 사람 사이에는 내가 한 번도 체험해보지 못한 신뢰와 희망, 그리고 기쁨이 흘러 넘쳤다. 나는 말없이 그 놀라운 사랑을 선물해주신 하느님께 감사드렸다.

산 넘어 산

하이델베르크에 온 김에 눈 검사를 다시 받아보았다.
"시야가 전보다 더 좁아졌군요."
블랑케나겔 교수가 검사 결과를 알려주었다.
내 시력이 더 나빠졌다는 것은 이미 알고 있었다. 블랑케나겔 교수는 이식 수술을 받은 결과가 어떤지 궁금해했다.
"별로 좋지 않아요."
나는 대답했다.
"전문가들이, 익숙해지려면 2, 3년 정도 걸릴 거라고 하더군요. 집에서 꾸준히 연습해야지요. 시간이야 남아도니까 괜찮습니다. 저는 지금 실업자거든요. 하지만 곧 할 만한 일을 찾아봐야죠."
"어떤 일요?"
그녀가 물었다.

"저는 등공예가입니다."

"아, 맞아요. 등공예 직업교육을 받았죠? 하지만 페터처럼 머리가 좋은 사람은 다른 일을 해야 해요! 내 생각엔 안마사가 되면 좋을 것 같은데, 생각해본 적 있어요? 내가 도움이 될 만한 일이 있는지 알아볼까요?"

"치료가 목적인 직업이라면 마음에 들 것 같네요. 저는 다른 사람들을 도와주고 싶거든요."

나는 대답했다.

하지만 일에도 순서가 있으니 제일 먼저 와우이식기부터 결판내야 한다! 나는 조금도 진전되는 느낌이 들지 않았고, 언어치료사 역시 실망스러워했다.

"당신이 원하면 해낼 수 있어요."

언어치료사는 매번 이 말만 되풀이했다.

담당 의사들과 언어치료사, 음향전문가들이 모여 논의한 결과, 내가 지나친 기대를 갖고 트레이닝 과정에 임한다는 결론이 내려져서 심리상담가에게 상담을 받도록 보내졌다.

"너무 지나친 것을 바라지 말고 기대를 낮추십시오."

심리상담가는 말했다.

"수술하기 전에는 아무 기대도 하지 않았습니다."

나는 대꾸했다.

"물론 머리 속에 불쾌한 느낌도 없었고요. 이런 일이 생길 거라고 아무도 미리 말해주지 않았습니다. 불쾌한 느낌은 저를 신경과민으로 만들 뿐이에요."

게다가 다른 사람들의 기대가 마음에 부담이 되었다. 슈베비슈 그뮌트 학교에서 발성 수업을 받던 시절처럼 귀한 시간만 허비하는 기분이 들었다. 하지만 그때와 달리 이제는 누구도 나를 고집불통이라고 비난할 수 없었다. 나는 지시 사항을 착실하게 잘 따랐고 하루 종일 와우이식기를 켜놓은 채 머리 속에 생기는 귀울림이 차츰 없어지기를 바랐다. 일주일에 한 번씩 언어 치료를 받으러 에잉엔에 가고, 카세트 녹음기를 사서 집에서 소리를 구분하는 연습을 하기도 했다. 곧 나는 혼자 힘으로 녹음기의 진동을 감지해서 소리와 연관 지을 수 있었다. 하지만 연습 시간을 빼고는 대부분 뇌 속에서 신호들이 우박처럼 마구 쏟아지는 기분이었다.

하이델베르크에서 돌아온 지 몇 주 안 되었을 무렵 마이타에게서 전화가 왔다. 그녀는 나를 만나러 오고 싶어 했다. 나는 내가 대단히 기뻐하고 있으며 역으로 그녀를 마중 나갈 거라는 말을 어머니에게 대신 전하게 했다. 이웃에 사는 베른트가 역끼지 데려다 주었는데, 그는 마이타와 내가 아주 오래된 연인처럼 포옹하는 모습을 보자 적잖이 놀라는 기색이었다. 부모님 역시 정말로 여자 친구가 있다는 사실을 믿을 수 없어 했다. 다행히도 농장이 마이타 마음에 드는 것 같아서 안심했다. 그녀는 농장을 구석구석 보고 싶어 했다. 어렵지 않게 우리 부모님의 마음을 사로잡은 그녀는 특히 어머니와 금방 친해졌다. 우리는 이곳저곳으로 산책을 많이 다녔다. 마이타는 자연을 사랑해서 그곳이 아름답다고 생각했으나, 우리가 손을 잡고 마을을 지나갈 때는 기분이 좋지 않은 것 같았다. 그곳에서는 누구나 나를 잘 알았고 내가 여자와 같이 있는 모습을 한 번도 본

적이 없던 터라 모두들 유난히 호기심 어린 눈으로 우리를 쳐다보며 줄기차게 말을 걸었다.

"참 이상해."

마이타가 촉각문자로 말했다.

"이곳 사람들은 페터를 좋아하지만 나와는 다른 시각으로 페터를 보는 것 같아. 그들한테 자기는 귀머거리 노총각일 뿐이야. 나한테는 페터가 배운 것도 많고, 책도 많이 읽고, 생각이 깊어서 존경할 만한 사람인데 말이야. 여기서는 아무도 그런 데 관심이 없는 것 같아."

"맞아. 예전에는 그래서 힘들어했는데, 이젠 아무렇지 않아. 나를 어떻게 생각하든 괜찮으니까."

나는 대답했다.

"하지만 나한테는 괜찮지 않아. 페터한테 어떤 재능이 있는지 잘 아는걸. 그리고 마을 사람들이 나를 의심스러운 눈으로 쳐다보는 듯한 인상을 받았어."

그 말도 맞았다. 마이타는 스물한 살이었으나 키가 작아서 더 어려 보이는 데다 한눈에 봐도 남유럽 출신임을 알 수 있는 외모였다. 나는 우리를 보고 사람들이 어떤 생각을 하는지 충분히 짐작이 갔다. '장애인이 어떻게 저런 여자를 만났을까? 도대체 나이가 몇 살이야?', '페터를 도와주는 여잔가?', '저 여자가 진짜 페터를 사랑할까?' 등등. 하이델베르크에서는 아무도 우리를 모르기 때문에 그런 관심은 있을 수 없는 일이었다.

아무도 우리를 모르고 관심도 없는 도시가 더 편했기 때문에 그녀가 그리징엔에 오는 것보다 내가 하이델베르크로 갈 때가 더 많다. 7월에 마이타가 고향 근처에 있는 언어치료사에게 실습을 받게 되어 부모님 집에서 지내게 될 때까지 우리는 거의 2주에 한 번씩 만났다. 8월이 되자 그녀는 그리징엔에서 나와 함께 휴가를 보내고 싶다는 소식을 보내왔다. 에잉엔 역으로 그녀를 데리러 갔는데, 그녀의 얼굴을 보자마자 고민이 있다는 것을 금방 알아차리고 그 이유를 물었다. 실습은 잘하고 있던 터라 원인은 다른 데 있었는데, 그것을 짐작하기는 어렵지 않았다.

"마이타네 부모님이 나에 대해 아신 거야?"

나는 물었다.

"응."

마이타가 대답했다.

"부모님한테 페터 얘기를 했는데, 엄마는 우리가 그냥 친구로 지내야 한대. 어쩌면 엄마 말이 맞을지도 몰라……."

나는 그녀의 부모님이 걱정하는 것도 당연하며 어느 부모나 비슷한 반응을 보일 거라고 생각했다. 심지어 마이타와 나조차도 우리의 관계가 오래 지속될 수 있을지 의문스러워질 때가 한두 번이 아니었다. 하지만 우리는 처음부터 솔직하게 그런 이야기를 털어놓았다. 그녀와 나는 조금이라도 불만이 있으면 그 자리에서 말해야 한다고 생각했다. 우리는 거리낌 없이 사랑해도 되는 정상적인 연인 사이가 아니고 균형이 맞지 않는 커플이라, 문제가 있으면 아무렇지도 않게 생각하고 그냥 넘어갈 수가 없었다. 그리고 마이타도 나도 아무 문제가 없는 척하고 싶지는 않았다.

"그건 안 돼."
나는 대답했다.
"우리는 완전한 연인 사이가 되거나 연락을 끊는 방법밖에 없어. 나는 마이타하고 그냥 친구로만 지낼 수 없으니까!"
"나도 마찬가지야."
마이타는 촉각문자로 말했다.
"우리 엄마 아빠가 페터를 보기만 한다면……."
"그렇게 된다면 좋겠지만 마이타네 부모님이 나를 초대하셔야 말이지."
"글쎄……."
마이타가 말끝을 흐렸다.
"마이타만 괜찮다면 초대를 받지 않아도 자기네 부모님한테 내가 괴물이 아니라는 것을 보여줄 수도 있어."
"조금 더 기다려보는 게 낫겠어. 페터가 장애인이기 때문만은 아니거든. 자기가 독일 사람이라는 것도 전통적인 남부 이탈리아 가정으로서는 한꺼번에 감당하기 힘든 일이야!"
한꺼번에 감당하기 벅찬 것은 우리한테도 마찬가지였다. 우리가 함께하도록 어떤 힘이 우리를 한데 묶어주리라고는 둘 다 예상하지 않았다.
"나는 우연이나 운명 같은 건 믿지 않아. 하느님이 우리를 짝 지어 주신 거야."
마이타에게 말했다.
"어려운 문제는 곧 해결할 수 있겠지. 그러니까 길 위에 여기저기 놓인 돌을 치울 때처럼 하나씩 차근차근 해결해보자."

하지만 그것조차 쉽지 않아서 우리는 커플로 인정받기 위해 투쟁해야 했고, 청각장애인 친구들조차도 우리의 관계를 받아들이려 하지 않았다. "페터 헤프가 다시 돌아왔다!"라는 소식은 옛 친구들 사이에서 순식간에 퍼져나갔다. 소식을 전해 들은 친구들은 나를 그리징엔으로 찾아오거나 다양한 청각장애인 모임에 초대했다. 몇 달 안 되는 사이에 다시 만난 옛 친구들은 아주 많았지만, 나의 시력 상실이 친구들을 당황하게 만들어 유감스럽게도 재회의 기쁨을 나눌 분위기가 아니었다. 그들은 나와 어떻게 의사소통을 해야 할지 몰라서 난감해했다.

"난 더 이상 수화를 눈으로 볼 수는 없지만 계속할 수는 있어. 그리고 너희들이 나한테 무슨 말을 하고 싶다면 촉각문자로 해야 해."

나는 설명했다. 촉각문자를 할 줄 아는 친구가 거의 없어서 나는 항상 촉각문자표를 가지고 다녔다. 친구들은 촉각문자로 몇 가지 단어를 말해보려고 시도하거나 내가 어떻게 지내는지 물어보기도 했으나, 나는 그들이 불편한 심기를 감추고 있음을 느낄 수 있었다. 시청각 중복 장애인이 되었다는, 엄청난 공포감을 불러일으킬 만한 일에도 내가 그다지 불행해하지 않는 이유가 뭔지 아무도 이해하지 못했다. 시력을 잃는 것은 청각장애인들이 상상할 수 있는 것 가운데 최악이었다.

"나는 지난 4년 동안 고통과 싸워왔어."

나는 계속했다.

"수없이 많은 위기를 겪은 정말 힘든 시간이었지. 지금도 모든 어려움을 극복하진 못했지만 조금씩 적응해가고 있어."

"나라면 실명할 거라는 말을 듣는 순간 당장 죽어버릴 거야!"
한 친구가 수화로 말했다. 그 사이 촉각문자를 배운 펠릭스가 그 친구의 말을 통역해주었다.
"나도 죽을 생각 여러 번 했어."
나는 대답했다.
"하지만 나 같은 처지의 사람에게도 목숨은 소중한 거야. 보다시피 나는 여전히 살아 있어. 그리고 더 이상 혼자가 아니야. 짝을 찾았거든."
비장애인 여자 친구라니! 청각장애인 친구들은 특히 그것을 받아들이기 힘들어했다. 오랜 친구 다니엘은 불신을 숨김없이 드러냈다.
"왜 하필 그 여자야? 그 여자는 수화도 못하고 촉각문자밖에 할 줄 모르는데……."
그래서 가을부터 마이타는 수화를 배우러 다녔다. 그녀는 내 친구들을 만나고 싶어서 가끔씩 청각장애인 모임에 따라오기도 했다. 처음에 그녀는 수화가 서툰 데다 친구들이 불신에 찬 태도로 대해서 많이 힘들어했다.
"내 친구들 중에 몇 명이 비장애인 여자를 사귀다가 차인 경험이 있어서 그래. 관계가 좀 진지해지니까 여자들이 헤어지자고 하면서 떠나버렸지."
마이타에게 자초지종을 얘기해주었다.
"마이타도 나한테 상처를 줄까 봐 걱정돼서 그러는 거야. 마이타에 대해 더 많이 알면 다들 좋아할걸."
나는 그렇게 될 거라고 굳게 믿었다. 우리는 끊임없이 새로운 난관에 부딪혔으나 그럴 때마다 함께 이겨냈다. 다만 내 직업과 관련된 문제에서는 아무 진전이 없었다. 나는 실업수당을 신청했는데 에잉엔에 있는 노동청은 그것을 기각해버렸다. 가만있을 수가 없어서 노동청으로 찾아갔다.

"시청각 중복 장애인은 실업수당을 신청할 수 없습니다. 조기 연금 신청을 하는 게 좋을 듯합니다만."

노동청 직원이 말했다.

"연금요? 저더러 연금을 신청하라고요? 천만에! 저는 장애인이지만 건강합니다! 아직 일을 할 수 있고, 일을 하고 싶단 말입니다."

나는 대답했다.

그 직원은 마지못해서 내 신청서를 다시 한 번 검토해보겠다고 말했다. 며칠 뒤 내 케이스에 대한 결론이 날 때까지 임시로 실업수당이 지급될 거라는 연락을 받았다. 하지만 노동청에서는 이렇다 저렇다 결론을 내리지 못하고 질질 끌기만 했다. 나는 그리징엔에서 할 일 없이 빈둥거리고 싶지 않아, 헝겊 조각으로 근사한 무늬가 들어간 매트나 방석을 짜서 친구와 친척들에게 선물했다. 그렇게 하는 것이 약간이나마 좋은 기분을 유지하는 데 도움이 되었다. 그러는 동안 노동청 직원들은 나를 조기 연금 쪽으로 몰아가려고 안간힘을 썼다. 하지만 나는 아니었다. 나는 이제 서른세 살밖에 안 되었다! 그리고 육체적으로나 정신적으로 아직 많은 능력이 있다고 자신한다!

그러던 어느 날 울름에 있는 보건소에 가서 검사를 받으라는 통지서가 날아왔다. 내 생각에 검사가 아주 순조롭게 진행된 것 같았는데, 일할 능력이 없으므로 하루에 몇 시간씩만 장애인을 위한 작업장에서 일할 수 있다는 내용의 서신을 얼마 후 받았다. 기가 막히고 어이가 없었다. 보건소 의사는 그 비슷한 말을 한마디도 하지 않았는데! 나는 다른 의사에게 재검사를 받게 해달라고 요구하는 편지를 수차례 보내고 전화를 걸어댄 끝에 허락을 받아냈다. 이번에는 마이타가 같이 가서 보건소 의사와 나 사이를 통역해주었고, 그 의사는 내게 일할 능력이 있음을 확인해주었다.

그와 동시에 블랑케나겔 교수의 도움을 받아 안마사가 되기 위한 재교육 신청을 했는데, 등공예가가 되기 위한 재교육을 이미 지원해주었다는 이유로 기각되었다.

"등공예로는 가족을 부양하기는커녕 내 밥벌이도 못 해."

마이타에게 말했다.

"다른 일을 찾아봐야겠어. 사람들을 많이 상대할 수 있는 일 말이야."

단절은 누구에게나 독처럼 치명적이지만, 특히 시청각 중복 장애인에게 훨씬 더 위험하다. 이웃과 전혀 또는 조금밖에 교류가 없는 사람은 육체적으로나 정신적으로 병이 든다. 나는 그 사실을 하일리겐브론에서 다른 사람들을 지켜보면서 절실하게 느꼈고, 직접 경험하기도 했다. 이상하게 들릴지 모르지만, 다시 속세로 나와 살면서부터 나는 그 어느 때보다 더 만남과 교류를 목말라했고 동병상련인 사람들과 접촉하는 소중한 네트워크를 구축하기 시작했다.

그 네트워크를 위해서는 우선 기술적인 전제 조건으로 필요한 물품들을 마련해야 했다. 책상은 원래 있던 것을 쓰기로 했고, 의료보험사에서 지급하는 보조금으로 화면판독기를 장만했으며 팩스도 구입했다. 그렇게 해서 나는 마이타를 비롯하여 옛 친구들, 그리고 조금씩 알게 된 시청각 중복 장애인 친구들과 글로 의사소통할 수 있었다. 뿐만 아니라 기회가 될 때마다 슈투트가르트나 뮌헨으로 중복 장애인 모임을 찾아다녔다. 그 모임들은 주로 열심히 활동하는 시각장애인협회가 주관했다. 나는 수화를 하면서 성장한 어서 증후군 환자들이 그렇듯이 청각장애인의 세계를 더 내 집처럼 느끼면서도, 바덴뷔르템베르크 주 시청각장애인협회 동부지회의 '시청각 중복 장애인' 동아리에 가입했다. 시각장애인에 비해 청각장애인들은 중복 장애인이 처한 상황에 별로 관심을 보이지 않았고, 원래 같은 처지이던 사람들이 적지 않은데도 그들을 대할 때 어색한 반응을 보였다.

나는 어떻게 하면 시청각 중복 장애인 문제에 대해 청각장애인의 관심을 일깨울 수 있을지, 그리고 일부 투쟁적인 중복 장애인들이 제안한 것처럼 어떤 협회와도 무관하게 독자적으로 자조적인 단체를 만들 필요가 있는지 생각해보았다. 한편으로는 다른 나라에서는 그들의 처지가 어떤지 알아보기 위해 정보를 수집했다.

그 모든 것에 대해 마이타와 의견을 교환했고, 그녀는 나름대로 책과 논문을 주거나 세미나와 강연회에 데리고 가면서 자기 공부에 나를 끌어들였다. 어느 날 우리는 하이델베르크 대학의 독문학과 강의실에 나란히 앉아 수화를 연구해서 세계적으로 유명해진 언어학자 우르줄라 벨루기 여사의 강연을 들었다. 마이타는 내가 알아볼 수 있게 두꺼운 검은색 펜으로 크게 글씨를 써가며 메모를 했다. 그녀는 때때로 그 언어학자가 한 말을 촉각문자로 설명해주기도 했다. 하지만 나는 벨루기 여사가 내 모국어인 수화를 마치 해부대 위의 시신처럼 취급하는 것 같아서 기분이 언짢아졌다. 그것이 잔인한 폭로 행위로 여겨져 불쾌해하고 있는데, 순간 옆에 앉은 마이타가 감격에 겨워 어쩔 줄 몰라 하는 것을 느꼈다. 강연이 끝난 뒤 그녀에게 불쾌감을 털어놓았다.

"언어학자들은 어느 언어나 그런 식으로 분석하는데, 뭐!"

그녀의 반응이었다.

"그리고 벨루기 여사는 음성언어처럼 수화도 왼쪽 뇌에서 만들어진다는 사실을 발견해냈어."

그녀는 열을 올리며 자세한 강연 내용을 촉각문자로 설명해주었고, 나는 내 모국어를 뉘앙스까지 자세히 배워 더 의욕이 생긴 그녀의 모습을 좋게 받아들였다.

"난 언어학에 대해 전혀 아는 게 없지만, 그 학문 덕분에 수화가 인정을 받게 된다면 벨루기 여사한테 고마워할 거야. 언어학에 대해 더 많이 알고 싶은데, 어떤 책을 읽으면 좋을까?"

마이타에게 물었다.

마이타와 나의 주 관심사는 언어와 의사소통 방식이었는데, 서로 관점이 달랐지만 오히려 서로에게 더 좋은 자극제가 되었다. 그렇게 해서 우리는 평소에 접근할 엄두도 못 냈을 법한 분야를 서로에게 열어준 셈이었다. 얼마 뒤 나는 올리버 색스

(Oliver Sacks)의 매혹적인 작품 ≪침묵의 목소리(Seeing Voices)≫를 읽고, 갤러뎃 대학교 교수인 윌리엄 C. 스토키(William C. Stokoe)가 1960년에 미국에서 통용되는 수화의 복잡한 구조를 언어학적인 관점에서 다룬 저서를 최초로 출간했다는 사실을 알게 되었다. 우르줄라 벨루기 여사는 전문가들 사이에서 이미 오래전부터 인정받아온 스토키의 연구를 한 단계 더 발전시켰다. 그런데 그와 같은 지식이 미국에서 유럽으로 건너와 순수한 학자가 아닌 사람들에게 전해지기까지 30년이 넘게 걸렸다.

돌은 이미 구르기 시작했다! 나는 그 돌이 마침내 강물에 떨어져 점점 더 큰 파문을 일으키는 모습을 상상하면서 그와 같은 추이를 결코 막지 못할 거라고 생각했다. 수화가 확고한 지반을 얻게 된다면 청각장애인들에게 얼마나 큰 위안이 되겠는가! 그러면 학교에서 음성언어와 더불어 수화를 가르치며 적극 장려하게 될 날이 올지도 모른다. 그러면 비장애인의 학교에서도 영어나 프랑스어와 마찬가지로 수화를 정식 과목으로 채택하리라! 그런 인식의 변화는 청각장애인들을 그늘진 구석 밖으로 데리고 나와 고유의 문화를 가진 동등한 사람으로 만들어줄 것이다.

"그러면 내가 청각장애인들한테 수화로 복음을 가르치더라도 더 이상 문제 될 게 없겠지."

마이타에게 말했다.

"그게 바로 내가 가장 하고 싶은 일이거든! 지금 내 처지는 전혀 좋아 보이지 않지만 어쩐지 용기가 솟는 느낌이야. 나한테는 목표가 있으니까!"

그녀는 내 손을 꼭 잡아주면서 내 마음을 이해한다는 뜻을 전했다.

와우이식기 때문에 두통이 심했다. 그리고 그것을 켜놓으면 집중할 수가 없어, 책을 읽거나 바구니를 짤 때는 꺼버리기 시작했다. 반년이 지나고 다시 조율을 했지만 귀울림 증상은 조금도 줄어들지 않았다.

의사들은 다른 사람들처럼 귀울림 증상을 감수해야 한다고 말했지만, 나는 왜 그래야 하는지 시간이 갈수록 점점 더 이해가 되지 않았다. 와우이식기로 인해 더 좋아진 점이 하나도 없었기 때문이다. 청각 신호를 감지하게 된 것만으로는 밖에 나가 길을 찾는 데 아무 도움도 되지 않았고 오히려 시끄러운 소음 때문에 미칠 것만 같았다. 원래 듣는 것보다 보는 것을 좋아한 나에게 그처럼 혼란스러운 소음은 부담만 줄 뿐이었고, 예전에 비해 조금도 나아진 것을 느끼지 못했다.

마이타는 자신의 전공 지식을 살려 내게 도움을 주려고 나름대로 노력했고, 우리는 와우이식술에 관해 찾을 수 있는 것이라면 뭐든지 닥치는 대로 읽었지만 그것이 미래에 대한 희망에 보탬이 되지는 않았다. 새로운 의학 기술의 경우 대부분 제약회사들이 재정적으로 연구를 지원해주고 실제로 성과를 거둔 부분만 기록된다. 부작용이나 실패 등 부정적인 부분은 모두 부차적인 것으로 간주되게 마련이다. 그래서 이식한 효과가 안 좋게 나타나면 의욕이나 인내심이 너무 부족하다면서 환자에게 책임을 전가하거나 때로는 주변 사람들의 뒷받침이 부족한 탓으로 돌리곤 한다.

와우이식술이 의학적, 윤리적인 이유에서 근본적으로 문제가 있다는 사실은 청각장애인들 사이에서만 뜨거운 논쟁의 대상이 되고 있다. 청력 손실이나 난청을 병으로 보아야 마땅한가? 장애나 결핍 증상을 꼭 그와 같은 수술을 통해 제거해야만 하는가? 혹 이면에 모든 것이 제대로 작동할 때까지 계속 고쳐서 완벽한 사람을 만들겠다는 환상이 감춰져 있는 것은 아닐까? 나는 자기 자신을 비롯하여 자신이 처한 상황과 평화를 맺을 수 있으며 하느님께 신뢰를 갖는 사람이야말로 건강하다고 생각한다. "주님을 믿지 아니하고 주님께 우리의 뜻을 강요하고자 하는 것이 바로 가장 큰 병이다." 교황 요한 23세도 그렇게 언급한 바 있다. 제약회사나 의사들한테는 생각할 여지가 없는 말이겠지만 나한테는 그렇지 않다.

이식기 때문에 몸이 아픈 것은 아니었으나 심리적으로 좋지 않은 영향을 받은 것은 사실이었다. 내 머리 속에서 그칠 줄 모르고 울려대는 귀울림이 나를 예민하게 만들고 내 성격을 바꿔놓았으며 마음의 평화를 앗아갔다. 가끔씩 절망감에 빠질 때도 있었지만 나는 1년을 꼬박 포기하지 않고 버텼다.

"나는 페터가 고통스러워하는 것을 이해할 수 없었어."

어느 날 마이타가 말했다.

"하지만 이제는 이해가 돼. 내가 페터를 보고 있으면 귀울림이 나한테도 전해지는 느낌이거든."

우리는 그 문제를 놓고 자주 논쟁을 했고 때로는 싸우기도 했다. 그래서 이식기가 우리 사이에 불화를 조장하는 것처럼 여겨질 때도 있었으나, 이제는 마이타가 단념한 듯 훨씬 편안해진 느낌이었다.

"이식기를 더 이상 사용하지 않으려고 하는데, 괜찮아?"

나는 물었다.

"응, 괜찮아."

나는 홀가분한 마음으로 와우이식기를 완전히 꺼버렸다. 이식기는 지금도 내 머리 속에 들어 있으나 특별한 통증을 유발하지 않는 한 그대로 놔둬도 상관없다. 이식기에 대한 생각을 하는 경우는 극히 드물지만, 그와 같은 모험을 겪으면서 인생의 동반자 두 가지를 발견하게 된 기적이 일어났다는 생각은 가끔씩 든다.

네 인생 사랑이라 항로는

1995년 가을에 나는 후버 신부님에게 편지를 썼다. 그분은 나보다 1년 뒤에 하일리겐브론을 떠나 로텐부르크에서 살고 있었다.

의미 있는 일을 찾는 과정에서 제게 끊임없이 되돌아오는 의문은 부제가 되는 것이 가능하지 않을까 하는 것입니다. 저는 하느님 없이 살 수 없습니다. 현재 교회와는 관련이 없는 다양한 조직에서 자원봉사를 하고 있는데, 그곳에서는 누구나 제 종교적 도정에 대해 알고 있습니다. 가끔씩 제게 영적인 감화를 달라고 청하는 사람들도 있습니다. 신부님은 하일리겐브론에서 함께 생활해보았기 때문에 제가 촛불이나 돌, 물을 담은 그릇 등과 같이 간단한 물건이나 상징을 즐겨 사용한다는 걸 알고 계시겠지요. 저는 다른 시청각 중복 장애인들을 만날 때마다 그들이 손으로 더듬거나 느낌으로 믿음을 갖게 된다는 것을 확인하곤 합니다. 그리고 그때마다 예수님이 제자 토마스에게 자신의 상처와 흉터를 만져보게 함으로써 의심을 떨쳐버리게 한 일을 되새겨봅니다. 토마스는 시청각 중복 장애인의 수호 성자일지도 모르겠습니다…….

내 편지를 받아보고 무척 반가워한 신부님, 그러나 부제가 될 생각은 접으라는 내용의 답장을 보내왔다. 내가 성직자가 되기에는 너무 반항적이어서 교회의 '속박'에 억지로 스스로를 맞출 수 없을 거라는 것이었다. 신부님의 답장에 나는 싱긋이 웃었다.
"내가 반항적이라고? 나는 청소년 시기에 반항아였고, 무슨 일이 있어도 록 음악을 하고 싶어 했고, 규율을 존중하지 않았지만, 지금은 아주 온순해졌는걸."
마이타에게 그렇게 말하자 그녀는 고개를 저었다.
"순종밖에 모르는 사람을 두고 온순하다고 하는 거야."
그녀는 촉각문자로 대꾸했다.
"하지만 페터는 그렇지 않아. 누군가 자기한테 부당한 대우를 하면 저항하고 스스로 자신의 삶을 개척해나가지. 그런데 그게 뭐 어쨌다는 거야? 나는 페터도 얼마든지 부제가 될 수 있다고 생각해."
"난 다른 방법으로도 사람들을 도와줄 수 있어."
나는 말했다.
실업수당을 받는 기간도 거의 끝나가고 있었다. 조기 연금을 신청하거나 장애인 작업장에서 일할 생각이 전혀 없던 터라 직접 일자리를 찾아 나섰다. 보수를 받고 봉사자로 일할 수 있다면 최상이었지만, 어디서나 무보수로 일할 자원봉사자만 구했다. 어느 날 나와 함께 하이델베르크의 노동청에 있는 컴퓨터 앞에 앉아 있던 마이타는 등공예가를 찾는 구인 광고를 검색해 보자고 제안했다.

"여기 봐, 근처에 있는 가구 공장에서 자격증이 있는 등공예가를 구하고 있잖아!"

하지만 그곳에서 원하는 사람은 등가구를 제작하는 데 필요한 등나무 골수를 다루어본 경험이 있어야 했는데, 유감스럽게도 나는 그에 대한 지식이 전혀 없었다.

"그 분야에 관한 전문 서적을 찾을 수 있을지도 몰라."

마이타에게 말했다.

서점에 가보았으나 그런 서적이 없어서 난감해하고 있는데, 서점 직원이 가까운 곳에 있는 등공예 가게에 가서 물어보라고 일러주었다. 그 가게 주인인 쿤 씨도 그와 관련된 정보를 가지고 있지 않았으나 참고서를 구해주겠다고 말했다. 그리고 나는 그리징엔으로 가야 했기 때문에 마이타가 대신 그 책을 가지러 가기로 했다.

나는 별로 기대하지 않았지만 지원서를 작성해서 첨부 서류와 함께 등가구 공장으로 보냈는데, 얼마 후 예상대로 거절 통보를 받았다. 그와 동시에 마이타가 쿤 씨와 내 이야기를 나누었다는 소식을 팩스로 전해 왔다.

그분은 페터에 대해 질문을 많이 하더니 면접을 보러 올 수 있겠느냐고 물으셨어. 혼자서는 일을 감당하기 힘들어서 가구 보수하는 일을 도와줄 사람이 필요하던 참이었대.

나는 답변을 보냈다.

그분이 그 가게로 나를 고용할 만큼 돈을 충분히 벌지는 못할 것 같지만, 기꺼이 면접을 보러 가겠다고 전해줘.

수년 전 아버지와 함께 모니카 누나의 첫아이에게 선물할 요람을 만들어보기는 했어도 나는 가구에 대해서 별로 아는 게 없었다. 그렇지만 수공업 쪽으로 전문 지식이나 경험이 풍부한 편이었고, 쿤 씨도 그에 대해서는 조금도 의심하지 않는 눈치였다.

"자네가 할 수 없는 일은 내가 가르쳐주겠네, 그럼 아무 문제 없을 거야."

수습 기간 6개월을 두기로 약정했다. 쿤 씨는 보수에 대해서도 이미 생각해본 듯 이렇게 말했다.

"노동청에 신청할 생각이네. 장애인을 위한 재활 훈련 차원에서 지원을 받을 수 있거든. 자네도 거기에 이의가 없나?"

이의라니요! 드디어 그리징엔을 떠날 수 있게 되었는데! 1996년 5월에 나는 하이델베르크에 작은 하숙방을 구해 이사했다. 등공예 가게는 하숙집에서 몇백 미터 남짓 떨어진 거리에 있었다. 쿤 씨는 가게의 한쪽 구석을 비워 임시로 내가 작업할 공간을 마련해주었고, 장사가 잘되면 제대로 된 작업실을 차려주기로 했다.

하숙집 가까이에는 장을 볼 만한 상점들이 충분히 있었고 마이타의 기숙사도 혼자 걸어갈 수 있는 거리에 있었다. 6개월 전쯤에 이른바 이동 및 방향 찾기 트레이닝을 마친 덕분에 이제 아는 길은 흰색 지팡이를 들고 혼자서도 다닐 수 있었다. 나는 항상 아무리 먼 길을 돌아가더라도 최대한 안전한 길을 택했다. 마이타한테 가려면 찻길을 여러 번 건너야 했는데, 진동 장치가 되어 있는 신호등이 설치되어 있어 차가 많이 다니는 길도 힘들이지 않고 건널 수 있던 반면에, 다른 찻길에서는 항상 위험을 무릅써야 했다. 그래서 광도가 적당할 때는 신호등을 보면서 나의 잔존 시력을 동원하여 차들이 정말로 멈춰 섰는지 식별하려고 애쓰거나, 다른 사람들이 옆에 있을 때는 그들이 길을 건너려고 움직일 때까지 기다렸다.

보행로에서는 지팡이를 이리저리 흔들어서 보행로가 시작되는 모서리에 부딪치게 했다. 그런 테크닉은 지팡이를 두드려서 나는 소리를 듣고 길을 찾는 시각장애인에게는 잘못된 것이지만 나에게는 옳은 방법이었다. 나는 보행로의 모서리를 지팡이로 건드려서 나에게 결여된 청각을 촉각으로 대신한 셈이다. 자전거도로가 보행로와 나란히 나 있을 때는 특히 조심해야 했다. 어떤 곳에는 다행히 자전거도로와 보행로 사이에 홈이 파여 있어서 방향을 찾는 데 큰 도움이 되었다. 쓰레기차가 오기 전에 마이타한테 갈 때는 마치 힘든 장애물 경주를 하는 기분이었다. 사방에 쓰레기통이 놓여 있어서 앞뒤나 오른쪽 왼쪽 가릴 것 없이 계속 지팡이에 부딪쳤다. 그리고 구시가지에서는 상인들이 내놓은 가판대 앞에 사람들이 서 있었기 때문에 지나가기가 무척 고역스러웠다.

한번은 마이타와 함께 시내 한복판을 걸어가는데, 화려한 색으로 짠 바구니가 내 앞에 걸려 있는 것이 보였다. 팔려고 내놓은 것이라고 생각한 나는 무슨 방식으로 짠 것인지 만져보기 위해 바구니에 손을 갖다 댔다. 그 순간 마이타가 갑자기 나를 잡아끌어서 어리둥절했다.

"방금 페터가 어떤 여자의 바구니 안에 손을 집어넣었어. 눈치를 못 챘으니 망정이지!"

그녀는 촉각문자를 써서 말했다.

그런 실수는 더 자주 일어났다. 어느 날 저녁 마이타를 따라 댄스파티에 갔을 때 어떤 남자가 나에게 무엇을 물어봤는데, 내가 아무 대꾸도 하지 않자 화가 나서 미친 듯이 나에게 고함을 질러댔다. "야, 넌 귀머거리야, 뭐야?" 하고 그가 소리를 질러댔는데도 나는 옆쪽으로 서 있었기 때문에 그 남자를 보지 못했고 단지 내 주변에 소요가 이는 것을 감지했을 뿐이었다. 그런 경우를 대비해서 내가 시청각 중복 장애인이며 내 손에 글씨를 쓰면 의사소통이 가능하다고 적은 쪽지를 가지고 다녔다. 그런데 그날 저녁에는 댄스파티에 온 사람들이 나를 알고 있던 터라 그 쪽지를 보여줄 생각을 하지 못했다. 잠시 후 누군가 그 남자에게 내가 정말로 들을 수 없다는 사실을 설명해주었다. 나는 아무 영문도 모른 채 그가 뉘우치는 표정으로 사과하는 것을 받아들였고 나중에 마이타한테서 설명을 듣고 나서야 그 이유를 알았다.

"귀머거리에다가 장님인 사람이 왜 댄스파티에 왔는지 이해하지 못한다고 해서 비난할 수는 없지. 사람들한테는 내가 그곳에 앉아 있는 게 이상해 보일 테니까."

나는 말했다.

뭐 하러 그런 자리에 오느냐고 묻는 사람들이 많았지만 내 대답은 간단했다. 나와 마이타는 서로 사랑해서 함께 있고 싶을 뿐이라고. 우리는 둘 다 일을 하느라 만날 수 있는 시간이 적었기 때문에 나머지 시간을 되도록 같이 보내려고 했다. 마이타가 춤을 추면서 스트레스를 푸는 동안 옆에서 기다리는 시간이 전혀 지루하지 않았다. 바닥을 통해 그녀가 가장 좋아하는 아프리카 타악기 음악의 진동만큼은 느낄 수 있기 때문이었다. 나도 강한 리듬에 힘이 나는 것 같았고 마이타의 즐거움을 느낄 수 있을 뿐 아니라 온갖 생각을 하면서 긴 하루 일과를 마친 해방감을 맛볼 수 있어서 좋았다.

쿤 씨는 나와 의사소통하기 위해 촉각문자를 배웠다. 실력 있는 등공예가인 그는 나에게 여러 가지 새로운 기술을 가르쳐주었다. 그중에서도 진짜 갈대를 이용하여 짜는 기술이 특히 흥미로웠는데, 그 일은 내가 아는 범위 안에서 가장 힘들고 지저분한 작업이었다. 하지만 힘들게 일한 보람이 있어서, 갈대로 의자를 짜놓으면 윤기 나는 초록색이 갈색 나무와 아주 잘 어우러져 보기 좋다. 그에 비해 갈색의 골풀로 짜는 것은 속도도 훨씬 빠르고 깨끗하지만 지루해 보인다. 우리가 보수한 비엔나풍 세공 방식의 비더마이어 양식 가구도 나를 매료했다. 그리고 나는 하일리겐브론에서처럼 버들가지와 등나무 골수로 바구니 그와 비슷한 세공품을 짜기도 했다.

1996년 가을에 마이타와 나는 하이델베르크에서 멀지 않은 네카어게뮌트(Neckargemünd)에 첫 보금자리를 마련하여 같이 살게 되었다. 마이타는 교육을 마치고 그곳에 있는 언어치료센터에 일자리를 얻었다. 쿤 씨는 내가 알아서 작은 작업실을 구하면 임대료를 대신 내주겠다고 제안했다.

"저는 직업이 등공예가라서 수돗물이 나오는 작업실이 필요합니다."

나는 수공업자이기도 한 새 집주인에게 말했다. 나를 좋아한 그는 오래 생각하지도 않고 우리 집에서 15분쯤 걸리는 시청 뒤의 빈 작업실로 나를 데리고 갔다.

"이곳을 등공예 작업실로 이용하시죠."

그는 말했다.

"방 안에 수도를 달고 난방용 가스난로를 설치해드리리다. 화장실도 있어야겠군."

그는 직접 설비를 했고 대신 임대료를 아주 싸게 해주었다. 나는 그곳에서 일할 수 있어 말할 수 없이 기뻤다. 쿤 씨는 자주 들러서 재료를 갖다 주고 완성된 주문품을 가져갔으나, 유감스럽게도 그를 신뢰할 수 없을 때가 많았다. 그는 장사 수완이 좋은 사람이었지만 체계적으로 일을 처리하는 능력은 전혀 없었다. 그래서 재료 주문하는 것을 잊어버리는 바람에 내가 두 손 놓고 재료가 배달되기만을 기다릴 때도 있는가 하면, 고객과 지킬 수 없는 기한을 약속하고 청구 금액을 제때 지불하지 않아 재료 공급업자들과 문제가 생기기도 했다. 게다가 내 보수도 지불 날짜를 계속 미뤄서 신경 쓰이게 만들었다. 처음에는 노동청이 내 보수의 대부분을 대신 지급해줘서 문제가 없었으나, 1년 뒤부터는 지원 액수가 조금씩 줄어들어 그가 지급해야 하는 몫이 많아졌다. 나는 달마다 쿤 씨에게 내 계좌로 돈을 부쳐달라고 재촉해야 했고 그때마다 그는 새로운 변명거리를 늘어놓았다. 일을 그만두겠다고 협박해야 마지못해 돈을 부치곤 했다.

"짜증 나 죽겠어. 계속 이러면 가만있지 않을 거야."

나는 마이타에게 말했다.

"가만있어서는 안 되지. 하지만 난 페터한테 다른 일이 필요하다고 생각해."

그녀가 대답했다.

사실 내가 할 수 있는 일은 많았지만, 짧은 기간 안에 생계가 해결될 만한 일은 하나도 없었다. 어느 날 레클링하우젠(Recklinghausen) 지역의 시청각 중복 장애인들이 주최하는 봄 축제에서 어떤 사람이 에센(Essen)에서 열리는 청각장애인의 커뮤니케이션 포럼 때 중복 장애에 대한 강연을 할 의사가 있는지 물어 왔다. 나는 그 자리에서 승낙했다.

"저로서는 대단한 명예예요. 그런 요청을 해주셔서 기쁩니다."

나는 한 번도 강연을 해본 적이 없었고 더욱이 그런 조직에서 요청해온 것이 너무 뜻밖이었다. 커뮤니케이션 포럼은 전국적으로 청각장애인에게 가장 중요한 정보 제공 행사였다. 그곳에서 논의되는 것은 곧 누구든지 알게 될 정도였다. 나는 신중하게 강연을 준비하면서 원고가 간단명료하게 정리되도록 주의를 기울였고, 이론적인 부분에서는 핵심적인 내용만 간추렸으며 무엇이든 예를 들면서 설명하려고 애썼다. 나에게 고민을 털어놓은 몇몇 시청각 중복 장애인의 운명에 대한 이야기도 담았는데, 실명을 언급하지 않은 것은 물론 아무도 그들이 누군지 눈치 채지 못하도록 세부 사항을 일부 변경하기도 했다. 마이타는 초고를 읽더니, 몇 군데는 아직 더 손봐야겠지만 '우리 사회의 시청각 중복 장애인'이라는 제목은 좋은 것 같다고 평가했다.

"페터의 주 관심사는 시각장애에 청각장애가 겹친 사람들한테 고향과 같은 존재가 되어달라고 청각장애인 공동체에 요구하는 거잖아."

"맞아. 내 호소가 조금이라도 반향을 불러일으킨다면 그것만으로도 만족할 수 있을 것 같아. 청중들이 과연 어떤 반응을 보일지 벌써부터 긴장돼."

"곧 알게 되겠지. 어쨌든 무엇이라도 예를 들며 설명하는 게 마음에 들어. 그런 방식은 매우 직접적이고 구체적이어서 이론적인 논문과는 거리가 멀거든."

"그래. 이론적인 건 싫어. 난 벨루기 여사 같은 학자가 아니니까. 나는 언제나 사람들과 가까이 있고 싶어. 그게 나한테는 가장 중요해."

포럼이 열리는 에센으로 가는 동안 내내 긴장이 되었다. 에센은 낯선 곳이었고 아는 사람이 거의 없었다. 내가 수화로 강연을 하고 동시에 통역사가 음성언어로 옮기기로 약속되어 있었다. 나는 다른 발표자들과 함께 앞쪽에 앉았고, 마이타는 내 옆에서 중요한 정보를 촉각문자로 설명해주었다.

"참석자는 170명 정도이고, 청각장애인들과 그 가족들을 비롯해서 여러 조직이나 협회의 대표자들도 와 있어."

그녀가 내게 그들의 이름을 말해주고 나자 행사가 시작되었다. 눈이 보이면 청중의 반응이나 분위기가 어떤지, 그리고 사람들이 경청하는지 아니면 자기들끼리 잡담을 하는지 금방 알 수 있다. 하지만 나는 홀이 꽉 차 있는 분위기만 느낀 채 강연이 끝날 때까지 내 이야기에 관심을 기울여주기를 바랐다.

"곧 페터 차례야."

마이타가 촉각문자로 말했다.

"사회자가 페터를 소개하고 있어."

"내가 언제 시작해야 할지 말해줘!"

몇 초 후 드디어 내 차례가 되었다. 나는 자리에서 일어나 내가 볼 수도 없고 들을 수도 없는 사람들에게 인사를 했고, 그러자 긴장이 싹 사라졌다. 음성언어의 경우 목소리를 들으면 말하는 사람의 기분이 어떤지 알 수 있다고 한다. 수화도 마찬가지여서 청중을 사로잡을 수 있는 사람이 있는가 하면 지루하게 만드는 사람도 있다. 또 수화를 잘 못하는 사람이 입 모양을 지나치게 많이 사용해 앞에 앉아 있는 사람들만 무슨 말인지 알아볼 수 있는 경우도 있다. 그런가 하면 어떤 이들은 매우 수줍어하며 불분명하게 수화를 하기도 한다. 하지만 나는 그렇지 않았다. 시간이 지날수록 내 수화는 점점 더 또렷해지고 분명해졌다. 나는 원고를 외우고 있었기 때문에 언제 잠깐 멈추고 호흡을 가다듬어야 할지 감지했다. 강연은 약 20분간 계속되었고, 나는 마지막에 주제를 다시 한 번 요약했다.

"우리 청각장애인들은 시청각 중복 장애인의 고립에 맞서 무엇을 할 수 있는가? 청각장애인 공동체는 그들에게 고향과 같은 존재가 되어줄 의향이 있는가? 그들의 아이들이 청각장애 아이들과 같은 학교에서 공부하는 것이 옳은가? 저는 그에 대해 논의되길 바라며 여러분에게 그와 같은 문제들을 제기합니다. 이제 제가 좋아하는 신학자이자 철학자 로마노 과르디니(Romano Guardini)의 말을 인용하며 발표를 마치겠습니다. '손의 언어는 아름답고 위대하다. 신은 그 안에 마음을 담도록 그것을 우리에게 주셨다.' 감사합니다."

그것은 모험이었다. 사실 나는 청중이 약간 박수를 쳐주고 ― 청각장애인들은 두 손을 허공에 들어 올려 흔드는 것으로 박수를 대신한다 ― 예의상 감사의 말이 있은 후 다음 순서로 넘어갈 거라고 예상했다. 하지만 놀랍게도 전혀 뜻밖의 결과가 나타났다.

"그들은 감격했어."

마이타가 촉각문자로 말했다.

"다들 저마다 수화를 해대서 페터한테 전부 통역해줄 수는 없지만, 한 가지는 확실해. 축하한대!"

사람들이 어떤 말을 했는지 나에게 전달된 것은 안타깝게도 아주 일부에 불과했다. 요즘은 그런 행사에 참석할 때 항상 조수를 데리고 다니는데, 되도록 교대로 통역할 수 있도록 두 명의 조수를 동행한다. 여러 사람이 흥분해서 의견을 교환할 때

동시에 촉각문자로 설명해주거나 음성언어와 수화를 통역하기란 대단히 힘든 일이다. 그럴 때는 조수들이 중요한 것과 그렇지 않은 것을 선별해야 하는데, 그것도 쉽지 않다.

나는 강연을 성공적으로 마쳐서 기뻤고, 나의 관심사를 이해했다는 증거인 몇몇 질문에 답변했다. 휴식 시간에도 나에게 다가와 질문하거나 자신들이 아는 중복 장애인에 대해 얘기하는 사람들이 많았다. 나는 그들이 존경심 가득하게 나를 대하는 모습에 압도되어 어리둥절하기만 했다. 장애인에서 이제는 전문가가 된 것이다!

"우리한테 와서 다시 한 번 강연을 해주었으면 좋겠는데, 가능할까요?"

강연 요청이 수도 없이 쏟아져 들어왔다.

"물론이지요."

나는 매번 흔쾌히 수락했다.

울름을 비롯히어 노이비트(Neuwied), 슈투트가르트, 슈베비슈 그뮌트 등지의 커뮤니케이션 포럼에서 초청하는가 하면, 드레스덴에서 열릴 예정인 '청각장애인을 위한 독일 문화의 날'을 기획하는 데 협력해달라는 청이 들어오기도 했다. 나에게 맡겨질 일의 분량이 많지 않으리라 예상하고 그 부탁도 수락했다. 나는 그때까지 대중의 주목을 받게 된 것을 깨닫지 못했다. 얼마 지나지 않아 청각장애인이든 시각장애인이든 다양한 이해집단에서의 자원 봉사 활동으로 완전히 파묻힐 지경이었지만, 그런 나를 누구나 반기는 것은 아니었다. 내 등 뒤에서 아무것도 아닌 주제로 혼자 잘난 척한다고 수군거리는 사람들도 있었다. 하지만 내 유일한 관심사는 중복 장애인들이 조금 더 행복해지는 것뿐이었다. 나는 적극적으로 그들의 대변자임을 자처했고 그들의 처지를 개선하는 데 도움이 되는 일이라면 흔쾌히 떠맡았다. 공명심은 내 동기와 거리가 멀었다.

나는 자원 봉사에 적극적으로 참여하는 옛 친구 다니엘을 만나는 일이 잦아졌다. 그 친구는 바덴뷔르템베르크 주 커뮤니케이션 포럼의 지역위원이었다. 만날 때마다 다니엘은 마이타와 언제 결혼할 거냐고 물었다. 그 친구는 처음 그녀에 대해 품었던 불신을 떨쳐버리고 진심으로 좋아했으나, 둘 다 독실한 가톨릭 신자이면서 동거 생활만 하는 것을 의아해했다.
"청혼은 했어?"
"아니, 아직. 하지만 틀림없이 결혼할 거야. 언제가 될지는 모르겠지만 말이야. 둘 다 도통 시간이 있어야지!"
시간은 우리에게 심각한 문제가 되었다. 우리는 둘 다 하루 종일 각자의 직장에서 일을 해야 했고 저녁때는 마이타가 보고서를 써야 했기 때문에 시간이 없었다. 게다가 그녀는 수화를 공부하고 있었고, 여러 군데 협회에서 일을 맡지 않겠느냐는 요청을 자주 받았다. 우리는 봉사 활동에 더 열심이었고 다른 시청각 중복 장애인들과 모이는 자리에도 같이 갔다. 주말이나 휴가 때도 집에 있는 일이 거의 없었고 오스트제(Ostsee)에서 알프스까지 독일과 오스트리아를 방방곡곡 누비느라 배낭을 — 우리는 두 손을 자유롭게 움직이며 대화를 나누기 위해 항상 배낭을 메고 여행을 다녔다 — 풀 겨를이 없었다.

지금 생각해보면 우리가 어떻게 그 모든 것을 해낼 수 있었는지 궁금하다. 아마도 우리에게 두 배 세 배로 많은 일을 해낼 수 있는 힘을 준 것은 우리의 열정이나 사랑이었을 것이다. 나 스스로도 얼마나 힘이 드는지 못 느낄 때가 많아서 마이타가 능력의 한계에 달했다는 것을 말해줘야 했다.

1998년 봄에 우리는 오랜만에 집에서 단 둘이 오붓한 시간을 보내며 여성해방에 대해 얘기했다.

"직장에서는 꽤 진전이 있지만, 연인 관계에서는 어떻지?"

나는 의문을 제기했다.

"그게 무슨 말이야? 구체적인 예를 들어봐!"

나는 진지하게 생각하는 것처럼 말했다.

"그래. 여자는 왜 먼저 청혼을 하지 않는 거지? 그거야말로 진정한 여성해방일 텐데."

마이타는 내가 무슨 말을 하고 싶어 하는지 잘 알고 있었다. 그것은 오래전부터 우리 둘 다 마음에 담아놓고 있던 일이었으나, 서로 결정적인 순간을 미루면서 누가 먼저 청혼하는가가 중요한 듯 행동하는 것을 즐겼다. 그녀는 농담으로 나를 야수라고 불렀고, 나는 내가 야수라면 그녀는 미녀라고 되받았다. 동화에서 추한 모습의 야수는 어느 아름다운 처녀를 깊이 사랑했는데, 그녀는 처음에 야수를 혐오하다가 차츰 연민을 느끼게 된다. 시간이 흐르면서 미녀도 야수를 사랑하게 되어 먼저 청혼한다. 그렇게 해서 그녀는 야수를 나쁜 마법에서 풀어주었고, 두 사람은 오래오래 행복하게 산다는 이야기다.

나는 그 이야기를 좋아했다. 가련한 야수의 감정이 낯설지 않았고, 나 역시 세상과 관계를 끊고 고독 속에서 오랫동안 슬픔과 절망의 시절을 겪었기 때문이다. 그리고 나의 미녀 마이타는 동화에 나오는 여자처럼 마음씨가 착했다. 우리 두 사람이 만나고 나서부터 그녀의 놀라운 추진력 덕분에 얼마나 많은 것이 가능해졌는가!

"후버 신부님한테 제일 먼저 알려야겠어."

나는 말했다.

"수년 전 하느님이 나한테서 무엇을 기대하는지 끊임없이 자문해보았을 때 그분이 말했지. '네 인생 항로는 사랑이라.' 그리고 우리는 '사랑하라, 그리고 마음대로 하라.'라는 아우구스티누스의 말[≪요한의 첫째 서간 강해≫ 7권 8장으로, 요한의 첫째 서간 4장 8절("사랑하지 않는 사람은 하느님을 알지 못합니다. 하느님은 사랑이시기 때문입니다.")을 풀이하고 있다 — 옮긴이]을 함께 명상하기도 했지. 난 그분이 우리 결혼식을 맡아주셨으면 좋겠어."

"네 인생 항로는 사랑이라."

마이타는 생각에 잠겨 그 말을 되풀이했다.

"페터한테 아주 어울리는 말이야. 후버 신부님한테 당장 전화해서 물어볼까?"

그녀는 신부님과 통화하면서 촉각문자를 써서 그분의 대답을 전해주었다.

"그렇군, 결혼을 하고 싶단 말이지."

신부님이 말했다.

"좋아, 내가 두 사람의 결혼식을 집전하지. 결혼식은 어디서 올릴 예정인가?"

"하일리겐브론에서요."

나는 대답했다.

그곳은 나의 정신적인 고향이었다. 하일리겐브론의 성당에서 수없이 많은 구도의 시간을 보냈고 그곳에서 나의 운명이 결정되었다. 그곳에서 나는 약함과 무기력함을 알게 되었고, 가장 힘든 위기를 견뎌냈으며 하느님은 당신을 믿고 의지하는 사람들을 결코 버리지 않는다는 것을 깨달았다. 그리고 하느님은 그리스도를 따르는 나의 길이 다른 사람들의 말에 귀 기울이면서 그들을 도와주는 데 있음을 보여주셨으며, 비록 내가 다른 사람의 도움에 의지해야 하는 처지일지라도 그 일을 할 수 있다는 확신을 심어주셨다.

1998년 6월 5일 네카어게뮌트에서 양가의 가족과 들러리, 즉 하이델베르크에서 친하게 지낸 여자 친구 우르줄라와 마이타의 오빠 니고를 초대하여 호적사무소에 간단히 신고만 하는 결혼식을 올렸다. 니코는 마이타와 아주 가까운 오누이 사이였는데, 그가 처음으로 우리를 찾아온 순간부터 이미 마음의 벽이 허물어졌다.

"너희 둘이 함께 있는 것을 본다면 모든 것을 이해하게 될 거야."

그는 그때 우리에게 그렇게 말했고 집으로 돌아가서도 우리에 대해 긍정적인 것만 이야기한 것 같았다. 왜냐하면 그 후 마이타의 부모님도 호기심이 생겨서 나를 만나고 싶어 했기 때문이다. 물론 그녀의 부모님이 못마땅해하는 태도를 하루아침에 버리지는 않았지만, 조금씩 나를 받아들였다.

결혼식을 마친 뒤 우리는 네카어 강 부근에 있는 시골풍 식당에서 점심을 먹었다. 상당히 무더운 여름 날씨인 데다 예복을 입고 있어서 땀이 비 오듯 흘렀다. 모두들 평화롭게 모여 앉아 이야기꽃을 피웠으며, 만족해 보였다. 나는 우리의 결혼에 대해 가족들이 품고 있던 의심이 말끔히 사라져서 말할 수 없이 홀가분했다.

성당에서 올리는 결혼식은 하일리겐브론에서 8월 29일에 거행될 예정이었다. 결혼식 전날 우리는 그 부근에 있는 민박집에 도착했다. 민박집 여주인이 마이타에게 웨딩드레스는 어디 있느냐고 물었다.

"배낭 안에 있어요."

그녀의 대답에 여주인은 깜짝 놀라며 어이없다는 표정으로 우리를 쳐다보았다.

우리는 웃음을 터뜨렸다. 모든 것이 기뻐할 이유가 되었다. 하일리겐브론 수도원은 우리에게 대단한 특혜를 베풀어 연회장에서 축하 파티를 하도록 허락해주었고 수도원의 요리사가 요리를 맡았다. 그리고 나를 아는 여러 수녀님들이 요리사를 도왔다. 들러리인 우르줄라는 마이타를 위해 부케를 준비했고 연회장을 꽃으로 장식했다. 아침에 우리를 데리러 온 청각장애인 친구는 급하게 자신의 차에 꽃을 달았다. 우리는 성당 앞에 멈춰 선 차에서 내리는 순간 너무나 흥분해 있었다.

"페터! 우리가 초대한 사람보다 훨씬 많은 사람들이 왔어!"

마이타가 촉각문자로 말했다.

"우리 청각장애인들이 어떤지 알잖아. 페터 헤프가 결혼하는데 같이 가겠느냐고 누가 물으면, 상대방은 그러겠다고 대답하고 그 소식을 또 다른 사람들한테 전해주거든. 그들이 우리를 축하해주러 와서 기뻐!"

그리징엔 마을 사람들은 마이타의 친척들, 그리고 그녀의 고향에서 온 합창단과 함께 두 대의 버스에 나눠 타고 왔다. 오는 길에 차에서 내려 흰 소시지를 먹은 덕에 모두들 기분이 더없이 좋다고 어머니는 얘기하며 나를 꼭 안았다. 이제 성당 안으로 들어갈 시간이었다.

후버 신부님은 사랑의 근원인 그리스도에 대해 강론했다. 통역사가 신부님의 강론을 수화로 옮겼고, 한 친구가 나를 위해 미사 전체를 촉각문자로 통역해주었다. 마이타와 나는 음성언어와 수화로 혼인 서약을 했는데, 그녀의 손 위에 올려진 내 손을 통해 그녀가 무슨 말을 하는지 느껴졌다. 마지막으로 우리는 반지를 교환하고 키스를 했다. 우리는 우리의 사랑을 공식적으로 발표했고 우리가 한몸이라는 것을 하느님과 신자들 앞에서 맹세했다.

결혼식을 마치고 나서 우리는 축하 물결에 둘러싸였다. 비장애인, 청각장애인, 중복 장애인, 옛 친구와 새 친구들. 나와 조금이라도 인연을 맺은 사람들은 전부 다 온 것 같았다. 펠릭스, 다니엘, 모데스타 수녀님, 필로메나 수녀님, 호프만 신부님, 하일리겐브론의 여러 수녀님과 복지사, 그리고 거주자들, 마이타의 직장 동료와 학교 친구들 모두가 축하해주었고, 우리는 밤새도록 연회를 즐겼다.

"당신 아버지는 우리와 작별 인사를 나눌 때 너무나 행복해서 눈물을 흘리셨어."

마이타가 말했다.

"우리 아빠는 간신히 눈물을 참았지. 정말 너무나 근사했어."

나도 매 순간 순간을 만끽했다. 이 얼마나 충만한 삶인가! 나는 감사하는 마음으로 아내를 안았다. 다만 우리 둘 다 시간이 없어서 허니문을 나중으로 미뤄야 하는 것은 아쉬웠다.

문이 열리다

1998년 봄, 결혼식을 올리기 전에 마이타와 나는 놀라운 일을 체험했다. 우리는 시청각 중복 장애인을 주제로 오스트리아에서 열리는 학회에 참석하기 위해 밤 기차를 타고 린츠(Linz)로 갔는데, 그곳에서 전 유럽에서 온 참석자들을 만났다.

네덜란드에서 온 교수의 강연은 내용이 무척 복잡해서 마이타가 촉각문자로 보조를 맞출 수 없을 정도였다.

"나중에 가장 중요한 내용만 요약해서 말해주면 돼."

나는 말했다. 마이타는 내 손을 놓더니 잠시 후 다시 잡고 잔뜩 흥분해서 촉각문자로 말했다.

"우리 자리에서 멀지 않은 곳에 페터 같은 장애인 여자가 앉아 있는데, 별 어려움 없이 강연 내용을 이해하는 것 같아. 상상해봐. 옆에 있는 수화통역사의 손 위에 자기의 두 손을 올려놓고 마치 수화를 손으로 만져서 이해하는 것처럼 보여!"

"아, 맞다. 어떻게 그것을 잊어버렸을까?"

갑자기 슈베비슈 그뮌트에서 솔을 만들던 프란츠 할아버지의 기억이 생생하게 되살아났다. 나는 그 당시처럼 아주 더운 여름날 커다란 나무 아래에서 시원한 그늘을 느끼는 기분이었고, 여동생이 다가와 앉으며 손을 잡자 기쁨으로 환하게 밝아지던 프란츠 할아버지의 평화로운 얼굴이 보이는 것만 같았다. 그리고 내 마음을 사로잡던 여동생의 조화로운 손놀림과 프란츠 할아버지에게 손에 닿는 느낌으로 수화를 이해할 수 있도록 내 손을 내밀던 모습이 떠올랐다. 그 기억은 25년 동안 내 의식 속에 깊이 묻혀 있다가 이제야 모습을 드러냈다.

수화를 더 이상 눈으로 볼 수 없는 것이 늘 고통스러웠다. 수화 내용을 말로 옮겨서 촉각문자로 표현할 수는 있었지만 나는 표현력 풍부한 표정과 자동적으로 받아들일 수 있는 여러 가지 부가 정보를 전해주던 손짓의 역동성이 그리웠다.

눈이 안 보이자 처음에는 그런 손실이 나를 속상하게 만들었고, 나중에는 언어 부족을 느낄까 봐 두려워서 모자라는 부분을 메우려고 닥치는 대로 책을 읽었다. 그러는 사이에 여러 가지 방법으로 의사소통을 할 수 있게 되었지만, 여전히 풍부하고 다양한 수화가 아쉬웠다. 어째서 수화를 손에 닿는 느낌으로 이해할 수 있다는 것을 생각하지 못했을까? 왜 시청각 중복 장애인한테 무슨 말을 전달하려면 촉각문자밖에 없다고 생각했을까? 하지만 그런 것은 더 이상 중요하지 않았다. 수화를 다시 한 번 선물 받은 것처럼 형언할 수 없는 행복감에 젖어, 마이타가 강연이 끝났다고 신호할 때까지 기다리지 못하고 수화를 하는 그녀의 손을 느껴보려 했다.

반 시간 후에 그 여자와 이야기를 나누었는데, 스웨덴에서 온 그녀는 스칸디나비아나 미국의 경우 시청각 중복 장애인들이 대부분 그런 식으로 자기들끼리 혹은 주위 사람들과 의사소통을 한다고 설명했다.

"그곳은 독일과 달라요. 우리와 관계있는 비장애인들은 거의 모두 수화를 배우거든요."

그녀가 말했다.

"보통 하는 것보다 동작을 작게 해서 몸 가까이에 대고 수화를 하면 돼요."

그녀의 통역사가 마이타에게 설명해주었다.

내 두 손을 마이타의 두 손 위에 올려놓자 그녀는 조심스럽게 수화를 했다. 한 번에 쉽게 수화를 손으로 읽을 수는 없어서 연습을 해야 했지만, 일단 시작하면 재미있어서 멈추기가 힘들었다.

그 새로운 가능성은 우리의 의사소통을 질적으로 확실하게 향상시켰다. 손으로 읽는 수화는 촉각문자보다 더 빨리 내용을 전달할 수 있고, 특히 감정까지 전할 수 있었다. 촉각문자로 말다툼을 하면 너무 힘들어서 답답했는데 손으로 읽는 수화로 하면 아무 지장 없이 싸울 수 있었다. 하지만 새로운 표현 방법은 우리의 애정을 더욱 깊어지게 했다. 촉각문자로 표현하는 '사랑해!'도 물론 좋은 느낌이지만, 손으로 느끼는 수화로 사랑한다고 말하면 훨씬 더 감동적이었다. 그것은 우리의 손을 통해 몸과 마음에서 우러나오는 사랑 고백과도 같았다.

손으로 느끼는 수화는 또한 제한적이기는 하지만 그룹 커뮤니케이션을 가능하게 했다. 예컨대 두 사람이 촉각문자로 대화를 나누면 주위 사람들은 두 사람이 무슨 말을 하는지 한마디도 알 수 없다. 반면에 수화로 이야기하면 다른 청각장애인들도 내용을 이해할 수 있다.

그것은 실로 엄청난 발견이었다! 린츠를 떠나 집으로 돌아가는 길에 우리는 그에 관한 기사를 쓰기로 마음먹었다. 그 기사는 1998년 9월 '시청각 중복 장애인의 커뮤니케이션'이라는 제목에 '독일에서 손으로 읽는 수화가 차지하는 의미'라는 부제를 달고 문화 분야에 관심 있는 청각장애인들을 위한 잡지인 ≪다스 차이헨(Das Zeichen)≫에 실렸다.

그 시기에 나는 독일 청각장애인협회에 소속된 시청각 중복장애인 전문위원회의 위원장을 맡고 있었는데, 회합이나 집회가 있을 때마다 내가 쓴 기사와 관련하여 질문을 많이 받았다. 때로는 손으로 읽는 수화의 장점과 단점에 관해 격렬한 논쟁이 벌어지기도 했다.

"우리 시설에서는 촉각문자를 제대로 사용할 수 없어서, 그런 방법으로 의사소통하는 사람들이 몇몇 있습니다."

한 남자가 촉각문자로 말했다.

"하지만 강연처럼 어려운 내용을 그런 식으로 전달하는 것은 불가능해요!"

"제 손 안에 아무거나 어려운 말을 수화로 해보세요. 그럼 제가 당신 말을 이해하는지 아닌지 직접 확인하게 될 겁니다."

두 손을 내밀었는데 아무것도 느껴지지 않았다.

"가버렸어요."

잠시 후 조수가 촉각문자로 알려주었다.

"수화를 전혀 못하는 사람이 아닐까요?"

그럴 수도 있었다. 부정적인 반응을 보이는 소수는 수화를 전혀 못하거나 조금밖에 할 수 없어서 음성언어에 더 의존하는 사람들이었다. 그 외의 사람들 사이에서는 내 기사가 상당히 긍정적인 반응을 불러일으켜서, 수많은 사람들이 내게 다가와 손으로 읽는 수화로 자기소개를 하며 그런 가능성에 대해 전혀 몰랐다는 말을 하곤 했다.

베를린에서 있던 집회에서 어떤 여인이 말을 걸어왔다.

"페터, 나탈리라고 해요. 나는 아무것도 보이지 않아서 자살하려고 했는데, 친구한테서 당신의 강연에 대해 들었어요. 강연을 듣고 나니 용기가 생겼어요. 감사드려요."

"당신도 어셔 증후군인가요?"

나는 물었다.

"네, 정말 죽고 싶은 심정이었는데 당신이 쓴 기사를 읽고 힘을 얻었어요."

"저도 기쁩니다. 어셔 증후군이 힘들기는 하지만, 얼마든지 잘 살 수 있어요."

"당신이 그것을 보여주었어요. 감사합니다. 제 삶도 앞으로 나아질 거예요. 우리 서로 연락하면서 지낼 수 있을까요?"

우리는 주소를 교환했다. 그와 같은 만남을 통해 나는 값진 선물을 받는 느낌이었다. 의미 있는 일을 하고 있구나!

1998년 10월에 나는 그때까지 6개월 치 임금을 체불한 쿤 씨에게 유예기간 없이 사직을 통고했다. 소송을 통해 체불된 임금을 간신히 받아낸 나는 다시 실직 신고를 했다. 모든 게 막막하고 앞으로 어떻게 될지 몰랐다. 우리가 아는 것이라고는 곧 네카어게뮌트를 떠나리라는 것뿐이었다.

우리는 그곳에서 기반을 잡는 데 실패했다. 수없이 이곳저곳 다니며 활동하다 보니 집주인과 마이타의 직장 동료를 빼고는 아무와도 사귀지 못했다. 우리는 아이를 갖고 싶어서 친구나 친척들이 가까이 사는 곳으로 옮기려던 참이라, 슈투트가르트나 울름을 생각했다. 마이타는 두 도시에 언어치료사로 일할 자리가 있는지 찾아보았다. 하지만 그녀의 마음에 쏙 드는 새 직장을 찾은 곳은 튀빙겐 근처의 로텐부르크였다. 나는 그곳으로 이사 가는 데 동의했고, 주교좌성당의 참사회원(주교좌성당은 교구의 중심이 되는 성당이며, 참사회는 자문 기구이다 — 옮긴이)이자 가톨릭학교 교장을 맡고 있는 후버 신부님과 같은 도시에서 살게 되어 기뻤다. 뿐만 아니라 그 도시는 나에게 중요한 의미가 있었다. 1984년, 하느님을 잊고 지내던 시절에 종지부를 찍고 로텐부르크 대성당에서 다시 그리스도를 영접했다.

"나는 그때 스물세 살이었고 심한 혼란에 빠져 있었지. 수사가 되고 싶었는데. 그러던 내가 결혼을 하다니!"

마이타에게 얘기했다.

"안됐네!"

그녀는 농담조로 말했다.

"자기가 더 이상 혼란에 빠져 있지 않아서 다행인걸. 페터는 자신이 무엇을 원하는지 잘 알고 있잖아."

우리가 새로 이사하게 될 집 주인은 임대 계약에 대해 얘기하면서 내가 로텐부르크에서 무슨 일을 할 것인지 물었다.

"교회를 위해 일할 생각입니다!"

그때까지 그렇게 될 기미가 전혀 보이지 않았는데도 나는 서슴없이 대답했다. 하지만 이번에는 교회와 나의 관계가 진지해질 것 같은 예감이 들었다.

역시나 마이타가 나서서 내 성급한 대답을 수정해 말했다.

"제 남편은 곧 카리타스(가톨릭사회복지위원회 — 옮긴이) 같은 곳에서 시청각 중복 장애인을 위한 상담사로 일하게 될 거예요. 그 비슷한 기관을 그냥 '교회'라고 말한 거예요."

그제야 집주인은 만족하는 듯했다. 그는 주교님이나 참사회원을 모시고 다니는 성당 소속 운전기사로 일하고 있었다.

1999년 2월에 우리는 주교관에서 도보로 10분밖에 걸리지 않는 이른바 '싱수 구역'에 새 보금자리를 마련하고 이사했다. 그리고 그 주변 환경에서는 교회를 위해 일하겠다는 내 주장이 너무 성급했다고 생각돼 다시 노동청을 찾아가 보기로 했다.

단단히 준비하고 노동청을 찾아간 나는 담당 직원 앞에 자원봉사 활동에 관한 서류를 산더미처럼 쌓아놓았다. 그 서류를 자세히 살펴본 직원은 깊은 인상을 받은 것 같았다.

"제가 제대로 이해했다면, 당신은 일종의 전문 상담사입니까?"

그가 물었다.

"맞습니다."

나는 대답했다.

"그러면 시각장애인협회나 카리타스 단체에서 일할 수 있는 자리를 찾아드릴 수 있을 겁니다."

우리는 어떤 기관이 가능하며 내가 어떤 행동을 취해야 할지 함께 생각해보았다.

"발이 넓어서 어렵지 않게 일자리를 구할 수 있을 겁니다. 그리고 노동청이 당신을 지원할 거라는 말을 덧붙인다면……."

그의 말에 용기를 얻어 즉시 독일 카리타스협회 회장에게 서신을 보냈으나 곧 거절 통보를 받았다. 그 후에도 여러 군데 지원서를 보냈지만 하나같이 "유감스럽지만 저희는 그 분야에 상임으로 채용할 계획이 없습니다."라는 답변을 보내왔다.

나는 후버 신부님에게 다음과 같은 내용의 편지를 보냈다.

그들은 모두 돈이 없는 듯합니다. 하지만 포기하지 않겠어요. 언젠가 행운을 잡을 날이 오겠지요. 거절 통보를 받을 때마다 하느님께서 더 나은 일을 준비해두셨다는 뜻이라고 생각합니다. 얼마 전에 마이타는 장애인들이 나와 얘기할 때 마음의 문을 여는 모습을 보면 정말 놀랍다고 합니다. 어떤 젊은 남자가 자신의 문제에 대해 얘기하고 싶다며 저를 찾아온 적이 있습니다. 마이타는 대화가 끝난 뒤 그가 전과 전혀 다른 모습이었다고 말하더군요. 제 생각에도 그 남자한테 조금은 도움이 된 것 같습니다. 이게 바로 제가 가야 할 길이며 부제가 되는 것이 제게 주어진 소명이라는 느낌이 듭니다.

신부님은 친구나 다름없었기 때문에 그분에게 이런 사실을 말해야 했고, 신부님이 생각을 바꾸었으면 하는 기대는 전혀 하지 않았다. 편지를 끝내면서 카리타스에 다시 한 번 일자리를 알아봐야 할지 물었다.

신부님은 팩스로 답을 보내왔다.

> 카리타스도 돈이 없으니 가능성이 없네. 며칠 안으로 잠깐 들르게. 자네와 할 말이 있네.

나는 신부님이 나를 위해 새로운 구상을 했을지도 모른다고 생각했다.
"나에게 소개해줄 만한 사람이 떠올라서 그러는 걸 거야."
마이타에게 말했다.
"그러길 바라요."
그녀는 대꾸했다.
"그리고 사람을 많이 상대하는 일이기를 바라요. 페터한테는 그게 가장 중요하니까."

후버 신부님이 나를 포옹하며 맞이하는 순간, 나는 그가 잔뜩 흥분해 있으면서 동시에 진지하다는 것을 느꼈다.
"자네 편지를 읽으면서 계시를 받았네."
신부님은 촉각문자로 말했다.
"부제가 되고 싶다는 자네의 바람에 대해 이야기하던 예전과는 전혀 달랐어. 이번에는 자네의 소명을 더 이상 의심할 수 없게 만드는 명확함이 느껴졌지. 페터, 나는 하느님께서 이제 자네에게 부제가 되라는 소명을 내리셨다고 확신하네."

마음속에 경외심이 퍼졌다. 그것은 우리가 공유하던 거룩한 깨달음의 순간과도 같았다. 나는 아무 말 없이 또 어떤 일이 일어날지 기다렸다.

"카스퍼 주교님과 얘기해볼 생각이네."

후버 신부님은 말을 계속했다.

"최종적인 결정 권한은 그분에게 있지. 교회에서 교황 다음으로 권한이 높은 주교가 교회법을 어떻게 해석하느냐에 달려 있는 거라네. 그분은 그것이 옳다고 여기면 자네에게 부제가 되기 위한 교육을 받게 해줄 거야. 하지만 한 가지 해결해야 할 문제가 있네. 자네는 지금 실직 상태이고 실업자한테는 교육을 받을 수 있는 기회가 주어지지 않거든. 자네한테는 우선 일자리가 필요하지."

"어떻게 해야 할까요?"

"그냥 기도를 드리면서 기다려보게."

그는 대답했다.

"내가 여기저기 전화를 걸어서 설득하면 모두 수긍할 걸세. 자네와 마이타를 주교좌성당 참사회에 데리고 가야 할지도 모르겠지만!"

몇 주 뒤 카스퍼 주교님은 교황의 부름을 받고 로마로 갔다. 그것은 곧 결정이 미뤄진다는 뜻이었으나, 보좌주교를 비롯하여 주교좌성당 참사회원들에 이르기까지 모든 결정권자들이 내가 지원하는 것에 긍정적인 반응을 보였다는 소식을 후버 신부님이 전해 왔다. 그때까지 마이타하고만 그에 대한 이야기를 나누던 나는 그렇게 많은 사람들에게 알려야 한다는 사실에 적 잖이 놀랐다.

"자네가 할 만한 일이 없을까 징어 부인하고 의논해봤네."
후버 신부님이 말했다.
"그녀는 청각장애인 상담직 담당관이지. 자네는 곧 일을 하게 될 걸세!"
"잘됐군요! 그런데 어떤 일을 하는 거죠?"
"눈과 귀가 불편한 장애인을 위한 상담사로 일하는 거지."
"상담사요? 그게 가장 하고 싶은 일이기는 하지만 생각할 엄두조차 못 냈습니다. 그 일을 하기 위해 공부할 것이 있을까요?"
"자네는 이미 충분한 경험을 쌓았으니까 책을 몇 권 줄 테니 읽어보게. 그 정도면 될 거야. 재정적인 문제가 해결되어야만 하지만, 자네가 이미 노동청하고 얘기해봤으니까 별문제 없을 걸세. 좋은 소식이 오기를 기다려보자고."

후버 신부님이 나를 위해 애쓰는 모습이 너무나 고마웠고 감격스러웠다. 나는 예전과 다름없이 자원 봉사를 하고 어느 때보다 더 부지런히 돌아다니면서 소식이 오기만을 기다렸다. 마이타는 언어치료사로 일하면서 나를 거들어 여행 다니는 것이 무리였지만 함께해 주었다.

2000년 1월 말에 드디어 부제 교육 위임위원이 면담 요청 통지를 팩스로 보내왔다. 그 팩스를 읽는 순간 전화벨이 울렸다. 전화를 받은 마이타가 촉각문자로 말했다.
"후버 신부님이야. 신부님도 기뻐하시면서 축하한다고 전해

달래셨어. 이제 부제 교육을 받을 수 있는 길이 열린 거야!"
그리고 거의 동시에 9월부터 시청각 중복 장애인을 위한 상담사로 일하라는 소식을 징어 부인이 보내왔다. 우리의 기쁨은 주체할 수 없을 정도였다.
"우린 드디어 목표를 이룬 거야!"
나는 마이타를 껴안았다.

거북이 행정

　　　　　교회는 나에게 교육받을 수 있는 기회의 문을 열어주었다. 장애는 이제 원칙적으로 성직자가 되는 데 더 이상 문제가 되지 않았다. 중요한 것은 지원자에게 부제의 다양한 임무를 수행할 능력이 있는가, 그리고 부제라는 직무에 따르는 신체적, 정신적 부담을 이겨낼 수 있는가 하는 문제였다. 그런 관점에서 지원자는 엄격한 심사를 받았다.

　부제 교육 위임위원은 내게 특별히 의구심을 가지는 것 같지 않았다. 그는 후버 신부님으로부터 하일리겐브론에서의 내 생활이나 영적인 발전 과정에 대해 들어서 나에 대해 잘 알고 있었다.

　"우리 생각에는 당신의 성경 지식으로 보아 신학 통신교육 과정을 수료할 필요가 없을 것 같습니다."

　그는 말했다.

　"교육은 3월에 하일리히크로이츠탈(Heiligkreuztal)에서 사회사목 과정을 수강하면서 시작됩니다. 세미나 지도 교수들도 당신 형편을 알고 있고, 통역사를 대동한다는 것도 미리 얘기해 놓았습니다. 하나 더 물어보겠는데, 멘토(선배로서 조언을 해주는 후견인— 옮긴이)가 있습니까?"

나는 아직 멘토가 없어서 후버 신부님과 의논했다. 벌써부터 그 생각을 하던 신부님은 나도 조금은 아는 사이인 팀(Tim)이라는 부제를 추천했다. 처음 대화를 나눌 때부터 우리는 서로에게 호감을 가졌고 말도 잘 통했다. 만사가 순조롭게 진행됐는데, 나를 골치 아프게 하는 문제가 있었다.

세미나 수업에 들어가거나 상담사로 일할 때 나는 때때로 몇 시간씩 도와줄 수 있는 통역사가 두 명 이상 필요했다. 마이타는 시간을 낼 수 있는 범위 내에서 도와줄 각오가 되어 있었지만 자신의 직업을 소홀히 할 수는 없는 노릇이었다. 그래서 조수를 두세 명은 구해야 했다. 집회에 참석할 때는 나나 주최 측에서 통역사를 고용해 데리고 간 일이 여러 번 있었다. 그럴 때마다 자원 봉사나 보수를 아주 적게 받고 통역을 해줄 만한 사람을 찾을 수 있지 않을까 하는 문제를 놓고 옥신각신 논쟁이 벌어져 지치기도 했다. 대단히 힘들고 책임이 막중한 일에 대한 대가로 최저 수당도 안 되는 보수를 지불한다는 것은 부끄러운 일이다.

시청각 중복 장애인을 위해 통역해줄 만한 사람을 찾는 것은 쉽지 않다. 그런 사람은 촉각문자뿐 아니라 수화도 할 수 있어야 하고 실수 없이 능숙하게 통역하려면 대화의 소재에 대해 충분히 알고 있어야 한다. 또 그 일을 하려면 높은 집중력과 인간적인 면모가 요구된다. 최고의 통역사는 지나치게 많지도 적지도 않게 의뢰인인 장애인이 원하는 바로 그것을 해줄 수 있는 사람이다. 그것은 때때로 양쪽이 조화를 이룰 때까지 줄을 타는 것만큼 힘든 기술이기도 하다. 유능한 통역사를 몇 명 알고 있었지만 가까운 곳에 사는 사람이 한 명도 없어서 같이 일을 하고 싶어도 할 수가 없었다. 그리고 통역사를 쓰려면 우선 성가신 돈 문제부터 해결해야 했다.

"정말 짜증 나. 노동청에서 보조금을 받아내려면 한없이 기다려야 할 테니 지금 당장 신청해놓는 게 낫겠어."

마이타에게 말했다.

"어쩌면 이제는 생각보다 더 빨리 보조금이 나올지도 몰라. 함부르크에 사는 수지가 한 얘기 기억나? 몇 년 전부터 개인 조수를 두고 있대잖아."

수지는 집회 준비를 할 때 나를 도와주는 중복 장애인 동료 가운데 한 사람이었다. 카이저스라우테른(Kaiserslautern)에서 처음 만났을 때 공통점이 매우 많아서 우리는 놀라움을 금할 수 없었다. 수지 역시 등공예를 배웠고 오랫동안 복지시설에서 생활했는데, 마이타처럼 음악을 좋아하고 언어치료학을 공부하는 크리스티안이라는 비장애인 남자 친구가 있었다. 자신의 입학 허가 논문을 히로니무스 로름에 대해서 쓴 크리스티안은 1980년대 초에 《슈테른》지가 자신에 대한 기사를 실은 적이 있다고 이야기했다. 그 말을 듣는 순간 대단히 흥미롭게 읽은 그 기사가 문득 생각났다. 그녀의 처지를 공감하기 위해 기자는 며칠 동안 안대와 헤드폰을 쓰고 지냈다고 했다. 그 기사에 언급됐듯이 시청각 중복 장애인을 가르치는 교사들 중에 직접 몸으로 실험을 해본 사람은 단 한 사람도 없었다.

"만나서 반가워요. 그 기사를 읽고 당신이 매우 용감하다고 생각했어요!"

나는 수지의 손에 대고 촉각문자로 말했다.

그녀는 기뻐하면서 여전히 용감하다고 대답했다. 잠시 후 그녀는 일을 도와주는 조수가 있는지 물었고 혼자서 또는 마이타의 도움을 받아 모든 일을 처리한다고 대답하자 놀라워했다. 그녀는 하루에 몇 시간씩 집으로 오는 조수가 몇 명 있는데 대부분 시각장애 교육학을 전공하는 여대생이라고 했다.

"페터, 당신한테도 조수가 있어야 해요. 우리한테는 아주 중요하죠. 언제나 파트너가 도와주리라고 기대할 수는 없으니까요! 휠체어에 의지해야 하는 사람들을 보세요. 조수가 있는 게 보통이잖아요. 그들은 그런 지원을 받으려고 투쟁했고 '자율적인 삶'이라는 운동을 제창했어요. 우리도 그렇게 해야 해요!"

수지는 열정적으로 권했고 별 어려움 없이 나를 설득하는 데 성공했다. 헤어지면서 그녀는 촉각문자로 말했다.

"당신은 그것을 위해 투쟁해야 해요. 우리한테는 그럴 권리가 있는데, 사람들이 모를 뿐이에요."

1994년에 "누구도 장애로 인해 불이익을 당해서는 안 된다."(3조 3항)라는 원칙이 독일연방공화국 기본법에 채택되었다. 하지만 법으로 채택되었다고 해서 실질적으로 장애인의 처우가 눈에 띄게 개선된 것은 아니었다. 입법부와 여러 협회 등

다방면에서 장애인의 처우 개선을 위해 노력했다. 나 역시 그 테마와 관련된 논의에 참여했는데, 정부가 갑자기 우리들을 조언자로 받아들여서 어리둥절했다.

장애인들이 복지시설 밖에서 자율적으로 삶을 영위하기가 앞으로는 더 쉬워질 것처럼 보였다. 그것을 가능케 하기 위해 장기적으로 건축 기술뿐 아니라 모든 면에서 장애인에게 적합한 환경을 조성하게 될 10여 가지 조치가 마련되었다. 상황이 대단히 바람직한 방향으로 전개됐으나 빠르게 진전되는 것은 아무것도 없었다. 특히 그 문제가 내게 절실하던 2000년에는 새로운 입법의 세부 사항을 놓고 협상이 진행되었다.

그러는 동안 장애인동등법이 통과되어 2002년 5월 1일자로 효력이 발생했다. 그 법에는 이렇게 적혀 있다.

> 이 법의 목적은 장애가 있는 사람들이 당하는 불이익을 없애고 예방하며 사회생활에서 장애인의 동등한 권리를 보장하는 것, 그리고 나아가 그들에게 자율적인 삶을 가능케 해주는 것에 있다.

특히 여섯 번째 조항에 내가 오랫동안 기다려온 짤막한 문장이 들어 있었다. "독일 수화를 독자적인 언어로 승인한다." 마침내 종이에 인쇄된 이 말을 읽게 되다니 얼마나 감격스러운가! 이제는 수화를 학교에서 가르칠 수 있게 되었다.

그러나 압력 단체의 요구 사항이 모두 실현된 것은 아니며 해석의 여지가 남아 있는 부분이 적지 않다. 그렇더라도 최소한 한 가지는 분명하게 확정되어 있다. 즉, 장애인은 자신의 필요에 맞춘 작업 공간과 적당한 의사소통 수단, 그리고 조수를 요구할 권리가 있다는 것이다. 조수나 수화통역사에게는 정부가 적절한 사례금을 지급할 예정이었으나, 장애인이 그 사례금을 어느 정도까지 요구해도 되는지는 명확하게 정해져 있지 않다. 일단 서류를 제출해야 하고, 전문가나 온갖 기관을 거쳐 심사를 받게 된다. 그리고 툭하면 해당 관청들이 서로 미루기 일쑤여서 서류가 없어지거나 그새 기한이 만료되었다는 이유로 다시 신청해야 하는 경우가 허다하다. 어떤 기관이 어떤 비용을 떠맡을지 해결하려면 넘어야 할 산이 많은 것은 예나 지금이나 마찬가지다. 일부 도시나 지역에서는 관청들이 신속하게 일을 처리하고 법을 더 관대하게 해석하는 경우도 더러 찾아볼 수 있지만, 요즘 상황이 다시 나빠지고 있다. 장애인이든 국가보조금에 의존하는 사람들이든 누구나 정부로부터 듣는 말은 '나라 경제가 어려워서 아껴야 한다'는 것이다. 시각장애인에게 지급되는 보조금도 삭감되는 실정이므로, 시간제로라도 개인 조수를 고용할 수 있도록 끈질긴 투쟁을 벌여야 한다. 하지만 관청들도 더 이상 지원을 거부할 수 있는 입장이 아니다. 우리한테는 지원 받을 권리가 있으니까.

2000년부터 2003년까지 나는 관청이나 비용을 떠맡을 기관과 서류를 가지고 소모전을 벌였다. 비교적 빠른 시일 안에 나에게 2년간 미디어 장애인 공동체(ABM)의 인가가 주어졌으나, 조수는 고사하고 일을 할 때 반드시 필요한 장비조차 지원을 받을 수 없었기 때문이다. "귀하와 같은 경우 전례가 없어서 우리 관할인지 검토를 해봐야 합니다." 내가 서신을 보낸 관청마다 이런 답변을 보내왔다.

내가 일하는 공간에 대해 얼마나 설명을 해대고 얼마나 많은 필요 품목 리스트를 어디로 보냈는지 더 이상 기억조차 나지 않는다. 하지만 모든 노력이 헛수고로 돌아가 결국 내가 쓰던 화상 전화나 화면판독기, 글씨를 점자로 변환하는 노트북 컴퓨터와 같은 기구들을 가져와야 했다. 내가 인내심을 잃고 초조해할 때도 있었고, 마이타가 절망에 빠질 때도 있었다. 후버 신부님은 인내심을 가지라고 충고했다. 장애인 상담직을 담당한 주교 측 위임위원은 적극적으로 내 편이 되어, 질질 끄는 이유가 뭔지 관청 직원들을 추궁했다. 결국 주교 총대리가 나를 위해 발 벗고 나서서 주교구(주교가 관할하는 교구 ― 옮긴이) 사무국 담당관에게 나한테 필요한 물품을 마련해주라고 지시하기에 이르렀다. 그렇게 해서 2001년 가을에, 상담사로 가정방문을 다닐 때 필요한 휴대용 판독기와 새 컴퓨터를 갖게 되었는데, 둘 다 주교구 사무국에서 구입비를 대주었다. 일을 할 때 필요한 조수 역할은 계속해서 마이타가 무보수로 맡아주었다. 그녀가 내 사무실에서 함께 일하거나 나를 따라 외근을 나가기도 하고 부제 수업을 받으러 가는 일이 점점 더 많아졌다. 그녀는 그 모든 일을 자신의 여가 시간에 짬을 내서 했으므로 사실상 쉴 시간이 전혀 없었다.

"주말에 페터를 위해 수업 시간 내내 통역하고 바로 월요일에 언어치료사 일을 하는 건 너무 힘들어서 못 하겠어. 그 사이에 좀 쉬어야 하는데 시간이 있어야 말이지. 그리고 이런 식으로 페터 일에 휩쓸리다 보면 그 일은 뒷전이 되어버릴 것 같아."

마이타는 말했다.

"그래서 언어치료사를 그만두고 수화통역사가 되기로 결심했어."

수화통역사가 되기 위한 교육과정은 격주로 주말에 프랑크푸르트에서 있었다. 나에게 다른 조수들이 있기는 했지만, 그들의 보수 문제는 아직 해결되지 않은 상태였다. 노동청이나 그 밖의 관청들은 빈말만 되풀이하면서 통역사가 왜 필요한지 그 이유를 설명하라고 거듭 요구했다.

나와 부제 교육을 같이 받던 동기생은 아홉 명이었는데, 관리인이나 경찰, 복지시설 책임자, 종교교육학자 등 다양한 직업에 종사했다. 동기생 중에 가장 나이가 어린 친구는 나중에야 안 사실이지만 이미 신학 박사였으며 마이타가 찬사를 늘어놓은 대로라면 기타 연주 실력이 대단했다. 장애인은 나뿐이었다. 그들 사이에 있으면 매번 그렇듯이 처음에 동기생들이 나와 어떻게 의사소통해야 할지 몰라서 당황해하는 것을 느꼈다. 통역사로서 그리고 유일하게 아내로서 같이 수업에 들어온 마이타가 그 방법을 설명하자, 곧 한 사람씩 긴장을 풀고 내게 말을 걸려고 시도했다.

6월에 우리는 교육을 받는 중인 사제들과 함께 상담을 이끌어가는 방법에 대한 세미나를 열었다. 역할놀이를 하면서 실제 상황을 연습했는데, 흥미진진하기도 했지만 사람들이 차츰 나를 평범한 일원으로 받아들이는 데 도움이 되어서 좋았다. 그리고 고상한 토론보다는 그와 같은 실질적인 연습이 더 와 닿기도 했다. 이미 사람들에게 고민 상담을 해준 경험이 많은 터라 나는 모든 참석자들 앞에서 그런 대화를 나누는 것이 어색하거나 쑥스럽지 않았다. 또 그들이 지켜보고 있다는 것을 알아도 심리적인 압박감이 느껴지지는 않았다. 어쨌든 누군가 나에게 고민을 얘기했을 때 집중해서 '귀 기울여 들었고' 상대방의 입장이 되어 고민거리와 심정을 이해하려 했으며, 떠오르는 대로 해결책을 제시하지 않고 쉬운 말로 마음의 평화를 전하려고 애썼다. 대화가 끝나자 많은 참석자들로부터 호응을 얻었다.

"중간 중간에 당신 동기생들의 표정을 지켜봤는데 말이야."
집으로 가는 길에 마이타가 말했다.
"그들의 의심이 완전히 사라지는 걸 볼 수 있었어."
"그래. 나도 느꼈어. 분위기가 처음보다 훨씬 따뜻해졌고 헤어질 때 나를 포옹하는 친구들도 있어. 그들이 나를 일원으로 받아들여서 기뻐."

하지만 나는 다른 생각을 하고 있었다. 부제는 원래 '봉사하는 사람'을 뜻한다. 즉, 부제는 하느님과 사람들에게 봉사하는 사람이며, 그 봉사는 교구 안에서 행해진다. 우리는 사회복지에 관한 교육과정의 일환으로 부제가 할 수 있는 프로젝트를 개발하여 '우리' 교구에서 실행하기로 되어 있었다. 나는 도처에 흩어져 사는 시청각 중복 장애인들을 '내' 교구로 여기고 있었으나, 공식적으로는 내가 사는 곳의 주교구에 속해 있었다.

주교구를 실습장으로 여기는 것은 내게 문제가 있어 보였다. 나는 펠트너 신부님과 그것에 대해서 이야기하고 싶었다. 그래서 며칠 후 마침 신부님이 우리 집을 찾아오자 나는 의구심을 털어놓았다.

"비장애인 교구에서 제가 얼마나 많은 일을 할 수 있을지 의문입니다."

나는 말했다.

"그리고 저의 부제 프로젝트는 시청각 중복 장애인을 대상으로 시행할 수 있는 것입니다."

"충분히 이해합니다. 하지만 당신은 주교구에 속해 있고, 여기서도 얼마든지 일을 맡아서 할 수 있으리라 생각합니다. 구체적으로 어떤 일을 할 수 있을지에 대해서는 같이 의논해보기로 하지요. 급하게 서두를 필요는 없습니다. 당신은 이제 막 교육을 받기 시작했으니까요. 저는 개인적으로 페터가 수화로 강론을 한다면 우리 교구에도 득이 되리라 생각합니다."

그 말을 들으니 용기가 나기는 했지만, 주교구에서 실습을 마쳐야 한다고 생각하니 마음이 편치 않았다. 그곳은 좀 특별한 교구여서 주교가 미사를 집전하고 사제와 부제, 그리고 주교도 서품을 받았다. 그러므로 그곳에서 실습하는 것이 나에게는 크나큰 도전을 의미했다.

8월에 일주일 동안 진행되는 성경 강좌가 열려 부제 지원자의 가족들도 초청되었다. 마이타는 그곳에 온 아내들 가운데 가장 나이가 어렸고, 우리 부부만 유일하게 자녀가 없었다.

"아들딸이 모두 열네 명에 손녀도 한 명 있어."

마이타가 촉각문자로 말했다.

"율리엔네도 같이 와서 다행이야. 여긴 정말 정신이 하나도 없거든……."

대단히 유능하지만 이미 중년을 넘긴 조수 율리엔네가 마이타와 교대로 통역 일을 맡아주었다. 우리가 다루는 내용이 어려울 때는 한 사람이 통역을 맡기가 불가능했기 때문이다. 휴식 시간에 좀 쉬겠다고 한 그녀는 세미나가 끝나고 나서 보니 사람들에게 둘러싸여 촉각문자를 열심히 가르치고 있었다.

"촉각문자를 가르쳐달라고 하도 부탁을 해서요."

그녀는 설명했다.

"다들 너무 재미있어서 당신과 얘기하고 싶다네요."

"저야 언제든지 환영이죠."

나는 한 손을 내밀며 말했다.

"누구부터 시작할까요?"

곧 작은 손가락이 손에 와 닿는 것을 느꼈다.

"수영할 줄 알아요?"

한 남자 아이가 천천히 알파벳을 따지며 촉각문자로 물었다.

"그럼, 아주 잘하지."

나는 대답했다.

"네 이름이 뭐니?"

아이들 모두 촉각문자로 자기 이름을 말했다. 대부분 내 앞에 서 있는 아이가 남자 아이인지 여자 아이인지 바로 알 수 있었다. 아이들은 나를 조금도 겁내지 않았고 여느 아이들처럼 솔직하고 호기심이 가득했다.

"아저씨는 앞이 안 보이는데 어떻게 수영을 할 수 있어요?"
내 말이 믿기지 않는 듯 첫 번째 남자 아이가 물었다.
"페터, 얘는 이레네라고 하는데 요제프의 딸이야. 이 아이는 당신이 오늘 오후에 같이 수영을 하러 갔으면 좋겠대. 하지만 난 별로 생각 없는데."
마이타가 수화로 말했다.
"제가 같이 갈게요."
동기생 요제프가 촉각문자로 말했다. 나는 아주 무더운 날이고 시간이 있어서 기꺼이 같이 가겠다고 대답했다.
두 시간 뒤 아이들, 그리고 어른 몇 명과 함께 근처에 있는 연못으로 갔다. 연못에 도착하자마자 시원한 물속으로 뛰어든 나는 잠수만 할 수 있을 뿐, 어렸을 때처럼 혼자서 헤엄을 칠 수는 없었다. 그래서 요제프가 앞장서 천천히 헤엄을 치기 시작했고 나는 한 손으로 그의 어깨를 잡고 헤엄을 치며 따라갔다. 둘이서 헤엄을 쳐도 얼마든지 자유로운 느낌을 만끽할 수 있었다. 우리는 천천히 연못을 가로질러 갔다가 다시 처음 자리로 되돌아왔다.
"이레네가 환성을 지르네요. 당신이 수영을 할 수 있어서 감격했나 봐요."
다른 동기생의 부인인 에바가 촉각문자로 말했다. 그녀는 집에서 촉각문자를 계속 연습해서 나중에 몇 번인가 나를 위해 통역을 맡아주기도 했다.
그처럼 가족적인 분위기로 지내다 보니 시간이 갈수록 내가 귀도 안 들리고 눈도 안 보인다는 사실이 아무 문제도 되지 않아서, 성경에 나오는 장면을 팬터마임으로 연출하는 과제가 주어졌을 때도 전혀 지장이 없었다. 그 일주일은 대단히 즐거운 시간이었다. 행사가 끝날 무렵 부제 교육 위임위원이며 몇 가지 강의를 맡고 있던 피셔 부제가 다가와 말했다.

"우리가 당신을 받아들였을 때, 당신 때문에 강의 내용을 변경해야 하지 않을까 우려했습니다. 나는 당신이 정말로 이 교육을 받을 수 있을까 확신이 없었지요. 하지만 지금은 모든 의심이 사라졌습니다. 당신은 해낼 수 있어요!"

얼마 후 퓌르스트 주교님이 로텐부르크-슈투트가르트 연합 교구의 새 주교로 서품을 받았다. 마이타와 나는 직접 보고 싶었으나 대성당 안이 발 디딜 틈도 없이 사람들로 꽉 차서 성 모리츠 성당('모리츠'는 '마우리시오'와 같은 이름이다 — 옮긴이)에서 대형 스크린으로 서품식을 지켜보았다.

"내가 정말로 부제가 된다면 퓌르스트 주교님이 부제서품을 해주시셌시. 나는 도저히 상상이 안 돼."

마이타에게 말했다.

"그때까지는 아직 한참 있어야 하는걸. 하지만 난 서품 받는 페터의 모습을 충분히 상상할 수 있어."

그녀는 촉각문자로 말했다.

2001년 1월 말에 하일리히크로이츠탈의 매섭게 추운 성당 안에서 후보생들을 '종신부제' 지원자로 받아들이는 예식이 거행되었다. 그 예식은 주교나 보좌주교가 집전하는 특별 미사 형식으로 진행된다. 후보생마다 직접 "저는 준비가 되었습니다."라고 쓴 편지를 몸에 지닌다. 나는 성당 안에서 다른 후보생들과 함께 피셔 부제가 내 이름을 부를 때까지 기다리며 추위에 몸을 떨었다. 내 멘토가 이제 우리 순서라며 같이 주교님 앞으로 가자는 신호를 보내온 순간 추위를 싹 잊어버리고 천천히 걸어 나가 크라이들러 보좌주교님 앞에 섰다.

"여기 있나이다!"

나는 음성언어로 소리 내어 말하고 편지를 보좌주교님에게 건넸다.

둥지를 찾다

우리는 주말과 휴가 때 수업을 받으면서 사목 직무와 미사 전례, 교회법, 세계 교회 운동 등을 공부하고 교구 실습을 했다. 아스트리드 수녀님과 함께하는 침묵 피정 시간도 있었다. 상담사로 일하면서 나는 틈틈이 강연하고, 리포트를 쓰고, 시험공부를 했다. 그리고 조금씩 자원 봉사를 줄여 나갔고 다른 직책을 맡아달라는 요청을 거절했다. 1년 후까지 하루도 빠짐없이 일정이 잡혀 있어서 우리 부부는 사적인 시간을 가질 여유가 전혀 없었다.

마이타는 무척 힘들어해서 때때로 조수 일을 집어치우고 싶어 했고, 다른 조수들도 과중한 업무 부담으로 힘겨워했다. 나도 조수들 가운데 누군가 통역을 하다 막혀서 세미나 내용을 더 이상 따라갈 수 없을 때면 마찬가지로 힘들었다. 얼마 안 되는 보수로 전문 통역사를 쓰는 것은 불가능했다. 그래서 강의를 맡은 사람이 통역사의 입장을 배려하지 않을 때마다 속상했고, 나에게 전문적인 조수가 필요하다는 사실을 여전히 의심하는 관청에 분노를 느꼈다. 우리 부부가 그런 문제로 얘기하고 있는데 전화벨이 울렸다. 마이타는 촉각문자로 부제 교육 동기생이 전화했다고 알려주었다.

"그는 직업상의 이유로 부제가 되는 것을 포기할 거래. 일하면서 공부하기가 너무 힘에 부쳤나 봐. 충분히 생각하고, 하느님께 조언을 구하려고 기도드린 다음 결정을 내리고 나니 마음이 후련하대."

나는 그가 보고 싶을 것이고 모든 일이 잘되기 바란다는 말을 그에게 전해달라고 했다. 그 얘기를 듣고 나니 갑자기 서글픈 마음이 들었다.

"나도 포기하게 될까 봐 두려워. 우리도 막다른 골목으로 접어든 느낌이야. 당신은 더 이상 버티기 힘들고, 난 당신이 뒷받침해주지 못하면 어떻게 해야 할지 모르겠어……."

마이타에게 말했다.

"그래, 당신 말이 맞아. 난 더 이상 못 하겠어."

그녀는 흥분해서 말했다.

"다음 갈등 극복 트레이닝 수업까지는 같이 가겠지만 그것으로 끝이야! 그 일은 나뿐만 아니라 우리의 사랑도 망치고 있어. 우린 조수 문제 때문에 만날 싸우기만 하잖아!"

갈등 극복 트레이닝 수업을 지도하는 아커만 씨는 국제적으로 경험이 많은 그 분야의 대가였다. 그는 우리 부부 사이의 냉랭한 분위기를 눈치 챈 듯 첫날 우리에게 다음과 같이 말을 걸었다.

"우리 워크숍에서는 다양한 문화권과 나라에서 온 사람들이 많아서 어떨 때는 3개 국어로 동시통역을 해야 하는 경우도 있습니다. 하지만 항상 통역사가 여러 명이어서 큰 문제는 없지요. 그런데 헤프 부인, 당신은 혼자서 통역을 맡는 것 같군요. 휴식은 언제 취하십니까?"

"휴식 같은 건 없어요."

그녀는 대답했다.

"그리고 당신은 저더러 휴식이 필요하지 않은지 처음으로 물어본 사람이에요. 이것도 노동이라는 것을 아무도 인식하지 못하는 것 같아요!"

아커만 씨가 아픈 상처를 건드린 셈이었다. 우리에게 통역사를 쓸 만한 돈이 없다는 얘기를 듣고 깜짝 놀란 그는 다른 참석자들에게 우리의 상황을 설명하고 통역사의 업무에 대해 상세하게 얘기해주었다.

"일반적인 여건에서라면 당신은 고정 시급을 받아야 하고 적어도 한 시간 반마다 한 번씩 휴식을 취하면서 하루에 최대 여섯 시간씩 통역을 할 수 있습니다."

그는 마이타를 향해 말했다.

"공식적으로 그렇게 협정되어 있지요. 제가 담당자들과 얘기해보겠습니다. 그리고 또 하나 말씀드리자면, 저는 워크숍 시간에 자주 휴식을 취합니다. 헤프 부인, 당신도 그렇게 하고 있는지 생각해보세요."

그 후 교회는 다시 한 번 관용을 베풀어 마이타와 교대할 만한 통역사에게 지급할 보조금을 주겠다고 약속했다. 그렇게 해서 튀빙겐에서 대학을 다니는 미하엘과 파트릭, 그리고 수화통역사 자격증이 있는 뮌스터 출신의 잔드라가 마이타와 더불어 내 조수가 되었다. 봉헌 미사에서는 미하엘과 파트릭이 교대로 통역을 해주었고, 잔드라는 청각장애인을 위한 미사를 수화로 통역해주었다.

얼마 후 '나의' 사제이자 친구인 후버 신부님을 찾아갔다. 그는 주교좌성당의 참사회원과 가톨릭학교 교장을 사직하고 로텐부르크를 떠나 안식년을 지낼 생각이었다.
"오래전부터 알고 싶던 게 있는데요."
그에게 말했다.
"신부님은 제가 부제 교육을 받을 수 있게 해주셨습니다. 신부님이 평범한 교구 신부였더라도 그렇게 할 수 있었을까요?"
신부님은 생각에 잠겼다.
"아니, 그건 불가능했을 거야."
그는 촉각문자로 대답했다.
"이 도시에서 내가 할 일은 바로 자네를 부제로 만드는 것이었을 테지. 그 때문에 하느님이 우리 두 사람을 이리로 보내신 거라고 믿네."
우리는 더 이상 아무 말도 하지 않았다. 나는 우리가 하일리겐브론에서 함께 복음서를 묵상하던 시절과 하느님의 참된 선물인 우리의 우정에 대해 생각하며, 언제나 적절한 시기에 나타나 삶의 윤활유가 되어줄 사람들을 내게 보내주시는 하느님께 감사드렸다.

2001년 9월에 나는 비장애인을 위한 미사에서 처음으로 강론했는데, 아쉽게도 로텐부르크에 있는 마르티니하우스 음악 기숙학교의 교내 성당에서였다. 대성당이 수리 중이어서 2년 동안 그곳에서 미사를 보게 된 것이다. 부제서품을 받을 때까지는 수리가 끝날 예정이라 내가 로텐부르크를 떠날 때는 대성당에서 고별 미사 시간에 강론하게 될 터였다. 하지만 그것은 아직 먼 미래였고, 신자들 앞에 섰을 때 그 생각은 조금도 하지 않았다. 예전 같으면 긴장해서 몸이 얼어붙었겠지만 그 순간은 강론할 수 있는 것이 기쁘기만 했다.

내가 수화로 강론을 하면 마이타가 음성언어로 통역했다. 강론은 순조롭게 진행되었고 사람들은 대단한 관심을 나타냈다. 그들은 내 얼굴을 알 뿐 아니라 내가 교구 집회실에서 청각장애인에게 정보를 주는 모임을 정기적으로 갖는다는 것도 알고 있었다. 그리고 그들은 마이타도 알고 있었다. 신자들이나 도치에서 만나는 사람들에게 있어 우리 부부는 두 반쪽이 만나 한몸을 이룬 듯한 남녀 혼성 팀이었다. 우리는 거의 예외 없이 언제 어디든 붙어 다녔다. 그런 모습을 보고 놀라움과 경이에 찬 얼굴로 우리의 결혼 생활에 대해 물어보는 사람들이 많았지만, 우리에게는 함께 사는 우리의 방식이 너무나 자연스러웠다.

2002년 1월 나는 '사목의 사회사업'이라는 수업 시간에 시청각 중복 장애인을 상담하면서 느낀 바를 소개했다. 그리고 미사 전례 과정과 세례식이나 결혼식 또는 장례식 때 성사를 베푸는 과정에 대한 강의가 이어졌다. 나 자신이 점점 더 교회의 일부로 느껴졌고, 관청과 벌이던 신경전은 뒷전으로 물러났다. 새로운 난관에 부딪히기도 했지만 훨씬 더 여유 있는 태도로 맞설 수 있었다.

그러다 주교구 사무국이 2003년 여름부터 나를 직원으로 채용하겠다는 입장을 밝혔을 때 나는 물론이고 마이타도 안도의 숨을 내쉬었다. 마음고생이 끝날 날도 머지않은 듯했다. 이제는 내가 앞으로 어디서 일을 할지 정하는 것만 남았다. 기존의 조직이나 기관이 많은 대도시 슈투트가르트와 시청각 중복 장애인들에게는 전인미답 지역이나 다름없는 울름이 물망에 올랐다. 울름에서는 전무한 상태에서 시작해야 하기 때문에 모든 것을 개척해나가야 할 처지였다. 그리고 하일리겐브론에서 멀지 않으며 울름과 슈투트가르트까지 교통편이 아주 좋은 로트바일도 후보지로 떠올랐다. 그곳이 괜찮을 것 같았으나 서품을 받으려면 아직 1년이나 남았기 때문에 서둘러 결정할 필요는 없었다.

2002년 6월에 마태오 복음서 11장 28절에서 30절 가운데 "정녕 내 멍에는 편하고 내 짐은 가볍다."라는 성경 말씀을 가지고 강론 시험을 치렀다.

"사람들은 보통 멍에 자체가 무겁다고 생각하지만 사실 멍에는 운반용 보조 수단입니다. 마태오는 여기서 예수님의 복음은 멍에, 즉 운반용 보조 수단과도 같음을 우리에게 가르쳐주고 있습니다."

강론을 시작한 나는 우리가 오늘날 이용하는 운반용 보조 수단 몇 가지를 예로 들면서 노인 분들이 힘들이지 않고 물건을 운반할 수 있게 도와주는 바퀴 달린 장바구니에 대해 언급했다. 그리고 팩스나 컴퓨터가 청각장애인들이 정보를 주고받는 데 얼마나 도움이 많이 되는지 설명했다.

"이 모든 발명품들은 인간이 짊어져야 하는 짐을 없애주지는 않지만 가볍게 만들어줍니다. 그와 마찬가지로 복음은 우리가 진 짐의 딱딱함과 날카로움을 누그러뜨려줍니다. 그러니까 예수님의 복음을, 우리 삶의 짐을 가벼이 해주는 운반용 보조 수단으로 인식하고 받아들이라는 말씀입니다."

나를 아는 청각장애인들이 강론을 듣고는 나와 대화를 나누고 싶어 했다. 그동안 마이타는 미사에 참석한 비장애인들과 얘기하더니 내 강론이 아주 좋은 반응을 얻었다고 말했다.

"한 여자 분이, 멍에의 의미가 무엇인지 이제야 이해했다는 말을 당신한테 전해달래. 당신이 간단명료하게 강론해서 아주 좋았대. 다들 당신에 대한 찬사를 얼마나 늘어놓는지!"

마이다는 기분이 좋을 때면 늘 하는 것처럼 내 어깨에 커다랗게 스마일을 그렸다. 시험관으로 그 자리에 온 후버 신부님은 주교좌성당의 참사회원이 어디 있는지 마이타에게 물었다.

"그분은 제의실(祭衣室)에서 페터와 작별 인사 하면서 그를 포옹했어요."

마이타가 대답했다.

"뭐라고요? 그분이 페터를 포옹했다고? 그렇다면 강론이 마음에 들었나 본데. 강론은 정말 훌륭했어요! 합격이에요!"

부제 지원자 가운데 또 다른 동기생 두 명이 학업을 중단했다. 한 명은 휴식을 취하고 싶어 했고, 다른 한 명은 병이 나고 말았다. 이제 우리는 일곱 명밖에 안 남았으나 모두들 무슨 일이 있어도 시험에 합격하리라 단단히 마음먹었다. 교회법 같은 과목은 나를 괴롭혔다. 하지만 그 과목에서 구두시험을 좋은 성적으로 치러내 무척 기뻤고, 가벼운 마음으로 다음 시험을 준비해서 마지막 필기시험을 치렀다.

2002년 12월 초에 나는 크라이들러 보좌주교님이 위원장을 맡고 있는 시험심사위원회 앞에 섰다. 이번에는 질문에 정확하게 답해야 할 뿐 아니라 사목의 직무에 대한 내 견해도 피력해야 했다. 한 시험관이 내 대답에 몇 가지 이의를 제기했는데, 나로서는 수긍할 수가 없어 내 입장을 고수했다. 열띤 논쟁이 벌어졌지만 다행히 그 시험에도 합격했다. 한 달 뒤 동기생 일곱 명 모두 크라이들러 보좌주교님으로부터 강사직을 위임받았다.

"이제 서품을 받는 일만 남았어."

마이타에게 말했다.

"모든 일이 더할 나위 없이 순조롭게 진행되고 있어."

하지만 그렇게 말하기에는 아직 일렀다. 하일리겐브론의 성 프란체스코 재단이 부제로서의 내 능력을 의심하는 것 같았기 때문이다. 자세한 이유는 언급하지 않았다. 결정적인 거절 통보는 아니었지만 그렇다고 수락한 것도 아니어서 나는 매우 실망했다.

"그들이 나를 원하지 않으면 다른 곳으로 가면 되지."

마이타에게 말했다. 내가 너무 예민하게 반응한다고 생각한 그녀는 말했다.

"나도 로트바일로 가고 싶어. 당신한테는 특별한 곳인 하일리겐브론과 가까우니까. 그렇게 조바심 내지 말고 좀 기다려봐. 아마 뭔가 오해가 있어서 그럴 거야."

하지만 나는 그녀의 말을 듣지 않고 슈투트가르트로 가겠다는 내용의 편지를 주교구 사무국으로 보냈다. 편지 끝에 "저는 사무실이 딸리고 가까이에 성당이 있는 집이 필요합니다."라는 말을 덧붙이면서 희망 사항을 열거했는데, 그것이 그토록 큰 파문을 일으키리라고는 꿈에도 생각지 못했다.

담당자들은 나에 대해 논의했고, 교육과정 책임자인 피셔 부제가 면담을 요청했다. 그 전날 아침에 나는 이상한 일을 겪었다. 난생처음으로 후진하는 자동차에 치어 넘어진 것이다. 자동차 뒷바퀴가 내 오른쪽 발을 밟고 지나갔으나 앞부분을 금속으로 덮어씌운 튼튼한 작업화를 신고 있었기 때문에 운 좋게 발이 심하게 짓눌리는 것은 모면했다. 마이타에게 더 큰 부담을 주지 않으려고 그 사고에 대해 아무 말도 하지 않았다. 나 때문에 힘든 상황을 견뎌야 하는 그녀에게 그토록 많은 부담을 지우는 것이 미안하고 안타까웠기 때문이다. 피셔 부제와 후버 신부님, 내 멘토, 고용자 측이 참석한 면담 자리에 그녀를 데리고 갔다. 갑자기 피고석에 앉은 기분이었다.

"당신이 모든 시험에 합격했으니 서품 수여에 대해서는 왈가왈부할 수 없지만, 당신에 대해 회의적인 입장을 표명한 사람들이 꽤 있대. 당신을 고집불통으로 여기고, 근무지에 대한 희망 사항을 적은 리스트를 보고 당신이 거만하다고 생각하는 사람들도 있다고. 나한테 집과 사무실, 그리고 성당을 달라, 나는 그럴 권리가 있다, 그렇게 들린다는데. 그리고 시험심사위원회도 당신이 자기 생각을 조금도 굽힐 줄 모른다는 인상을 받았대……."

마이타가 촉각문자로 통역해주었다.

그와 같은 비난은 큰 충격이었다. 나는 뉘우치는 얼굴로 그곳에 앉아 무슨 말로 나를 변호해야 할지 난감해했다. 그때 후버 신부님이 나서서, 시험을 볼 때 무슨 말이 오갔는지 자세히 밝히려고 애썼다. 조서로 기록해놓았기 때문에 시험관이 이의를 제기한 부분과 거부감을 불러일으킨 내 답변이 한마디도 빠짐없이 그대로 읽혀졌다.

"이제야 모든 사정이 명확해지는군요."

후버 신부님이 말했다.

"오해가 있었어요. 시험관은 간접적으로 질문을 던졌지만, 페터는 청각장애인이 대부분 그렇듯이 항상 직선적이고 분명하지요. 말하려는 내용이 확실하게 전달되도록 조심스럽게 표현하거나 빙빙 돌려 말하지 않은 것뿐입니다."

후버 신부님이 나를 감싸주어서, 모두들 내 편지가 좀 무례하게 들리기는 하지만 실제로 그런 뜻이 전혀 아니라는 사실을 알게 되었는데도 나는 그곳을 나올 때 마음이 편치 않았다. 그래서 며칠 동안 외부와 연락을 끊고 그 일을 다시 생각해보며 스스로 반성하는 시간을 가졌다. 나는 정말로 고집불통이고 다른 사람들의 생각을 들으려 하지 않는가? 이번에도 의사소통의 어려움이 문제가 되어 괴롭지만, 그런 문제가 더 이상 생기지 않도록 노력하는 것은 내가 해야 할 몫이다. 특히 조급하게 굴지 않고 느긋해지는 법을 배워야 한다!

마이타의 말이 옳았다. 어느 날 성 프란체스코 재단이 이제 모든 일이 해결되었고 나와 함께 일하기를 바란다는 소식을 전해 왔다. 내 멘토이자 로트바일에서 일하는 팀 부제는 우리와 함께 로트바일로 가서 집 구하는 일을 도와주었다. 우리는 팔려고 내놓은 빈집을 발견했지만 너무 비싸고 컸다.

"이 집을 사려는 사람이 있는데, 그 사람은 일부만 필요해서 나머지는 세를 줄 생각입니다. 그 사람이 이 집을 사면 당신들한테 임대할 수 있을 거예요."

부동산 중개업자가 설명했다. 마이타는 만족해했다.

"그런데 성당은 어떻게 됐어?"

나는 물었다.

"가까운 곳에 성당이 있어야 된다는 걸 잊지 말라고."

"모퉁이를 돌아가면 바로 성당이 있으니까 걱정 마."

팀 부제가 웃으면서 말했다.

"게다가 아주 근사한 성당이지. 이름이 '그리스도의 안식'이라나."

나는 얼른 가보자고 졸랐다. 마이타는 성당의 모습을 묘사해주었다. 현관문 위쪽에 그리스도 상이 있는데, 발판 위에 앉아 쉬고 있는 예수 그리스도는 머리를 살짝 옆으로 기울이고 시선을 위로 향한 채 마치 하늘의 멋진 광경을 즐기고 있는 듯한 모습이라고 했다. 그것이 아주 마음에 들었다.

에필로그
부제 서품식

　　　　　　서품식을 앞두고 마지막 침묵 피정이 다가왔다. 일주일이 걸릴 이번 피정에 마이타는 따라오지 않았다. 처리해야 할 일이 많아서 힘든 며칠을 보낸 터라 나는 많이 지쳐 있었다. 손님을 초대했기 때문에 숙소를 마련해주어야 했고 통역사와 아무 문제가 없을지 신경 쓰느라 스트레스를 많이 받았다.

　하지만 침묵 피정을 하는 동안 금세 마음이 편안해졌고 모든 근심을 잊어버렸다. 내 마음속 깊이 평화가 깃들었고 기도드리는 내내 기쁨과 끝없는 고마움을 느꼈다. 이제 나는 더 이상 앞날에 대한 두려움이 없었고, 마음의 평화와 행복감에 젖어서 집으로 돌아왔다. 그리고 서품식 전날 밤에는 편안하게 숙면을 취했다.

　성령강림대축일(예수의 약속대로 성령이 사도들에게 내린 사건을 기념하는 축일 — 옮긴이) 직전의 토요일이던 2003년 6월 7일에 마이타와 함께 대성당으로 갔다. 나는 대성당 정문 앞에서 마이타와 헤어져 교구 집회실에서 동기생들을 만났다. 그곳에는 우리가 입을 알바, 즉 흰색의 부제 제의가 각자의 사이즈별로 준비되어 있었다. 팀 부제가 도착했고 이어서 내 조수들인 파트릭과 미하엘이 나보다 훨씬 더 상기된 모습으로 나타났다. 알바에는 특별한 허리띠가 있었기 때문에 팀 부제가 허리띠 매는 것을 도와주었다. 처음으로 제의를 입고, 고대하던 순간이 다가오자 갑자기 불안해졌다. 나는 스스로에게 말했다.

'너는 부제가 되는 거다. 그 직무를 수행할 각오가 되어 있는가? 충실한 부제로서 평생 본분을 다할 것인가?'

하지만 그와 같은 불안감은 잠시뿐이었고 곧 여유를 되찾았다. 그것이 하느님의 뜻이라면 나는 해낼 수 있다!

파트릭이 나를 살짝 건드리더니 촉각문자로 말했다.

"모두 제의를 입었어요. 요제프가 당신들 모두 근사해 보인대요."

"그래."

나는 대꾸했다.

"흰옷을 입고 하늘에서 내려온 천사 같겠지!"

요제프는 웃었다.

"종이 울리기 시작했어요."

파트릭이 촉각문자로 설명했다.

"주교좌성당의 참사회원들이 도착했어요. 이제 가야 할 시간이에요."

우리는 열을 지어서 교구 집회실에서 나와 대성당으로 향하다가 정문 앞에서 우리를 기다리던 가족들을 만났다. 마이타가 내 손을 잡는 순간 나는 그녀도 같이 서품을 받는 거라고 생각했다. 우리는 같이 대성당 안으로 들어갔다. 나는 유향의 그윽한 냄새를 맡으며 파트릭과 미하엘을 왼쪽에, 그리고 팀 부제를 오른쪽에 데리고 앞으로 나갔다.

"성가대 합창이 있어요."

미하엘이 촉각문자로 말했다.

나는 합창 소리를 전혀 인지할 수 없었지만 성당 안이 사람들로 꽉 차 있으며 보통 미사 때보다 더 경건하고 특별한 분위기가 흐르고 있음을 느꼈다. 퓌르스트 주교님이 신자들에게 인사하자 피셔 부제는 우리를 불러냈다.

"부제서품을 받을 후보자들은 주교님 앞으로 나와주십시오."

그는 우리를 한 명씩 차례차례 호명했다. 팀 부제는 내가 앞으로 나갈 차례가 되자 신호를 보내고 나를 따라왔다.

우리는 일렬로 나란히 서 있었고, 팀 부제는 내 옆에 섰다. 피셔 부제가 주교님을 향해 거룩한 교회의 이름으로 우리에게 부제품을 수여해달라고 청했다. 그러자 주교님은 우리가 그럴 자격이 있는지 물었고, 피셔 부제는 그렇다고 대답했다.

"우리의 주님, 그리고 하느님의 예수 그리스도 구세주의 이름으로 우리는 이 형제들을 부제로 임명합니다."

주교님이 말했다.

주교님은 양손으로 내 오른손을 잡았고, 내 왼손은 주교님의 말씀을 촉각문자로 설명해주기 위해 팀 부제가 잡고 있었다.

"그대는 그대의 교구 주교와 소속 장상(長上)에게 존경과 순명을 서약합니까?"

"예, 서약합니다."

나는 큰 소리로 말했다.

엄숙함과 기쁨을 느꼈고, 하느님이 나와 함께하시며 나를 당신의 종으로 받아들임을, 그리고 주교님도 그렇게 함을 느꼈다. 그 느낌은 나를 형언할 수 없는 행복감으로 가득 채웠다.

"하느님께서 그대 안에서 좋은 일을 시작하셨으니, 친히 그 일을 이루어주실 것입니다."

주교님이 말했다.

나중에 팀 부제는 내가 그 순간 미소를 지었다고 했다.

"주교님도 미소 지으셨어."

그는 말했다.

"내가 그 자리에 함께 있는 것이 너무나 감격스러웠지."

자리로 돌아오자 미하엘과 파트릭이 촉각문자로 통역하는 일을 넘겨받았다. 이세 부인들이 앞으로 나가 선서를 했다.

"그대들의 남편에게 부제품을 내리라는 교회의 요청에 따라 묻겠습니다. 그대들은 남편이 오늘부터 맡게 될 임무를 수행할 때 내조해줄 각오가 되어 있습니까?"

주교님이 물었다.

모두 "예!" 하고 대답했을 때 나는 마이타에게 무한한 존경심을 느꼈다. 그녀는 훌륭하고 용감한 여인이었고, 나는 그녀를 나에게 보내주신 하느님께 감사드렸다.

성경 봉독이 이어지고 퓌르스트 주교님이 강론한 뒤 서품식이 거행되었다. 우리 일곱 명은 제단 앞에 엎드렸다. 팀 부제는 뒤로 물러났고, 내가 어떻게 해야 할지 몰라서 머뭇거릴 때 요제프가 내 팔을 잡아끌었다. 나는 검게 윤이 나는 석조 바닥에 두 손을 이마 밑에 대고 엎드렸다.

가장 낮은 곳으로 떨어지는 기분이 들자 몸이 떨리기 시작했다. 지금까지의 내 삶, 지금까지의 내 존재, 이 시각까지 나를 좌지우지해온 자아, 그 모든 것이 사라지고 새 삶을 시작하게 된 것이다. 하느님이 나를 돌봐주실 것이며, 이제 나는 이 세상에서 더 이상 나를 위해서가 아니라 나를 필요로 하는 사람들을 위해 존재하리라!

우리가 석조 바닥에 엎드려 있는 동안 성인호칭기도(교회의 여러 성인들 이름을 부르면서 그 성인들의 기도를 청하는 기도—옮긴이)가 올려졌고, 나는 마음속으로 성자 프란체스코와 베드로, 그리고 리지외의 성녀 테레사께 기도드렸다. 10분쯤이 지났을 때 요제프가 일어서라는 신호를 보내왔다. 나는 더 이상 떨지 않았다. 팀 부제가 나를 제단 앞으로 데리고 갔다. 기대에 가득 차 무릎을 꿇은 나는 주교님이 내 머리 위에 손을 얹고 몇 초 동안 가만히 있는 것을 느꼈다. 이제 꿈이 실현되었다. 나는 부제가 된 것이다! 잔잔한 기쁨이 마음속에 깃들었다. 그것은 환호가 아니라 성숙하고 소박한 기쁨이었다.

대성당 사제로부터 영대(목에 걸쳐 무릎까지 늘어지게 매는 좁고 긴 띠—옮긴이)와 부제복을 건네받은 나는 그것을 걸치고 다시 퓌르스트 주교님 앞에 무릎을 꿇었다. 그러자 주교님은 우리에게 일일이 복음집을 나누어 주면서 복음을 알리고 이행하는 일에 앞장서라고 요구했다. 그 자리에 참석한 부제들이 우리를 포옹했다. 나는 성찬식을 할 때 처음으로 부제로서 크라이들러 보좌주교님 옆에 서서 그가 신자에게 성체를 받아 모시게 해주면 그들에게 하느님의 자비를 상징하는 성혈을 받아 모시게 해주었다.

대성당에서 밖으로 나오자 많은 사람들이 몰려와 축하를 해주었다. 그때 갑자기 누군가 내 손을 잡더니 커다란 양초를 쥐어주었다.

"로트바일의 청각장애인협회가 당신한테 주는 선물이에요, 페터! 그 위에 뭐가 새겨져 있는지 만져보세요!"

양초를 만져보니 작은 손들이 수도 없이 새겨져 있는 것이 느껴졌다. 나는 감격에 겨워 말문이 막힐 정도로 기뻤다. 그 양초는 내 생애를 상징했고, 내가 구해서 얻은 빛, 사람들이 나에게 보여준 우정과 온기, 부제로서의 내 미래를 나타냈다.

"양초는 흰색이고 그 위에 새겨진 손들은 여러 가지 색으로 되어 있어요. 당신을 위해 특별히 만든 것이랍니다."

나를 만지는 많은 손들이 느껴졌다. 그것은 내 주위에 모여 있는 청각장애인과 시청각 중복 장애인 친구들의 손이었다.

'이들이 내 교구민이다.'라고 생각하자 마음이 사랑으로 넘쳐흘렀다.

나무에게도 희망이 있습니다.
잘린다 해도 움이 트고 싹이 그치지 않습니다.
(욥기 14장 7절)

감사의 말
손끝으로 길을 찾다

세상에 태어나 처음으로 받은 사랑에 대해 부모님과 누님에게 감사드립니다.

사랑하는 청각장애인과 시청각 중복 장애인 친구들 모두에게 진심으로 '고맙다'는 수화를 전하고 싶습니다.

귀한 경험을 하게 해준 고향 그리징엔의 친구들에게 감사의 말을 전합니다.

그리고 사회생활을 준비할 수 있도록 수고를 아끼지 않으신 슈베비슈 그뮌트의 농아학교 수녀님들께도 감사드립니다.

종신부제가 되는 과정에서 저를 뒷받침해준 사람들과 기관들이 수없이 많습니다. 지금의 성 프란체스코 새댁인 하일리겐브론 수도원, 독일 청각장애인협회와 로텐부르크 대성당 교구의 시청각장애인협회, 3년 동안 같이 부제 교육을 받은 동기생들, 시청각 중복 장애인을 위한 상담사로 일할 수 있게 직접적인 도움을 준 로텐부르크-슈투트가르트 연합교구의 주교 사무국, 동료로서 지원을 아끼지 않은 나의 멘토, 부제서품을 해준 퓌르스트 주교님 등 모두에게 감사의 마음을 전합니다.

또한 저와 특별히 가까웠고 지금도 마찬가지인 한 분께 감사드리고 싶습니다. 1985년부터 '나의' 사제 후버 신부님은 정신적인 동반자로 언제나 제 편이 되어주셨습니다. 부제가 되는 길을 열어주신 그분의 노고를 잊지 않고 늘 가슴에 새길 것입니다.

이 책을 출간해준 리스트(List) 출판사에도 감사드립니다. 특히 이 책을 집필하는 데 결정적인 도움을 주고 '나의 세계'를 이해하려는 용기와 각오를 보여준 여류 작가 파비엔네 파클레파에게도 감사드립니다.

그리고 아내 마이타에게도 진심으로 고마움을 전하고 싶습니다. 그녀가 없었다면 저는 결코 종신부제가 될 수 없었을 것입니다.

끝으로 "나는 세상의 빛이다. 나를 따르는 이는 (……) 생명의 빛을 얻을 것이다."(요한 복음서 8장 12절)라는 말씀으로 저를 부르신 예수 그리스도의 사랑에 무한한 감사의 마음을 바칩니다.

페터 헤프

손끝으로 느끼는 희망

1판 1쇄 인쇄_ 2006년 8월 25일
1판 1쇄 발행_ 2006년 8월 30일

지은이_ 페터 헤프
옮긴이_ 박정미

펴낸이_ 이보환
펴낸곳_ 도서출판 사람과책
등록_ 1994년 4월 20일(제16-878호)

주소_ 135-907 서울시 강남구 역삼1동 605-10 세계빌딩 5층
전화_ (02)556-1612~4
팩스_ (02)556-6842
홈페이지_ www.mannbook.com
이메일_ publisher@mannbook.com

※ 잘못된 책은 바꾸어 드립니다.
※ 값은 뒤표지에 표시되어 있습니다.

ISBN 89-8117-095-9 03990